Liderança Para Leigos

Bons líderes possuem qualidades que ajudam a motivar todos a sua volta. Mas, além de qualidades de liderança, é preciso desenvolver uma missão como líder. E, com regularidade, examinar pontos fortes e fraquezas com relação à oportunidades e ameaças (chamados de Análise de SWOT, sigla que vem do inglês) para manter a si mesmo e a seu time no topo do jogo.

Folha de Cola

Desenvolvendo Sua Missão como Líder

Uma vez que os objetivos são estabelecidos, a missão é o plano de ação para que você e sua equipe os atinjam. Use estas dicas como orientação para liderar e completar com sucesso sua missão:

- Não opte por um caminho muito complicado ou tortuoso o custo poderá ser muito alto.
- Aborde a missão gradualmente. Faça bem as pequenas coisas e terá sucesso.
- Inclua a equipe no planejamento e desenvolvimento da missão desde o princípio. Ouça o que eles têm a dizer, processe e, se pertinente, e faça as modificações necessárias no início.
- Trabalhe para que todos do grupo tomem a missão para si. Seus colaboradores farão o trabalho mais pesado, portanto devem conhecer e entender no que estão envolvidos.
- Certifique-se de que conhece suas forças e fraquezas. Se a missão não estiver indo bem, saiba até onde pode ir e reorganizar-se. Você não é Napoleão Bonaparte e liderar não pode ser como a Batalha de Waterloo.
- Lidere pessoas, gerencie processos. Mantenha as tropas motivadas.

Qualidades de Liderança

Todos os grandes líderes têm características em comum. Ser um grande líder não tem a ver com sua aparência ou como você fala: liderança envolve capacitação e preparação para a aceitação de responsabilidades — mesmo quando você não as quer! Veja algumas habilidades necessárias para ser um líder e motivar pessoas a segui-lo: adoção de responsabilidades, atração da cooperação, visão, planejamento e audição.

Para Leigos: A série de livros para iniciantes que mais vende no mundo.

Liderança Para Leigos

Folha de Cola

Utilizando um Gráfico SWOT como uma Ferramenta de Liderança

Um gráfico SWOT (Strengths and Weaknesses, Opportunities and Threats — Pontos Fortes e Fraquezas, Oportunidades e Ameaças) é uma ferramenta estrutural utilizada na análise do ambiente interno, para a formulação de estratégias. Permite-se identificar as Forças e Fraquezas da empresa, e, posteriormente, Oportunidades e Ameaças externas para a mesma. Vai ajudar a avaliar e realizar sua missão como líder. Um bom diagnóstico que permite ajustar, melhorar e aprimorar setores, produtos ou serviços. Use um gráfico SWOT para listar pontos fortes e fraquezas da sua equipe e da equipe oponente para, assim, poder determinar onde existem oportunidades e estabelecer uma estratégia. Tenha este gráfico SWOT de um time de futebol como um exemplo:

X = Equipe X 0 = Equipe 0	Ambiente Interno	Ambiente Externo
	Pontos Fortes	**Oportunidades**
Forças	X = Excelente zaga X = Três melhores zagueiros da liga 0 = Atacante habilidoso 0 = Bom lateral esquerdo 0 = Lateral direito veloz	X = Bom desempenho no campeonato X = Lei de Incentivo ao Esporte X = Venda de jogadores ao exterior 0 = Lei de incentivo ao esporte 0 = Venda de jogadores 0 Exploração da marca
	Pontos Fracos	**Ameaças**
Fraquezas	0 = Meio campo inexperiente 0 = Volante não consegue sair jogando X = Não há consistência nos ataques X = Time fica facilmente desmotivado	0 = Perda do campeonato 0 = Perda de receita X = Perda de patrocínios X = Perda de jogadores

Para Leigos: A série de livros para iniciantes que mais vende no mundo.

Liderança
para
LEIGOS®

Liderança PARA LEIGOS

Dr. John Marrin

ALTA BOOKS
EDITORA
Rio de Janeiro, 2013

Liderança Para Leigos Copyright © 2013 da Starlin Alta Editora e Consultoria Eireli.
ISBN: 978-85-7608-699-4

Translated From Original: Leadership For Dummies ISBN: 978-0-470-97211-3. Original English language edition Copyright © 2011 by Wiley Publishing, Inc. All rights reserved including the right of reproduction in whole or in part in any form. This translation published by arrangement with Wiley Publishing, Inc. Portuguese language edition Copyright © 2013 by Starlin Alta Editora e Consultoria Eireli. All rights reserved including the right of reproduction in whole or in part in any form.

"Willey, the Wiley Publishing Logo, for Dummies, the Dummies Man and related trad dress are trademarks or registered trademarks of John Wiley and Sons, Inc. and/or its affiliates in the United States and/or other countries. Used under license.

Todos os direitos reservados e protegidos por Lei. Nenhuma parte deste livro, sem autorização prévia por escrito da editora, poderá ser reproduzida ou transmitida.

Erratas: No site da editora relatamos, com a devida correção, qualquer erro encontrado em nossos livros – procurar pelo título do livro.

Marcas Registradas: Todos os termos mencionados e reconhecidos como Marca Registrada e/ou Comercial são de responsabilidade de seus proprietários. A Editora informa não estar associada a nenhum produto e/ou fornecedor apresentado no livro.

Impresso no Brasil

Vedada, nos termos da lei, a reprodução total ou parcial deste livro

Produção Editorial
Editora Alta Books

Gerência Editorial
Anderson Vieira

Supervisão Editorial e Gráfica
Angel Cabeza

Supervisão de Qualidade Editorial
Sergio Luiz de Souza

Conselho de Qualidade Editorial
Adalberto Taconi
Anderson Vieira
Angel Cabeza
Pedro Sá
Sergio Luiz de Souza

Editoria Para Leigos
Daniel Siqueira
Evellyn Pacheco
Paulo Camerino

Equipe de Design
Bruna Serrano
Iuri Santos
Marco Aurélio Silva

Equipe Editorial
Ana Lucia
Brenda Ramalho
Camila Werhahn
Claudia Braga
Cristiane Santos
Jaciara Lima
Juliana de Paulo
Licia Oliveira
Marcelo Vieira
Milena Souza
Natália Gonçalves
Rafael Surgek
Thiê Alves
Vanessa Gomes
Vinicius Damasceno

Tradução
Patrícia Aguiar

Copidesque
Priscila Rufino

Revisão Gramatical
Silvia Parmegiani

Revisão Técnica
Hilton Israel
MBA em Marketing, Fundação Getulio Vargas (EPGE)
Leadership and Crises Administration – The Boeing Company - Seattle, USA
Extensão Universitária em Ciências Humanas

Diagramação
Diego Oliveira

Marketing e Promoção
Daniel Schilklaper
marketing@altabooks.com.br

1ª Edição, 2013

Dados Internacionais de Catalogação na Publicação (CIP)

M359l	Marrin, John.
	  Liderança para leigos / John Marrin. – Rio de Janeiro, RJ : Alta Books, 2013.
	  348 p. : il. ; 24 cm. – (Para leigos)
	
	  Inclui índice.
	  Tradução de: Leadership for dummies.
	  ISBN 978-85-7608-699-4

1	1. Liderança. 2. Capacidade executiva. I. Título. II. Série.
	CDU 658:316.46 CDD 658.4

Índice para catálogo sistemático:
1. Liderança : Administração de empresas   658:316.46
2. Administração de empresas : Liderança   658:316.46
(Bibliotecária responsável: Sabrina Leal Araujo – CRB 10/1507)

ALTA BOOKS
EDITORA

Rua Viúva Cláudio, 291 – Bairro Industrial do Jacaré
CEP: 20970-031 – Rio de Janeiro – Tels.: 21 3278-8069/8419 Fax: 21 3277-1253
www.altabooks.com.br – e-mail: altabooks@altabooks.com.br
www.facebook.com/altabooks – www.twitter.com/alta_books

Sobre o Autor

Dr. John Marrin é especialista em treinar líderes de organizações no engajamento de seus diretores, gerentes e funcionários, fazendo com que melhorem seu rendimento e atinjam níveis mais altos de desempenho individual, em equipe e nos negócios. Ele é uma autoridade em liderança e perito em desenvolvimento organizacional, tendo uma larga esfera de clientes, incluindo multinacionais, empresas privadas e organizações do setor público. Embora tenha atendido principalmente empresas no Reino Unido, John também trabalhou como consultor para clientes na Europa e na América do Sul.

John é um grande entusiasta no que diz respeito ao engajamento de pessoal no trabalho em equipe, o que consegue por meio da melhoria da compreensão mútua, do estabelecimento do comprometimento compartilhado e da responsabilidade para se atingir o sucesso: ele redefiniu o significado e a prática do engajamento com base em seu doutorado em Filosofia. John é membro acadêmico do Chartered Institute of Personnel and Development e mestre em Gestão de Aprendizagem pela Universidade de Lancaster.

John é o fundador da Marwel & Co., empresa especializada no desenvolvimento de lideranças e comprometimento de funcionários. Para saber mais a respeito de seus serviços, visite o site `www.marwel-co.com`. O endereço de e-mail de John é `jmarrin@marwel-co.com`.

Dedicatória

Dedico este livro a minha esposa, Linda, e aos meus filhos, Paul e David, que têm me dado inspiração, coragem e apoio no esclarecimento e na realização de minha vocação.

Agradecimentos do Autor

Agradeço especialmente a minha esposa e aos meus filhos, os quais toleraram a falta da minha companhia durante o processo da elaboração deste livro, e a toda minha família e amigos pela sua condescendência. Vocês todos foram negligenciados por muitos meses, mas não esquecidos. Eu também quero agradecer aos meus pais, John e Vera, por me encorajarem e injetarem os valores que eu continuo a estimar.

Obrigado a toda a equipe Wiley, especialmente David Palmer, por ter me convidado para escrever este livro, à Rachael Chilvers pela orientação e suporte durante todo o processo, e a Andy Finch por me auxiliar a esclarecer meus pensamentos.

Agradeço aos meus clientes e companheiros pelas oportunidades de trabalho e aprendizagem proporcionadas e pelas experiências que vieram a ser introduzidas no conteúdo deste livro.

Sumário Resumido

Introdução *1*

Parte I: Apresentando o Conceito de Liderança *7*
Capítulo 1: Assumindo a Liderança 9
Capítulo 2: Estabelecendo o Significado de Liderança 23
Capítulo 3: Liderança e Gerenciamento: Dois Lados da Mesma Moeda 41

Parte II: Liderando-se *59*
Capítulo 4: Liderando "de Dentro para Fora": Conheça a Si Mesmo
e Torne-se um Líder Melhor 61
Capítulo 5: Cantando a Canção da Liderança: Afinando-se com Seus Valores 79
Capítulo 6: Rumo à Liderança: Lidando com Dilemas 91

Parte III: Liderando Pessoas *107*
Capítulo 7: Desenvolvendo o Senso de Objetivo 109
Capítulo 8: Empregando o Poder da Liderança Engajadora 127
Capítulo 9: Tornando-se um Líder Engajador 143
Capítulo 10: Modificando Seu Estilo de Liderança 165
Capítulo 11: Liderar Pessoas na Conquista de Seu Melhor Desempenho 177

Parte IV: Liderando Pessoas por Meio da Mudança *193*
Capítulo 12: Mergulhando em um Mar de Mudanças 195
Capítulo 13: Transformando a Cultura no Local de Trabalho:
uma Abordagem de Líder 209
Capítulo 14: Reforçando a Nova Cultura: Mantendo as
Mudanças Feitas no Ambiente de Trabalho 223

Parte V: Liderando Diferentes Tipos de Equipes *235*
Capítulo 15: Liderando Sua Equipe 237
Capítulo 16: Conduzindo uma Equipe de Projetos 251
Capítulo 17: Conduzindo uma Equipe Virtual 265
Capítulo 18: Liderando uma Equipe Sênior de Gerenciamento 277

Parte VI: A Parte dos Dez 291

Capítulo 19: Dez Dicas para Assumir a Liderança 293
Capítulo 20: Dez Dicas para Liderar a Si Mesmo 299
Capítulo 21: Dez Dicas para Engajar Pessoas 305

Índice 311

Sumário

Introdução 1
    Sobre Este Livro 1
    Convenções Usadas Neste Livro 2
    Só de Passagem 2
    Penso que... 3
    Como Este Livro Está Organizado 3
        Parte I: Apresentando o Conceito de Liderança 3
        Parte II: Liderando a Si Mesmo 3
        Parte III: Liderando Pessoas 4
        Parte IV: Liderando Pessoas por Meio da Mudanças 4
        Parte V: Liderando Diferentes Tipos de Equipes 4
        Parte VI: A Parte dos Dez 4
    Ícones Usados Neste Livro 5
    De Lá para Cá, Daqui para Lá 5

Parte I: Apresentando o Conceito de Liderança 7

Capítulo 1: Assumindo a Liderança 9
    Entendendo Por Que o Trabalho dos Líderes Não É Fácil 9
    Buscando Liderança... e Líderes 10
        Ser caçador em vez de caça! 10
        Assumindo a liderança... ou talvez não! 12
    Vendo-se como um Líder 13
        Preencha o vácuo com o posicionamento correto 14
        A transformação começa com você 14
        Ascendendo a todas as ocasiões de liderança 15
    Liderando Pessoas e Equipes 17
        Entendendo o que eles precisam 17
        Engajando pessoas no trabalho e na mudança 18
        Liderando todos os tipos de equipes 20
        Excelência na liderança de uma equipe sênior 21

Capítulo 2: Estabelecendo o Significado de Liderança 23
    Enxergando as Diferenças entre Liderança, Liderar e Líder ... 24
        Liderança é um processo 24
        Liderar é uma atividade 26
        Ser um líder pode ser um papel e/ou uma posição 28
    Decodificando a Linguagem da Liderança 30
        Mergulhando na sopa de jargões relativos à liderança 30
        Amostra das competências de liderança 32
    Provando Pedacinhos Saborosos de Liderança 34

    Tornando-se um líder engajador 34
    Sendo um líder ativo 35
    Liderando por meio do serviço aos outros 37
  Descobrindo o Conceito que Funciona para Você 39

Capítulo 3: Liderança e Gerenciamento:
Dois Lados da Mesma Moeda 41

  Recorde Suas Experiências de Liderança e Gerenciamento 42
    Escolhendo e trabalhando para um novo chefe 42
    Trabalhando conforme suas próprias experiências 44
    Listando suas expectativas de líderes e gerentes 48
  Entendendo as Mudanças nas
    Expectativas da Sociedade com Relação aos Líderes 50
    Pule! Sim, senhor. Até aonde? 50
    Pule! Por que eu deveria? 51
  Apontando as Diferenças entre Liderança e Gerenciamento 51
    Descrevendo as diferenças-chave 52
    Fazendo com que as pessoas o sigam 54
    Conquistando o direito de liderar 54
    Liderando e gerenciando em conjunto 55

Parte II: Liderando-se *59*

Capítulo 4: Liderando "de Dentro para Fora":
Conheça a Si Mesmo e Torne-se um Líder Melhor 61

  Começa-se a Liderar os Outros Liderando a Si Próprio 62
    Tornando-se um líder autêntico 62
    Olhando pela Janela de Johari 65
  Desenvolvendo a Autoconfiança 68
    Deixando a dúvida para Tomé 69
    Sendo seu melhor crítico 70
    Aprendendo a partir da adversidade 71
  Descobrindo Como Liderar a partir de Suas Experiências 72
    Conseguindo mais por meio do aprendizado rápido 73
    Aproveitando o poder da reflexão 74
    Desenvolvendo o hábito da reflexão 75
    Usando as anotações de aprendizagem de liderança 77
    Encontrando e trabalhando com seu próprio mentor 78

Capítulo 5: Cantando a Canção da Liderança:
Afinando-se com Seus Valores 79

  Reconhecendo Quando Você Está Fora do Tom 80
    Admitindo quando "algo não está certo" 81
    Questionando o que sustenta sua liderança 81
    Deixando a velha bagagem para trás 82
  Compondo Seus Próprios Acordes de Liderança 84
    Trabalhando o que é importante para você 84

Questionando seus conceitos 86
Cantando Sua Canção de Liderança 87
    Comunicando seus valores 87
    Harmonizando-se com os outros 88

Capítulo 6: Rumo à Liderança: Lidando com Dilemas 91

Lidando com Dilemas 91
    Sobrevivendo ao ser jogado nas profundezas 93
    Ser escolhido pelas certas razões erradas: Poucos líderes
        chegam à liderança totalmente treinados 94
    Sentindo-se confortável em estar desconfortável 96
    Encontrando-se na posição do meio 99
    Aceitando que a liderança pode ser solitária 100
    Evitando a síndrome do impostor 101
Liderando Amigos 101
    Obtendo sucesso e mantendo os amigos 102
    Enxergando onde e como traçar a linha 102

Parte III: Liderando Pessoas 107

Capítulo 7: Desenvolvendo o Senso de Objetivo 109

Compreendendo Claramente Seu Propósito 109
    Evitando ser um tolo ocupado 110
    Sendo enfático: Liderando com convicção 111
    Esclarecendo como acrescentar valor 112
    Concentrando-se nos resultados-chave 116
    Gastando o tempo certo na tarefa certa 119
Tornando-se um Líder Visionário 119
    Valorize sua percepção 120
    Faça de sua percepção um senso comum – tenha a sua própria ideia ... 121
Expandindo Sua Área de Influência 123
    Descobrindo que você tem mais influência do que pensa 123
    Perguntando-se se algo realmente está fora do controle 124
    Alcançando aqueles a quem deseja influenciar 126

Capítulo 8: Empregando o Poder da Liderança Engajadora 127

Engajando Pessoas: A Chave para Destrancar o Comprometimento ... 127
    Evitando o buraco negro do trabalho sem significado 129
    Tornando seu trabalho significativo 129
    Percebendo que pessoas engajadas vão além 131
Construindo as Bases para o Engajamento de Pessoas 132
    Relacionamento entre pessoas 133
    Agindo como o Capitão Coragem: Falando o que pensa 136
    Ligue seus sentidos 138
    Criando um significado compartilhado 139
Descobrindo os Segredos dos Líderes Engajadores 140
    Estar aberto para tudo 140
    Obtendo força através da vulnerabilidade 141

Capítulo 9: Tornando-se um Líder Engajador 143
Tomando Consciência de Suas Habilidades 143
Melhorando as Relações com Pessoas 145
  "Trabalhar com" e não "fazer para" as pessoas 145
  Manifestando um interesse genuíno pelos outros 146
  Construindo conexões mais fortes 148
  Sendo imparcial 149
Desenvolvendo a Coragem de Falar o Que Pensa 150
  Levantando-se na multidão 151
  Tendo consciência da insinceridade 152
  Fazendo perguntas averiguadoras 154
  Convidando ao desafio 156
  Lidando com o constrangimento e a ameaça 156
Sensibilidade para o Sucesso 157
  Ligue-se ao momento 157
  Vendo o que os outros ignoram 158
  Escutando e compreendendo:
    Notando o que está por trás da linguagem 159
Fazendo um Trabalho Brilhante na Construção do Comprometimento 160
  Começando na pole position 160
  Largando em outras posições do grid 162
  Enfocando o ganho em conjunto 162
  Ações conjuntas levam ao sucesso 163
  Evitando a linguagem imprecisa 164
  Mantendo-se nos trilhos 164

Capítulo 10: Modificando Seu Estilo de Liderança 165
Reconhecendo a Necessidade da Utilização de Estilos Variados 165
  Imaginando por que aparentemente
    você sempre é atraído até as pessoas problemáticas 166
  No rumo e em prumo 167
  Trabalhando com pessoas instáveis 168
Entendendo os Diferentes Estilos de Liderança 169
  Explorando os estilos de liderança 169
  Percebendo como os estilos adotados causam
    impacto nas pessoas e no desempenho 171
Modificando Seu Estilo de Liderança a Fim de que Este Funcione
para Você e para os Outros 173
  Seja verdadeiro consigo mesmo 173
  Avaliar primeiro, escolher depois 174
  Foque nos resultados 175
  Aprimore-se pela tentativa e pelo erro 175

**Capítulo 11: Liderar Pessoas na Conquista de
Seu Melhor Desempenho 177**
  Seja um Grande Exemplo 177
  Coloque sua bandeira no topo 178
  Evite estabelecer dois pesos e duas medidas 179

Aja Antes da Avalanche 180
   Perceba o perigo da demora.. 180
   Aplique a regra de ouro: "Agora".. 181
Conduzindo ao Topo Colaboradores com Desempenho Inferior 182
   Trabalhando em prol do comprometimento e da capacidade 183
   Conduzindo conversas "clímax".. 185
   Orientando pessoas rumo ao aperfeiçoamento 187
   Mapeando o progresso feito com relação ao pico de desempenho......... 187
Fazendo o Bom se Tornar Excelente... 188
   Reservando tempo para treinar 189
   Escolhendo o papel certo 190
   Praticando o que um excelente treinador faz 191

Parte IV: Liderando Pessoas por Meio da Mudança 193

Capítulo 12: Mergulhando em um Mar de Mudanças 195
Lidando com Novas Mudanças e Velhos Problemas..................................... 196
   Enxergue o que incomoda as pessoas... 197
   Nadando com tubarões – e sobrevivendo!... 198
   Pegando a onda certa 199
Sendo um Agente da Mudança 200
   Navegando com sua tripulação.. 201
   Colocando em prática decisões que não são suas 202
   Conduzindo uma mudança da qual discorda 203
Conduzindo a Mudança, Transformando a Cultura....................................... 204
   Procurando os icebergs... 205
   Mergulhando profundamente para revelar a cultura............................ 206
   Agarrando-se na corda de segurança do mergulho: Pare, pense, respire! 208

Capítulo 13: Transformando a Cultura no Local de Trabalho: uma Abordagem de Líder.. 209
Sabendo por Onde e Como Começar... 209
   Localizando a oportunidade de mudança 210
   Começando do ponto em que está.. 211
Elaborando um Plano para a Mudança.. 212
   Vivendo a fadiga da iniciativa!... 212
   Celebrando o passado e o presente... 213
   Enxergando os pontos de partida e chegada 213
   Construindo a ponte entre o velho e o novo 215
Adotando Abordagens para Minimizar Resistências à Mudança 216
   Escolhendo o ritmo certo para a mudança 217
   Entendendo as objeções das pessoas.. 218
   Conseguindo a adoção de todos... 218
   Fazendo a tentativa de mudança.. 219
   Lidando com a resistência à mudança.. 220

Capítulo 14: Reforçando a Nova Cultura: Mantendo as Mudanças Feitas no Ambiente de Trabalho 223

Colocando o Discurso em Prática: Liderando Pelo Exemplo 224
    Sendo um líder visível 224
    Usando o poder de contar histórias 226
    Lidando com pessoas que saem dos trilhos 228
Prestando Atenção nos Fatores Certos 230
    Lembre-se: O que é avaliado, é feito 230
    Mantendo todos atualizados 231
    Reagindo à crise de forma positiva 232
    Promovendo a boa prática 233

Parte V: Liderando Diferentes Tipos de Equipes 235

Capítulo 15: Liderando Sua Equipe 237

Criando uma Equipe de Alto Desempenho 237
    Lidando com o pensamento
    "nosso trabalho já está bom; deixe-nos em paz" 238
    Separando o excelente do bom 239
    Enfatizando o poder do propósito da equipe 241
    Destacando os valores da equipe 242
Avaliando a Efetividade de Sua Equipe 244
    Avaliando sua equipe 245
    Regendo a autoavaliação da equipe 246
Empenhando-se para a Melhoria Contínua 248
    Desenvolvendo uma atmosfera de alto desempenho 248
    Dizendo o que está oculto 249

Capítulo 16: Conduzindo uma Equipe de Projetos 251

Levantando e Acelerando Seu Time 251
    Evitando a "projetite": O flagelo das organizações 252
    Avaliando e usando os estágios do desenvolvimento de equipes 253
    Acelerando os estágios 254
Liderando Componentes do Grupo que Têm Atividades Paralelas 256
    Dedicando tempo ao propósito do projeto 256
    Refutando comportamentos prejudiciais:
    Desculpe, sala errada, time errado! 257
Desenvolvendo o Senso de Cobrança Mútua 258
    Evitando que os colaboradores tirem o corpo fora 259
    Lembrando-se do encadeamento da equipe 262
    Apreciando o poder da liderança compartilhada 262

Capítulo 17: Conduzindo uma Equipe Virtual 265

Entendendo as Equipes Virtuais 265
    Nomeando a equipe 266
    Definindo equipes virtuais 266
    Entendendo os desafios de ser um líder de equipe virtual 268

Lidando com o pensamento: "Não somos uma
equipe porque nunca nos encontramos"..269
Estabelecendo Maneiras Inteligentes de se Trabalhar.........................270
Fazendo a engrenagem funcionar...270
Lidando com a sensação de "o que não é visto, é esquecido"...............271
Avaliando as diferenças na linguagem...272
Trabalhando com diversas culturas...273
Acomodando as corujas e as cotovias...274
Encerrando a Equipe Virtual..275

Capítulo 18: Liderando uma Equipe Sênior de Gerenciamento..........277
Desenvolvendo um Senso Coletivo de Responsabilidade...................277
Quebrando o ciclo da dependência..278
Ajudando os gerentes a saírem de seus esconderijos.....................279
Incentivando Conversas Corajosas...280
Mantendo a cabeça de seus gerentes erguida..............................281
Criticando positivamente as ideias e pensamentos uns dos outros..........282
Sendo firme na vulnerabilidade..282
Compartilhando a Responsabilidade para o Sucesso 284
Parando de culpar os outros..285
Criando um ambiente saudável...285
Fixando comportamentos que você admira...................................287
Preparando Outros para a Liderança...288
Enxergando possíveis talentos...288
Abstendo-se de uma tarefa...289

Parte VI: A Parte dos Dez 291

Capítulo 19: Dez Dicas para Assumir a Liderança 293
Tornando o Senso Comum de Liderança a Sua Prática Diária..........293
Acreditando que Todos Querem Fazer a Diferença 294
Assumindo a Liderança em Todas as Situações................................294
Construindo, e Não Destruindo 295
Ouvindo Antes de Agir...295
"Trabalhar com" em Vez de "Fazer para" as Pessoas........................296
Estando Desconfortavelmente Confortável......................................296
Manifestando-se Abertamente!...297
Expandindo Sua Esfera de Influência..297
Mantendo Sua Cabeça no Lugar Quando Todos Estão Perdendo as Suas........298

Capítulo 20: Dez Dicas para Liderar a Si Mesmo 299
Liderando-se em Primeiro Lugar...299
Sendo Autêntico...300
Atenção! Você Está Sempre Sendo Observado................................300
Evitando Ser um Tolo Ocupado...300
Percebendo Onde Traçar a Linha..301
Levantando Bem Alto a Mão...301
Sendo um (Auto) Crítico Saudável..302

Elevando-se 302
Moldando-se 303
Evitando o "Clube dos Corações Solitários".. 303

Capítulo 21: Dez Dicas para Engajar Pessoas 305

Conquistando o Respeito das Pessoas 305
Exigindo o Melhor 306
Fazendo com que as Coisas Sejam Significativas 306
Empenhando-se para Conquistar Comprometimento 307
Obtendo o Máximo das Avaliações 307
Evitando Ser uma Vítima da Mudança 308
Prestigiando as Contribuições Feitas 308
Malhando o Ferro Enquanto Ainda Está Quente 309
Tornando uma Boa Equipe a Melhor 309
Criando uma Equipe para Fazer Treinamentos 310

Índice *311*

Introdução

*L*iderança é algo que você reconhece quando vê e percebe quando não vê, mas ainda assim muitas pessoas acham difícil dizer o que realmente *é*. Escrevi este livro porque desejava eliminar esse mistério e capacitar você para fundamentar a liderança em seu trabalho cotidiano.

Cada capítulo deste livro é desenvolvido para ajudá-lo a entender os diversos aspectos da liderança e ensiná-lo a liderar em diferentes contextos e situações. A informação que você encontra aqui é baseada no mundo real. Ela foi extraída primordialmente de meu trabalho com milhares de líderes de diferentes tipos de organizações, incluindo empresas privadas, públicas e instituições de caridade. Eu treinei e orientei líderes, construí equipes de alto desempenho, trabalhei com difíceis problemas de liderança e instruí equipes seniores de gestão para que transformassem suas organizações.

Sobre Este Livro

Ao ler este livro, você se capacita para descobrir como trabalhar a fim de se tornar o grande líder que você quer ser (afinal, quem quer ser um líder "mais ou menos"?). Se você é novo no mundo da liderança, vai achar aqui tudo o que precisa para ser bem-sucedido em sua função. Se já é um líder experiente, eu o desafio a mudar sua percepção, observar sua filosofia de liderança e exercê-la sob uma nova ótica, percebendo o que está funcionando para si mesmo – e para as pessoas sob sua supervisão – e o que não está.

Você pode progredir rapidamente no que diz respeito à melhoria das habilidades de liderança ao colocar o conteúdo em prática e, então, refletir sobre e aprender mais com suas próprias experiências.

Liderar em um ambiente de trabalho é engajar pessoas e fazer com que se comprometam e contribuam de forma valorosa, tendo em vista a melhoria do desempenho e o sucesso da empresa, além de gerar nelas um sentido real de satisfação ao fazer isso. Dentre os tópicos desenvolvidos neste livro estão:

- Diferenças entre liderança e gerenciamento de pessoas.
- Como gerar comprometimento daqueles que trabalham com você e para você.
- Por que você precisa começar liderando a si mesmo.
- Como obter sucesso liderando pessoas em meio a mudanças.
- Como aumentar a sua influência na empresa.

✔ Como desafiar aqueles cujo comportamento ou desempenho estejam fora de seus padrões.

✔ Como liderar diferentes tipos de equipes.

✔ Como construir uma grande equipe.

Eu dou meu melhor para explicar todos esses tópicos de forma clara e concisa, entre outras coisas. Agora que já sabe um pouco do conteúdo que encontrará neste livro, espero que esteja ávido para começar a leitura.

Convenções Usadas Neste Livro

Para auxiliar sua leitura, estabeleci algumas convenções:

✔ O destaque em *itálico* é utilizado para enfatizar novas palavras ou termos definidos por mim.

✔ O destaque em **negrito** é utilizado para destacar textos importantes em listas.

✔ A `Monofont` é utilizada para endereços de internet e e-mails.

Eu também uso bastante o termo *organização*. Defino *organização* como um grupo de pessoas que se reúne formalmente a fim de atingir um determinado objetivo. Existem muitos tipos de organizações, que incluem desde pequenos negócios, grandes empresas, instituições de caridade, até *organizações* do setor público etc. Emprego o termo *organização* (ou *companhia*, algumas vezes) para me referir à empresa, instituição ou algo do gênero.

Só de Passagem

Escrevi este livro de forma que tenha acesso e encontre facilmente o que quiser com relação à liderança no trabalho. Também me preocupei com a fácil identificação daquilo que não precisa necessariamente ler. Toda essa informação é interessante, e você pode se beneficiar com tal conhecimento, mas não é essencial que leia:

✔ **Textos dos quadros**: os quadros sombreados contêm histórias interessantes com exemplos reais que ilustram tópicos mencionados no texto, mas você pode pular (mas, não deve) essa leitura se preferir.

✔ **O conteúdo da página de direitos autorais**: você não vai achar nada de valor lá, a não ser que esteja procurando por informações sobre direitos autorais ou edições! Se estiver, então é o lugar certo para pesquisar.

Penso que...

Escrevi este livro tomando por verdadeiras algumas coisas sobre você:

- Você é um entusiasta no que diz respeito ao desenvolvimento de sua habilidade de liderança.
- Você quer melhorar seu próprio desempenho e o de outras pessoas.
- Você já teve contato com algum tipo de liderança, seja na forma de líderes bons ou ruins, por conta da posição que ocupa em sua empresa ou da função que exerceu no passado.
- Você quer saber o que funciona. Embora deseje entender os conceitos-chave acerca de liderança, está mais interessado em uma abordagem pragmática e prática de como se tornar o líder que aspira ser.
- Você gosta de descobrir o *porquê* bem como o *quê*. Isto é, quer saber *por que* as pessoas tipicamente fazem o que fazem no trabalho em vez de apenas saber *o que* fazem.
- Você deseja fazer grande diferença e contribuir para a organização na qual trabalha e para as pessoas com as quais trabalha.

Como Este Livro Está Organizado

Organizei este livro em seis partes para facilitar a compreensão e o acesso. Assim, todos os tópicos relacionados ficam juntos. Cada parte é dividida em capítulos e o sumário fornece detalhes de cada um.

Parte I: Apresentando o Conceito de Liderança

Nesta parte, forneço uma visão geral do conceito de liderança e explico as palavras e expressões que você normalmente encontra quando fala ou lê sobre o assunto. Você vai descobrir como formular uma definição de liderança que realmente funcione para seu caso e começar a identificar seus pontos fortes e desenvolver os fracos. Você também vai encontrar diferenças fundamentais entre liderança e gestão nessa seção.

Parte II: Liderando a Si Mesmo

Nesta parte, o foco é você. Aqui, apresento o conceito do líder autêntico e explico por que trabalhar sua própria liderança é importante para se tornar o líder que quer ser. Você descobrirá como identificar os valores que são realmente importantes e como eles podem causar impacto na forma de liderar pessoas. Você saberá como aprender mais a respeito de liderança refletindo sobre suas próprias experiências e como lidar com problemas causados por uma posição de líder.

Parte III: Liderando Pessoas

Para se tornar um líder bem-sucedido, as pessoas precisam escolher segui-lo. Eu explico como engajá-las para que lhe deem seu comprometimento: elas usarão todo esforço, conhecimento, perícia e habilidade que possuírem para fazer um ótimo trabalho em vez de serem apenas complacentes. Você descobrirá sobre estilos de liderança e como escolher o mais apropriado para as diferentes situações. Eu enfatizo por qual motivo você precisa escolher conscientemente o padrão no qual as pessoas devem trabalhar e descobrir a forma de efetivamente gerar um desafio àqueles que não agem conforme seus padrões.

Parte IV: Liderando Pessoas por Meio da Mudança

Nesta parte, explico por que muitas pessoas não gostam de mudar e você descobrirá como ser um agente de modificações. Eu lhe apresento procedimentos para implementação de mudanças em equipes e organizações que fazem com que todos as adotem. Você também encontrará técnicas para incorporação de novas formas de trabalho e para evitar que os colaboradores voltem aos velhos hábitos.

Parte V: Liderando Diferentes Tipos de Equipes

Nesta parte, você tomará conhecimento dos diferentes tipos de equipes e os desafios que enfrentará em sua liderança. Descobrirá as características que separam as equipes excelentes das boas e como formar um time de alto desempenho. Eu forneço dicas de como criar uma equipe sênior que seja modelo para todos na organização.

Parte VI: A Parte dos Dez

Quando quiser um lembrete rápido da boa liderança ou um pouquinho de inspiração, é nesta parte que vai encontrar. Essa seção lhe dá dez dicas para assumir seu papel, liderar pessoas e a si mesmo.

Ícones Usados Neste Livro

Os ícones neste livro identificam tipos diferentes de informação que podem ser muito úteis. Aqui está a explicação do significado de cada um:

Leia atentamente o texto que acompanha esse ícone porque ele fornece conselhos para que você se torne um líder excepcional.

Esse ícone é um lembrete de pontos importantes a serem observados.

Esse ícone enfatiza sugestões práticas que podem ser usadas na liderança de pessoas em diversas situações de trabalho.

Esse ícone destaca histórias verdadeiras de liderança que podem ser úteis ou inspirá-lo.

Descubra exercícios que o auxiliam a exercer a liderança junto a esse ícone.

Seja cauteloso! Se você não der atenção ao conselho que acompanha esse ícone, pode acabar enfrentando uma situação desagradável.

De Lá para Cá, Daqui para Lá

Você não precisa ler esse livro seguindo a ordem dos capítulos, pois seu maior benefício advém do fato de poder estudá-lo na sequência e no ritmo que sejam certos para seu caso. Organizei o conteúdo para *capacitá-lo* a assumir a liderança. É sua opção fazer uma abordagem estruturada e sequencial, ou ler os capítulos em qualquer ordem: você pode ir imediatamente para a seção que trata daquilo que precisa para resolver uma situação ou problema que esteja passando.

Utilize o sumário detalhado para pesquisar o que necessita. Por exemplo, se quiser melhorar seu entendimento de liderança, vá para o Capítulo 2. Ou, se desejar afiar sua habilidade de encorajar pessoas para que trabalhem no seu padrão, siga para o Capítulo 11.

Seja lá de que forma você vai traçar seu caminho utilizando *Liderança Para Leigos*®, tenho certeza de que se tornará o grande líder que deseja ser. Sou um entusiasta no que diz respeito à capacitação de pessoas para que se tornem grandes líderes. Então, se tiver quaisquer perguntas ou comentários, por favor, fique à vontade para visitar meu site (conteúdo em inglês):

`www.marwel.co.com`

A partir daqui começa seu sucesso duradouro!

Parte I
Apresentando o Conceito de Liderança

"Então, você acha que nasceu para ser um líder, Mauleverer?"

Nesta parte...

Os capítulos, nesta parte, o ajudam a compreender o conceito de liderança e começam a construir as fundações para que você se torne o grande líder que deseja ser. Aqui, apresento o linguajar comum usado nos livros de gestão e guio você na observação das principais diferenças entre liderança e gerenciamento. Você pode utilizar estes capítulos para esclarecer os anseios que a condição de líder traz para si e para os outros.

Capítulo 1
Assumindo a Liderança

Neste Capítulo
- Detectando a necessidade de líderes
- Entendendo por que as pessoas se tornam líderes
- Percebendo oportunidades para assumir a liderança
- Implementando mudanças e liderando diferentes tipos de equipes

A liderança faz parte do senso comum, mas, infelizmente, nem sempre é uma prática comum. Contudo, com a informação certa extraída de minha experiência de trabalho com milhares de gerentes, um pouco de prática e reflexão de sua parte, a liderança pode se tornar tão natural quanto andar de bicicleta! (mesmo que você possa levar alguns tombos ao longo do caminho).

Se você juntar seu entendimento às inúmeras dicas, lembretes, orientações, informações e, até mesmo (ouso dizer), às pérolas de sabedoria, você poderá se tornar o grande líder que deseja ser. Você consegue, literalmente, "enfileirar seus patos" – exatamente como na capa – fazendo com que sua equipe queira segui-lo. E nem precisará olhar para trás para checar se eles ainda estão lá! Faça os exercícios e coloque em ação as orientações contidas no livro e você tornará a liderança efetiva uma prática comum em sua vida.

Neste capítulo, descrevo a importância dos líderes, como e por que você cresce para se tornar um, e como liderar diferentes equipes e implementar mudanças bem-sucedidas no ambiente de trabalho.

Entendendo Por Que o Trabalho dos Líderes Não É Fácil

Por que a liderança efetiva não é posta em prática tanto quanto deveria? Bem, muitos gerentes não demonstram tal espírito porque não analisam o bastante a situação em que eles próprios e seus funcionários se encontram: apressam-se e fazem as coisas erradas ou falham ao entrar em ação quando as pessoas buscam por um líder. Você provavelmente já passou por situações nas quais observou uma dose de liderança exagerada, quase nula ou errada.

Líderes podem manifestar uma presença nula ou excessiva!

Saio agora em defesa daqueles que estão na posição de líderes, pois, embora seja do senso comum, liderar não é fácil. As pessoas são complexas e têm necessidades, motivações, habilidades e expectativas diferentes. A flexibilidade e a adaptação humanas são vantagens, mas os indivíduos também podem ser imprevisíveis e instáveis: seus humores mudam, refletindo estados de alegria, tristeza, entusiasmo, raiva ou depressão. O estado emocional do ser humano afeta a execução e o desempenho no trabalho.

Parte de seu papel como líder é conseguir extrair o melhor das pessoas que trabalham com e para você. Você precisa considerar todas essas questões para decidir a melhor maneira de liderar indivíduos e equipes.

Líderes também precisam advogar pela organização e cuidar das necessidades dela, seja um negócio, uma instituição de caridade, organização do setor público etc. Você deve se entusiasmar para promover os propósitos e objetivos do local onde trabalha, de seu departamento ou time (dependendo da sua posição), dos produtos ou serviços que oferece, ajustar as diferenças de prioridades entre sua equipe e as outras, assim por diante.

Com todos esses desafios em mente, liderar é realmente muito difícil!

É possível que você não saiba lidar com os problemas de liderança que essas e outras questões apresentam e, talvez, por isso tenha comprado este livro! Neste capítulo, você vai encontrar muito mais acerca dos desafios e oportunidades da posição de líder – e descobrir informações para a resolução dos conflitos. Eu também dou indicações de outros capítulos relevantes, permitindo que você explore a liderança em todos os aspectos.

Buscando Liderança... e Líderes

A vida em geral, especialmente no local de trabalho, parece estar se tornando mais incerta e complexa para a maioria das pessoas. O velho adágio "um emprego para toda vida" não se aplica mais à grande parte das pessoas, visto que as organizações do setor público e privado mudam, são reformuladas ou fundem-se constantemente.

Em tempos de incerteza, as pessoas procuram líderes e liderança, mas nem sempre acham o que precisam. Esta seção o ajuda a descobrir mais a respeito das típicas situações pelas quais passam milhares, senão milhões, de trabalhadores todos os dias e por qual motivo eles estão buscando esse tipo de orientação.

Ser caçador em vez de caça!

Muita gente fica agitada ou ansiosa quando está em um ambiente profissional de complexidade e incerteza: são, como dizemos, "a caça". Esses indivíduos

Capítulo 1: Assumindo a Liderança

podem ser encobertos, atiçados, cortados e calados quando são a caça! Aqui, estão algumas das situações de trabalho mais comuns nas quais funcionários experimentam ser "caça" e como isso os afeta:

- **Muito trabalho a fazer**: acontece, por exemplo, quando os pedidos recebidos por uma empresa são maiores do que a vazão. A pressão para satisfazer a demanda força a capacidade de produção, a organização do sistema e os funcionários até seus limites, o que causa erros e problemas.

- **Pouco trabalho a fazer:** acontece, por exemplo, quando os pedidos recebidos por uma empresa são ínfimos com relação à produção. Quando os funcionários têm pouco a fazer por longos períodos, eles começam a se preocupar com a próxima medida a ser adotada.

- **Poucos funcionários para realizar o trabalho**: acontece, por exemplo, quando uma empresa cresce e não consegue recrutar pessoal adequado ou quando a empresa faz cortes de funcionários. Nessa situação, os empregados têm muito o que fazer durante um longo período de tempo. Eles, a princípio, tentam dar conta, mas acabam ficando exaustos ou até mesmo esgotados.

- **Muitas pessoas para realizar o trabalho**: acontece, por exemplo, quando duas empresas se fundem. Os funcionários ficam aflitos e preocupados com sua segurança no emprego, e sobre como vão pagar suas contas, caso algo aconteça.

- **Muitas mudanças no sistema ou na estrutura**: acontece, por exemplo, quando ordens se sobrepõem e os funcionários ficam confusos com relação ao que precisam fazer e como devem trabalhar.

- **Poucas mudanças no sistema ou na estrutura**: acontece, por exemplo, quando os funcionários tentam realizar suas tarefas dentro de um sistema arcaico e desatualizado que não lhes dá condições de desempenhar um bom trabalho.

As pessoas buscam líderes e liderança, nessas situações, porque não querem ser caça: elas desejam manifestar influência (ou ser caçadores, se você preferir, não sendo ocultadas pelo sistema), contribuindo para a resolução de problemas e dificuldades. Afinal, elas sabem como resolver suas tarefas. Algumas vezes, são até especialistas em solucioná-las!

Eu o incentivo para que demonstre a liderança apropriada nessas ocasiões, seja este seu trabalho ou não. Ao perceber situações em que indivíduos buscam um líder, dê um passo à frente e mostre liderança, mesmo quando você também for um dos que está passando por tal circunstância.

Saiba mais a respeito do "passo à frente" e da demonstração de liderança na seção seguinte "Preencha o vácuo com o posicionamento correto" descubra o propósito e o significado de liderança no Capítulo 2.

Assumindo a liderança... ou talvez não!

Você sabe aquela sensação de precisar desesperadamente de um táxi para chegar a um compromisso importante ou voltar para casa, porém você não consegue nenhum? Bem, você pode experimentar a mesma frustração quando precisar de um líder.

Eu me arrisco a dizer que quando pessoas querem ver um grande líder em tempos turbulentos – tal como durante problemas econômicos nacionais – elas tendem a obter uma dose maior de gerenciamento.

Por favor, não me compreenda mal: não estou dizendo que o gerenciamento é ruim, porque tanto a efetiva liderança quanto o gerenciamento são necessários para se dirigir uma organização. Mas o gerenciamento excessivo e a pouca liderança não são apenas ruins; podem ser uma catástrofe! Vá para o Capítulo 3 e descubra os aspectos mais importantes e as diferenças entre liderar e gerenciar pessoas.

Uma das consequências sofridas por muitas empresas numa economia em recessão é a queda dos lucros devido à diminuição do nível de produção ou margens de lucro apertadas à medida que a competição aumenta. Ao enfrentar tal situação, gerentes experientes normalmente agem para controlar os gastos restringindo decisões que impliquem em gastar dinheiro. Entretanto, eles não conseguem enxergar o seguinte:

- ✔ Seus esforços para gerenciar os gastos podem minar os valores ou princípios sob os quais a empresa é dirigida.
- ✔ O gerenciamento da companhia pode ter seu preço na liderança!

Leia o próximo quadro "Cuidando dos trocados em vez das notas graúdas", e veja um exemplo típico de gerenciamento excessivo e deficiência de liderança em uma empresa:

Cuidando dos trocados em vez das notas graúdas

Os diretores de uma indústria manufatureira tiveram que tomar decisões difíceis quando a empresa passou por um período de recessão. À medida que os pedidos escasseavam, os gastos começavam a ficar muito altos em relação às vendas. Assim, algumas medidas foram tomadas para reduzir os custos: empregados foram demitidos e controles mais rígidos de despesas foram implantados.

Os diretores informaram aos gerentes que todas as decisões envolvendo gastos maiores teriam que ser discutidas com o diretor correspondente, antes que pudessem ser aprovadas. Como resultado, quase todas as determinações que envolviam horas extras, viagens e afins teriam que passar por um alto funcionário.

Capítulo 1: Assumindo a Liderança

> Meses antes dessa situação, a alta cúpula tinha enfatizado que desejava dar mais poderes aos gerentes e esperava que eles se mostrassem líderes de suas equipes. Os gerentes interpretaram as resoluções de diminuição de gastos de forma muito mais negativa, visto que tiravam seus poderes ao invés de lhes dar credibilidade. No momento em que os gerentes buscaram liderança na figura dos diretores, confiando que eles cuidariam do interesse dos negócios, conseguiram apenas mais gerenciamento. "Cuidar dos trocados em vez de confiar em outros líderes para dar conta das notas graúdas", foi visto como o novo lema dos diretores!
>
> Muitos gerentes começaram a achar que os diretores eram sovinas e, ainda pior, interpretaram as ações determinadas pela alta cúpula como falta de confiança acerca da tomada certa de decisão por parte deles com relação aos gastos. Os gerentes também pensaram que a credibilidade da qual gozavam perante sua equipe tinha sido minada, porque não podiam agir rapidamente, uma vez que precisavam consultar um diretor para dar o próximo passo.

Vendo-se como um Líder

Como todos com quem trabalha, você tem potencial para ser um grande líder e exercer influência positiva na forma como aqueles ao seu redor pensam, sentem e agem. Tenho certeza de que você já demonstrou habilidades de liderança se parar para pensar. Faça o exercício seguinte e reconheça se já agiu como um líder.

Reserve alguns minutos para refletir e escrever comentários sobre os seguintes cenários em um pedaço de papel. Estas situações podem ter ocorrido em qualquer aspecto de sua vida: em casa, na escola, no trabalho e por aí vai.

- Eu fiquei tão entusiasmado com algo, que alguém também foi contaminado por esse sentimento.
- Eu defendi algo ou alguém em quem acreditava, quando essa situação ou pessoa foi severamente criticada.
- Eu fiz algo que sabia ser o certo a fazer, mesmo duvidando de minha habilidade para fazê-lo.
- Eu ajudei alguém a entender a diferença entre o certo e o errado.
- Eu influenciei alguém a aumentar seus padrões.
- Eu desafiei alguém cujo comportamento era inaceitável a mudar sua atitude.

Perceber que você já assumiu a liderança em situações passadas ajuda a elevar a confiança para dar um passo à frente e tomar a dianteira outra vez.

Preencha o vácuo com o posicionamento correto

Já percebeu que se forma um vácuo quando um gerente não demonstra liderança? Você pode pensar que essa é uma questão um tanto peculiar porque o vácuo é algo cheio de nada, e como se pode notar a formação do nada? Bem, ao contrário de uma dor de dente, você com certeza consegue perceber a ausência de algumas coisas:

- Sua equipe não tem orientação.
- Falta energia e comprometimento à sua equipe, e as pessoas são apáticas.
- Decisões não são tomadas e problemas não são resolvidos.
- Altos padrões não existem.
- As coisas não ficam melhores.

Quando as situações anteriores ocorrem, é possível que você perceba seus colegas olhando em volta como se procurassem alguém para fazer algo: as pessoas estão à espera de serem lideradas!

Dê um passo à frente, preencha o vácuo – em vez de gastar seu tempo procurando por liderança – e faça o seguinte:

- Reflita sobre ações passadas nas quais demonstrou liderança. Você já o fez no passado e pode fazê-lo agora.
- Ouça os lamentos e as queixas de seus colegas; eles dão as dicas do que precisa ser feito. Mas não deixe nenhuma negatividade colocar areia em seu entusiasmo e em seu comprometimento com a melhoria da situação.
- Leve ao seu superior o que acha que deve ser feito; se não tiver certeza, use o bom senso! Trabalhe com seu gerente em vez de bombardeá-lo.
- Mantenha o otimismo e a atitude positiva, pois seu entusiasmo contagia os colegas que desejam apoiá-lo na melhoria da situação.

Veja, no Capítulo 4, como desenvolver sua autoconfiança e preencher os vácuos de liderança.

A transformação começa com você

Há muitos anos – ou seria uma eternidade? –, eu achava que o desenvolvimento de líderes envolvia, primordialmente, o foco em obter o melhor de seus seguidores. Eu pensava que todos os líderes precisavam aprender a conseguir seguidores para acompanhá-los!

Capítulo 1: Assumindo a Liderança **15**

Liderar pessoas começa com a autoliderança. Você precisa olhar para seu interior antes de se voltar para o exterior, para aqueles que trabalham com você.

O principal motivo para a transformação do meu ponto de vista e das minhas ações foi acreditar que, como todo líder, uma pessoa precisa realmente conhecer e entender a si mesma. Por exemplo, você deve identificar:

- Os valores que são importantes para você, pois eles influenciam os padrões estabelecidos para si e para os outros.
- Suas motivações, suas suposições e seu modo de pensar, verificando como eles afetam o modo como você pensa, sente e age.
- A maneira como seu comportamento causa impacto nos outros e como eles interagem com você como líder.

Não se preocupe se ainda não encontrou tudo isso em você: todos os líderes continuam "aperfeiçoando-se" constantemente, porque não param de se deparar com novas situações, dilemas e desafios.

Dê uma olhada na próxima seção "Sabendo de que você é capaz", para descobrir o que "entender a si mesmo" significa na prática, ou leia os Capítulos 4 e 5, se não quiser perder tempo e quiser começar a trabalhar, a fim de se tornar o líder que deseja ser.

Ascendendo a todas as ocasiões de liderança

Embora a primeira ocasião na qual tenha que ascender à condição de líder seja seu primeiro compromisso oficial com a liderança, existem mais oportunidades do que você possa imaginar para assumir antes esse papel – então não há desculpas para não se tornar um grande líder! (Se você for novo na função e estiver com pressa de descobrir como sobreviver, após ser jogado aos leões, quiser evitar ser visto como um "impostor", desejar ser bem-sucedido liderando seus amigos e muito, muito mais, corra para o Capítulo 6).

Essas ocasiões o capacitam para a ação, afinam e afiam suas habilidades na liderança de pessoas. As oportunidades estão escondidas em cada esquina. Por exemplo, nas reuniões de equipe, nas apresentações de projetos, no desenvolvimento de trabalhos, nas comunicações de relatórios, nas visitas a clientes e fornecedores, nas conversas informais nos corredores e nos bate-papos com colegas de trabalho em bares.

Você tem a oportunidade de mostrar liderança quando não estiver satisfeito com o padrão de trabalho, o desempenho, ou a conduta de colegas, tal como pontualidade ou comportamento em reuniões.

Eu detalhei aqui circunstâncias que acontecem especificamente em reuniões para ajudá-lo a enxergar as oportunidades de tomar a liderança. Você provavelmente já participou de reuniões nas quais:

- A reunião começou tarde pela razão de ter que esperar por funcionários atrasados.
- A conversa desviou do rumo.
- Questões e tópicos foram discutidos, porém nenhuma resolução foi tomada.
- Decisões foram tomadas, mas a forma de colocá-las em prática não ficou clara.
- Prazos não foram estabelecidos para as ações que terão de ser tomadas.
- Pessoas não foram cobradas pelas ações que foram acordadas nas reuniões anteriores.

Com certeza, você já ouviu colegas (fora da reunião) reclamando uns com os outros com relação à péssima condução da reunião, mesmo quando nenhum deles tenha levantado tal questão dentro da sala.

Cada reunião em que você se depara com um ou mais dos casos acima é uma oportunidade de mostrar liderança influenciando positivamente a forma como seus colegas de trabalho pensam, sentem e agem durante o encontro.

Tome a frente e encoraje seus colegas a avaliarem e melhorarem a efetividade das reuniões agindo de acordo com as seguintes sugestões:

- Sempre demonstre bom desempenho nas reuniões.
- Aponte – construtivamente – quando qualquer um dos itens da pauta for discutido e, se necessário, a forma como essas questões influenciam na efetividade da reunião.
- Incentive seus colegas, no início da reunião, a compartilharem suas expectativas acerca da forma como desejam trabalhar juntos, para que a reunião seja produtiva.
- Peça que seus colegas reavaliem a efetividade da reunião no que diz respeito à conquista de seus propósitos ou objetivos.

Permita-se assumir a liderança e aproveite o momento para afinar suas habilidades de líder. Aja sempre com integridade e mostre que tem um interesse genuíno em seus colegas e que está trabalhando com eles para trazer as mudanças que todos desejam. Evite que pensem que você está só se promovendo ou agindo por interesse próprio.

Aproveitar as oportunidades também o leva a aumentar sua esfera de influência na empresa. Você descobrirá mais sobre como expandi-la no Capítulo 7.

Liderando Pessoas e Equipes

Muitas pessoas o procuram buscando liderança: aqueles que recorrem a você, seu chefe, seus clientes (fora ou dentro da organização), membros da equipe de projetos, se você tiver uma e afins. Para que lide com as diferentes expectativas ou diferentes exigências de todos esses indivíduos, e demonstre grande liderança, você precisa ter algumas coisas bem claras em mente. Nesta seção, descobrirá quais são elas e onde pode encontrar mais informações neste livro que o capacitem para trabalhar no desenvolvimento da sua liderança.

Entendendo o que eles precisam

Seu chefe e sua equipe esperam que você saiba do que eles precisam! E se você não sabe, aqueles ao seu redor descobrirão isso mais cedo ou mais tarde. Você deve ter o seguinte em mente:

- **O propósito e o objetivo de sua equipe:** para evitar ser visto como um "desnorteado", ou seja, aquele que não tem certeza para onde está levando o time.

- **O que espera que sua equipe alcance:** para evitar ser visto como um "perdulário" desfocado, ou seja, aquele que gasta seu próprio tempo e o dos outros com as prioridades erradas.

- **Os valores que são importantes para você:** para evitar ser visto como um "inseguro", ou seja, aquele que é indeciso com relação aos padrões que espera das pessoas.

Eu menciono, anteriormente, na seção "A transformação começa com você", que liderar pessoas começa com a autoliderança, mas o que isso significa na prática?

Liderar-se significa descobrir a si próprio e, depois, colocar seu autoconhecimento aperfeiçoado em bom uso.

Um dos perigos de não se ter consciência de seus próprios vícios e tendências é que você pode acabar adotando métodos inapropriados de liderança baseados naquilo que você acredita ou deixa de acreditar com relação à confiabilidade das pessoas.

Quando você acredita que normalmente as pessoas são fidedignas, espera que elas sejam de confiança e que façam um bom trabalho. Você, portanto, está propenso a dar autonomia àqueles com quem trabalha e adotar uma abordagem leve de monitoramento pessoal e de trabalho. Do contrário, quando acredita que as pessoas normalmente não são fidedignas, você as monitora, verifica constantemente e as questiona até mesmo sobre a forma como estão organizando seu tempo.

As duas visões diferentes de fidedignidade refletem duas abordagens distintas acerca da liderança: cada uma delas tem um impacto significativamente diverso em como os indivíduos trabalham para seu líder, gostem eles de ser controlados ou não! Cuidado com seus vícios e tendências, e as implicações no seu método de liderar. Escolha aquele que é correto baseado em sua avaliação de cada situação, inclusive considerando se sua equipe possui ou não a habilidade e o comprometimento necessários para trabalhar com autonomia.

Aumente o autoconhecimento analisando seus valores e questionando suas crenças, suposições e afins, e use este autoconhecimento evoluído para ganhar uma visão valorosa sobre qualquer implicação em potencial na forma como lidera pessoas. Vá para o Capítulo 5 e descubra como analisar valores e questionar suposições. Veja o Capítulo 4 para descobrir como desenvolver habilidades a partir da reflexão, o que pode ajudá-lo a aumentar sua autossensibilidade e autoconhecimento.

Estude o Capítulo 7 para esclarecer o propósito de seu trabalho e de sua equipe, os objetivos que deseja alcançar e as dicas de como ter um maior desempenho, tendo em vista a conquista de seu objetivo.

Aumentar seu autoconhecimento garante que você seja autêntico: as pessoas que trabalham com ou para você irão respeitá-lo ao perceberem que está sendo genuíno, especialmente quando agir com integridade e tiver um interesse legítimo por elas.

Engajando pessoas no trabalho e na mudança

Você pode até ficar satisfeito se sua equipe estiver apenas obedecendo àquilo que lhe diz para fazer, mas tenho certeza de que dessa forma, quando o time é apenas obediente, sua pontaria não está certeira o bastante. Pessoas comprometidas fazem mais: elas, como se diz por aí, "vão além!".

Se você for agraciado o bastante, tiver muito carisma e se sua equipe se joga aos seus pés querendo agradá-lo, já está experimentando o "passo a mais" que o time pode dar! Mas se você não tem que pular pessoas o reverenciando por aí, significa que ainda precisa ganhar comprometimento daqueles que devem ser entusiasmados e inspirados.

Todo mundo sabe que podemos pegar (e transmitir) vírus e germes: proponho que peguemos e transmitamos energia e entusiasmo. Já esteve em um grupo de pessoas letárgicas e negativas, e sentiu sua energia sendo sugada, ou já esteve em companhia de alguém entusiasmado e borbulhante, e se sentiu alegre e para cima? Então, você já teve a experiência de ser contagiado pela energia das pessoas.

Da mesma forma que é possível ser entusiasmado ou inspirado por uma pessoa positiva e alegre, também é possível ser estimulado por uma ideia, propósito, objetivo ou tarefa que ressoe. Tais fatores podem se tornar significativos, importantes e dignos de mérito, se as pessoas se comprometerem com eles.

Ganhe o comprometimento de todos os membros de seu time, a fim de que realizem o trabalho em equipe e atinjam seus objetivos, fazendo o seguinte:

- Inspire-os sendo positivo e entusiasmado para que seu entusiasmo contagie os membros da equipe.
- Advogue pela importância do trabalho da sua equipe – seu propósito – e os objetivos que ela precisa alcançar, a fim de contribuir para o sucesso de sua organização.
- Engaje os membros da equipe com conversas significativas, a fim de que todos se envolvam para melhorar o entendimento e comprometimento mútuo com o propósito de trabalhar melhor, seguindo rumo aos seus objetivos.

Descubra o poder da liderança no engajamento no Capítulo 8, e como se tornar um líder engajador no Capítulo 9.

Um dos maiores desafios como líder é guiar as pessoas no momento em que há uma mudança organizacional, tal como uma reestruturação, uma modificação no sistema e afins. Isso acontece porque a maioria das pessoas não gosta e reage mal às mudanças, especialmente se elas sentirem que tais procedimentos estão sendo impostos a elas no local de trabalho. E elas podem pegar suas frustrações e raiva e jogá-las em cima de você! Você pode pensar que essa reação é injusta, especialmente quando precisa implementar as mudanças que você mesmo discorda!

Se quiser melhorar o comportamento e o desempenho de sua equipe, e sustentar essa melhoria, precisa ser habilidoso o bastante para engajá-la a fim de ganhar seu comprometimento na mudança. Se obtiver apenas a obediência, o desempenho vai deteriorar. O Capítulo 11 explica como guiar e orientar pessoas, a fim de que atinjam e sustentem altos níveis de eficiência. Além disso, no Capítulo 10, você pode descobrir a necessidade de desenvolver um leque variado de estilos de liderança para encorajar indivíduos a mudarem em diferentes situações.

Empenhe-se em manter uma grande influência positiva sobre as pessoas que lidera durante os períodos de mudança, porque elas estarão sempre vigiando o, observando como você reage à mudança. Veja o Capítulo 12 para entender de que forma pode ser um "agente de mudanças" e não uma vítima delas.

Se você estiver para implementar uma mudança em seu local de trabalho ou se já está consumido pelos problemas decorrentes de uma, busque orientação nos Capítulos 13 e 14. Eu ofereço muitas dicas sobre como orientar e implementar modificações com sucesso, assim como ser bem-sucedido mantendo e liderando o processo de mudança.

Liderando todos os tipos de equipes

O sucesso em todas as organizações depende de trabalho em equipe, porque é preciso fazer quase tudo em conjunto (você pode pôr à prova essa afirmação refletindo o quanto do sucesso de seu trabalho depende apenas de você e daquilo que faz). Não só as equipes proliferaram dentro das empresas durante as últimas décadas, como também se expandiram em diversos tipos – de projetos, permanentes, temporárias e virtuais – cada uma das quais com diferentes desafios, oportunidades e problemas para seu líder.

Por exemplo, os líderes de equipes de projeto têm o desafio particular de orientar membros que fazem parte de outras equipes e têm múltiplos comprometimentos. Você descobrirá como lidar com esse e outros desafios de liderança de equipes de projeto no Capítulo 16.

Uma equipe de projeto também pode ser virtual e ter membros que raramente se encontram pessoalmente, porque estão espalhados por inúmeros lugares em diferentes continentes. O Capítulo 17 descreve alguns dos obstáculos típicos da liderança de uma equipe virtual e oferece dicas de como lidar com tais desafios.

Seja qual for a natureza de sua equipe, certifique-se de que a construa usando as características-chave compartilhadas por todos os grandes times (veja o Capítulo 15 para descobrir tais atributos). Divirta-se com o grande leque de papéis que pode assumir – mesmo que os ache desafiadores – ao se comprometer com o alto desenvolvimento de sua equipe como, por exemplo:

- **Advogado**: fazer a defesa dos propósitos e objetivos de sua equipe para pessoas de dentro e de fora dela, bem como promover entusiasticamente sua empresa, seus serviços ou seus produtos para os consumidores.
- **Porta-estandarte**: defender e reforçar os valores e padrões de comportamento e desempenho de seu time.
- **Animador de torcida**: encorajar e apoiar seu time para que faça um bom trabalho e reconhecer o sucesso dele.
- **Facilitador**: Engajar os membros da equipe dialogando expressivamente, a fim de melhorar a compreensão, a tomada de decisões, a construção do comprometimento e a resolução dos problemas.
- **"Tia-amiga"**: agir como confidente para ajudar os membros da equipe no que diz respeito a questões pessoais.

Você pode encorajar os membros a compartilharem responsabilidades e deveres para o sucesso da equipe envolvendo-os em avaliações da eficiência do conjunto, e melhorar continuamente a boa convivência profissional do grupo e seu desempenho. O Capítulo 15 mostra como conduzir autoavaliações de equipes e empenhar os membros no esforço comum para a melhoria do rendimento.

Excelência na liderança de uma equipe sênior

A forma como você lidera uma equipe sênior é crucial para o funcionamento da organização (bem como o desempenho dessa equipe por si só), pois ela é o modelo para toda empresa: alta gerência atende e segue as orientações dos diretores e a média gerência atende e segue as orientações da alta gerência.

Como líder, você é um exemplo vivo e ambulante daquilo que deseja que seus funcionários sejam! Você lidera constantemente pelo modelo: promova o que apoia, acredite e espere dos outros dizendo isso por meio de suas próprias ações e comportamentos diários, tal como:

- Naquilo a que dá atenção como, por exemplo: padrões de comportamento, medidas de rendimento e indicadores de desempenho.
- Como você reage ou não reage aos problemas, aos fracassos e às quebras de padrão.
- Como você distribui prêmios, quem você promove e por quê.

As pessoas estão observando você e notando suas ações muito mais do que aquilo que diz! Demonstre excelência para promover a excelência.

Encoraje seus líderes seniores a assumirem responsabilidade coletiva pelo sucesso da organização, bem como pelo sucesso de seus próprios departamentos, especialmente se notar que eles possuem uma visão restrita de sucesso (um "silo mental"). O Capítulo 18 descreve como ajudar profissionais seniores a resolverem esse problema.

As equipes de maior rendimento (liderança sênior), pela minha experiência, também encorajam e valorizam a diversidade: perspectivas, modos de pensar e ideias diferentes. Os membros normalmente descobrem como engajar cada um de forma efetiva, a fim de superar as dificuldades que surgem quando pessoas confiantes e, normalmente, fortes dentro do grupo, possuem diferentes pontos de vista e opiniões.

Esses membros reconhecem que ter a destreza de se engajar mutuamente melhora a tomada de decisões, a resolução dos problemas, o comprometimento com a ação e a responsabilidade dentro do grupo. Você pode descobrir como melhorar sua própria perícia e a de seus líderes seniores, a fim de um engajamento efetivo e recíproco, nos Capítulos 9 e 18.

Capítulo 2

Estabelecendo o Significado de Liderança

Neste Capítulo
- Entendendo a diferença entre liderança, liderar e ser um líder
- Explorando conceitos de liderança
- Entendendo o que é preciso para ser um líder engajador
- Determinando o que significa liderança para você

*V*ocê pode pensar que quanto mais tenta entender o que liderança significa, mais esse conceito parece escorregar por entre seus dedos. Tantas pessoas vêm escrevendo sobre o tema, que se torna difícil achar uma definição precisa que possa ser colocada em ação com sucesso.

Não se preocupe! Neste capítulo, eu o oriento por entre os códigos da função e explico as diferenças entre liderança, liderar e ser um líder. Você também descobrirá alguns conceitos populares sobre o assunto, enquanto eu guio você (sem intenção de trocadilho!) por entre a névoa da literatura sobre o tema, a fim de que você possa determinar o que liderança significa.

A principal razão para se estabelecer o significado de liderança desta maneira é para que entenda aquilo que é esperado de você como um líder – quer dizer, o que você próprio espera e o que os outros esperam de você – para que, assim, você coloque tal conhecimento e entendimento em ação. Depois, você estará em condições de trabalhar progressivamente para tornar-se o grande líder que deseja ser.

Enxergando as Diferenças entre Liderança, Liderar e Líder

Quando busquei o significado de liderança na internet, digitando "o que é liderança?" em um site de buscas, recebi quase quatro milhões de resultados! A grande quantidade de artigos sobre o assunto reflete o inacreditável interesse no tema, a falta de uma concordância universal sobre seu significado e, também, a falta de uma definição clara e eficaz sobre liderança.

Minha própria experiência de trabalho com líderes reflete esse diversificado leque de visões sobre o assunto. Quando perguntados sobre o que liderança significava para eles, todos os diretores e executivos com os quais trabalhei deram suas próprias definições, nas quais enfatizavam os aspectos da liderança que eram importantes para eles.

Nesta seção, eu guio você pelo nevoeiro criado pelas inúmeras descrições do tema e esclareço as diferenças entre liderança, liderar e ser um líder.

Liderança é um processo

Liderança é um processo: não só um processo que se estabelece *entre* você (o líder) e aqueles que lhe prestam contas (sua equipe), mas também é um processo que *inclui* você e seu time, uma vez que é preciso considerar que todos vocês influenciam e são influenciados.

A forma como você e sua equipe pensam, sentem e agem afeta e é afetada pelas experiências de cada um. Por consequência, aqueles que você lidera não são passivos no processo.

Essa descrição reconhece que a liderança é um processo dinâmico, complexo e também contínuo: ela se faz pela forma como você e seus subordinados foram influenciados, digamos, pelas experiências anteriores de trabalho e, também, pelas experiências atuais de trabalho em conjunto.

Então, a liderança simplesmente descreve as mudanças espontâneas – ações e reações – que ocorrem entre um líder e seus subordinados? Obviamente, a resposta é não! A fim de explorar mais adiante o conceito de liderança, eu agora considero a visão de que um líder é (surpreendentemente) alguém que lidera.

Capítulo 2: Estabelecendo o Significado de Liderança 25

Tradicionalmente, um líder é reconhecido como aquele que está à frente ou na dianteira de um grupo. Estar à frente em um contexto de trabalho pode significar, por exemplo, antecipar-se no modo de pensar uma questão. Dessa forma, o líder reflete e molda os propósitos e objetivos que precisam ser alcançados pelo conjunto (a equipe, o departamento, a organização), a fim de obter sucesso. O grupo, então, deve estar ciente do que é esperado para que seja bem-sucedido.

Os líderes também precisam ser capazes de trazer os membros do grupo para junto de si. A liderança no contexto profissional, portanto, é um processo no qual você, como líder, envolve o conjunto nas tarefas para que os propósitos e objetivos, que você exige do grupo, sejam atingidos.

Eu acredito, entretanto, que essa descrição de liderança é inadequada, pois diz que os subordinados simplesmente aguardam a exigência, a qual concerne à realização do trabalho, que o líder proclama a fim de que cumpram sua meta. Pela minha experiência, a maioria das pessoas deseja contribuir para as decisões que moldam e ajudam a atingir as metas e os objetivos da equipe, propondo e realizando ações que garantam que o conjunto seja bem-sucedido. Sugiro, portanto, que a liderança é um processo no qual você, na condição de líder, engaja totalmente no trabalho aqueles que lhe prestam contas, para que se tornem comprometidos e contribuam com o cumprimento total das metas, propósitos e tarefas que devem ser realizadas, capacitando o conjunto para o sucesso.

Essa descrição também oferece uma visão do propósito da liderança, que é influenciar positivamente a forma como as pessoas pensam, sentem e agem.

No ambiente de trabalho, o objetivo da liderança é influenciar positivamente a forma como as pessoas pensam, sentem e agem, para que possam se comprometer com uma contribuição mais valorosa no sentido de atingir os propósitos da equipe, departamento ou organização.

Eu o encorajo a refletir sobre suas próprias experiências de liderança, a fim de entender que ela é um processo que afeta todos os envolvidos.

Reserve alguns minutos para pensar na experiência de trabalho que teve com alguém que você admira como líder. Use os itens da Tabela 2-1 para fazer suas anotações e descrever brevemente a lembrança da situação de liderança pela qual passou.

Esse exercício o ajuda a descobrir como um líder e um subordinado exercem efeitos positivos um sobre o outro.

Tabela 2-1	Reflexões sobre a Experiência de Liderança
A situação:	
O que o líder fez:	
O efeito que essa ação teve sobre meu modo de pensar, meus sentimentos e/ou meu comportamento:	
Como respondi:	
Como percebi o efeito de minha resposta sobre o líder:	
Como o líder subsequentemente me tratou:	

Liderar é uma atividade

Liderar pessoas é o que os líderes fazem! Liderar é uma atividade, ou melhor, um leque de atividades que os líderes realizam. Liderar não significa necessariamente estar ocupado: não diz respeito à realização de tudo ou de maior parte do trabalho, embora os líderes tenham que fazer a sua parcela do trabalho. Você precisa "fazer a sua parte", a fim de evitar a perda de credibilidade junto à equipe ou deixar nascer a sensação de que eles estão "carregando você".

Na condição de líder, você não precisa elaborar pessoalmente soluções para todos os problemas pelos quais você e sua equipe passam, mas você é o responsável por garantir que as decisões tomadas e a ações propostas vão realmente solucioná-los. Ao liderar o grupo, você precisa envolvê-lo para que contribua com a obtenção da meta, por exemplo, numa tomada de decisão e empreendimento para a realização de tais ações.

Capítulo 2: Estabelecendo o Significado de Liderança

Eu os mando entrar e, depois, sair!

Fui convidado para auxiliar uma grande empresa que queria descobrir por que seu sistema de avaliação não funcionava. O gerente de recursos humanos estava preocupado porque a companhia usava tal processo para demonstrar e reforçar aos funcionários o quanto eles eram importantes para a organização. As avaliações consistiam apenas em reuniões formais nas quais os gerentes tinham uma conversa franca com cada funcionário a fim de informá-los acerca de seus pontos fortes, das suas necessidades de crescimento e das suas aspirações na empresa, além de outros assuntos relevantes para cada um.

Minha abordagem para a condução da pesquisa envolveu o exame de documentação e o preenchimento de formulários, mas primordialmente o diálogo com gerentes e outros funcionários para saber suas opiniões com relação ao sistema de avaliação. Eu falava com um gerente de produção às 5 h 45 da manhã de uma sexta-feira (o único horário que ele tinha livre) quando ele disse: "eu os mando entrar e, depois, sair". Essa foi a resposta que o gerente deu sobre como conduzia as reuniões de avaliação sob sua responsabilidade. Quando pedi que explicasse, ele disse que tinha que avaliar mais de 40 subordinados em um período de duas semanas e, também, manter cinco linhas de produção funcionando! O gerente só podia dispensar dez minutos para cada entrevista.

Quando conversei com algumas das pessoas que se reportavam a esse gerente de produção, elas disseram que o sistema de avaliação era uma perda de tempo, porque ele já "tinha noção" do que iria dizer sobre cada um e preenchia as avaliações antes do encontro individual. Uma resposta típica foi "você já sabe como ele pensa". Eu enfatizei que todos tinham o direito de acrescentar comentários no final do formulário de avaliação. A reação comum foi "Para quê? Nada vai mudar".

A forma como o gerente usava o sistema de avaliação minou completamente o objetivo fundamental do processo, o qual dava a oportunidade das pessoas se sentirem valorizadas. A credibilidade do gerente também foi minada!

Ao liderar pessoas, certifique-se de que também esteja sendo visto como um líder: sua presença e aquilo em que presta atenção causam efeito e impacto sobre as pessoas. Sua equipe nota o que você prestigia e o que ignora. Por exemplo: se você disser aos membros de sua equipe que a qualidade do trabalho que desempenham é importante, mas não corrigir seus deslizes e erros (mesmo quando está fazendo isso sobre seus próprios erros), eles irão tomar cada vez menos cuidado ao realizar suas tarefas.

Você está sempre sendo observado na posição de líder: sua equipe considera mais o que faz do que aquilo que fala. Suas ações são mais importantes do que as palavras. Por essa razão, você precisa estabelecer padrões em relação a todos os aspectos do trabalho. Por exemplo, se diz aos funcionários que chegar cedo para as reuniões é importante, mas ocasionalmente você mesmo chega atrasado, não se surpreenda quando eles começarem a pensar que está tudo bem se chegarem depois do horário. Lembre-se de que você precisa demonstrar os padrões que espera dos outros!

Leia o trecho "Eu os mando entrar e, depois, sair" para ver um exemplo de como as ações de um gerente repercutiram mais nas pessoas que lhe eram subordinadas do que aquilo que ele dizia a elas.

Ser um líder pode ser um papel e/ou uma posição

Hoje em dia, muitas posições que exigem liderança levam o termo "líder" no título da função. Por exemplo, você pode achar um "líder de equipe" ou "líder de serviços ao consumidor" dentro de sua própria empresa ou nos contatos com os funcionários de outras companhias. As "equipes seniores de gerenciamento", também, estão mudando suas denominações para "equipes seniores de liderança", a fim de reforçar a importância de ser um líder no topo e dentro da organização. Esse uso do termo "líder" em títulos de função enfatiza a importância de liderança de pessoal para o empregador e seus funcionários.

Você pode pensar que o termo líder no título da função lhe dá o direito para liderar pessoas: certamente sua organização deve ter lhe dado a autoridade para liderar, se ela espera que você seja o líder da equipe! Mesmo que esse termo não esteja no seu título, ainda assim pode lhe ser devida a liderança do grupo, porque todos na posição de gerência são cobrados nesse quesito.

Essa visão é importante porque, pense você ou não que tem o direito de liderar, isso pode afetar o modo como lidera. Se acredita que sua organização lhe dá o direito ou autoridade para tal, é possível que adote uma estratégia de liderança tipificada na sua própria tomada de decisões, determinação de instruções e expectativa quanto à execução do trabalho em relação ao grupo. Como alternativa, é possível que você ache que tenha adquirido o direito de liderar – e que só as pessoas que lidera podem lhe dar esse mérito – e adote uma forma mais inclusiva de liderar sua equipe.

Minha visão é a de que um líder tem sim associada à posição a autoridade de pedir ou instruir o grupo para realizar tarefas que precisam ser empreendidas, a fim de alcançar uma meta (garantindo, é claro, que todas elas sejam cumpridas conforme as normas de saúde e segurança). A forma como um líder fala e trata os membros de sua equipe surte um efeito de obediência, ou de comprometimento naquele que faz a tarefa pedida: para ganhar o comprometimento do funcionário um líder precisa adquirir esse direito, por exemplo, ao tratar a pessoa com respeito (vá para o Capítulo 3 para ler mais a respeito de adquirir o direito de liderar pessoas).

Da mesma forma que é uma posição, ser um líder também é um papel que pode ser desempenhado em qualquer situação de grupo: você não precisa ser o líder designado pela equipe para ter uma influência positiva naquilo que seus colegas pensam, sentem e agem ao desempenhar as tarefas do time.

Capítulo 2: Estabelecendo o Significado de Liderança 29

É possível exercer influência positiva na forma como seus companheiros trabalham juntos visando atingir as metas do grupo. Isso pode acontecer de diversas maneiras, como:

- Incentivar colegas a seguirem certo rumo de ação.
- Propor e promover boas ideias que ajudem o grupo a resolver seus problemas.
- Reconhecer e elogiar seus colegas por fazerem um bom trabalho.
- Resolver diferenças que afetam adversamente a maneira como seus colegas trabalham em conjunto.
- Voluntariar-se para assumir a liderança como meio de garantir que certas tarefas sejam feitas.

Todas essas ações fazem parte do trabalho de um líder por causa do efeito positivo que causam no grupo.

Tenho certeza de que você já passou por muitas situações nas quais teve (e seus colegas tiveram) a oportunidade de assumir o papel de líder. Um exemplo é quando todos se sentem insatisfeitos com a maneira como os membros do grupo trabalham juntos e, mesmo assim, ninguém dá um passo à frente e assume a responsabilidade de melhorar o funcionamento da equipe.

Uma ocasião que ilustra o funcionamento ruim do trabalho em grupo é a má condução de reuniões. Normalmente, noto que as pessoas comentam quando o encontro foi mal organizado e conduzido – chegam até a dizer que foi uma completa perda de tempo – depois da reunião, mas nunca durante. Nas ocasiões em que isso ocorre, digo que ninguém assumiu o papel de líder: as pessoas estão simplesmente compartilhando seu desapontamento e frustração.

Certifique-se de notar os momentos nos quais as oportunidades chegam para que tome a liderança: você pode aproveitar cada um deles para praticar seu papel de líder e desenvolver sua habilidade de liderança, bem como capacitar seus colegas para fazer um melhor trabalho em conjunto e atingir as metas comuns. Para ajudá-lo a detectar e aproveitar essas situações, veja a Tabela 2-2, que oferece o seguinte:

- Dois exemplos de oportunidades.
- Sugestões do que deve fazer para assumir a liderança.
- Descrição de potenciais benefícios que a sua tomada de ação pode trazer para o grupo.

Eu deixo um espaço na tabela para você acrescentar suas próprias oportunidades de ser um líder, anotar as ações a serem tomadas e os subsequentes benefícios para a equipe.

Tabela 2-2	Aproveitando as Oportunidades de Assumir a Liderança	
Descrição da Oportunidade	*Ações a Serem Tomadas*	*Descrição dos Potenciais Benefícios para o Grupo*
As pessoas estão reclamando da reunião após o encontro.	Oriente o grupo para questionar de forma construtiva e efetiva e combine ações para melhorar a efetividade na próxima reunião.	As preocupações acerca da reunião serão ventiladas e exploradas. A produtividade do encontro será melhorada.
Você e, possivelmente, os outros acham que não recebem as orientações suficientes de seu gerente.	Proponha prioridades ao seu gerente e peça orientação para que ele verifique se suas propostas estão corretas.	Você e os outros terão uma descrição mais clara das prioridades do trabalho. As pessoas gastarão seu tempo no trabalho mais importante.

Decodificando a Linguagem da Liderança

A seção anterior "Enxergando as Diferenças entre Liderança, Liderar e Líder" mostra que vários conceitos diferentes existem. Para que os diversos termos e ideias fiquem claros, é necessário evitar confusão e ajudá-lo a construir seu próprio significado de liderança. Enquanto a seção passada descreveu o conceito das expressões "liderança", "liderar" e "líder", nesta agora, você descobrirá mais acerca da linguagem usada nesse âmbito. Além disso, aproveito a oportunidade para apresentar um exercício sobre uma das principais ideias ligadas à liderança: a competência.

Mergulhando na sopa de jargões relativos à liderança

Você se lembra de ter tomado sopa de letrinhas quando era criança? Você mexia o caldo e tentava formar palavras com as letras que vinham à tona? Mergulhar nos jargões relativos à liderança lembrou-me a brincadeira com a sopa, porque tive que me esforçar para formar uma combinação que fizesse sentido juntando tudo o que já li sobre o assunto e minhas próprias experiências.

Capítulo 2: Estabelecendo o Significado de Liderança

Não tenho dúvida de que suas próprias experiências de liderança e de ser liderado mostram que esse é um processo complexo. Tal complexidade também é refletida pelas numerosas descrições que existem na literatura de gestão. Na lista seguinte, explico alguns dos termos mais comuns usados nos textos que você possivelmente vai encontrar sobre o assunto:

- **Competências** – Ter competência é demonstrar a habilidade para realizar algo. Para que você seja competente, é preciso que mostre que sabe fazer algo bem: você deve usar essa destreza em seu trabalho todos os dias. É possível ter a habilidade e, no entanto, não ser competente por não utilizar plenamente seu potencial! Sua empresa pode ter investido muito tempo e esforço para identificar e descrever as competências de liderança por entender sua importância no desenvolvimento de líderes na sua organização. Um dos maiores atrativos das competências é que elas podem ser definidas como comportamentos observáveis, o que capacita as organizações para determinar o que esperam que seus líderes façam. Você pode usá-las para reconhecer seus pontos fortes na liderança e o que precisa ser aperfeiçoado por meio de uma autoavaliação e das respostas dos seus colegas (vá para o texto "Amostra das competências de liderança" e experimente usar tais habilidades para identificar seus pontos fortes e desenvolver suas necessidades).

- **Natural/Nutrida** – É possível que já tenha ouvido ou perguntado o seguinte: "Os líderes nascem líderes ou podem ser construídos?". Se acredita que as pessoas nascem líderes (natural) e que a liderança não pode ser desenvolvida (nutrida), feche esse livro, porque não vai encontrar nada de útil nele! Eu não penso dessa forma e nada pode me dissuadir disso.

- **Qualidades/Características** – Quando você pensa a respeito de líderes que (aparentemente) nasceram para ser líderes, provavelmente, também pensa nas qualidades e características inatas que eles possuem. Um exemplo é o espírito "notório" de Winston Churchill. Você provavelmente vai se deparar com a qualidade pessoal da autoconfiança na literatura sobre o tema. Uma definição de *autoconfiança* é ter segurança ou convicção de suas próprias habilidades: quando deposita confiança em certa situação, você possui a certeza de que pode lidar com quaisquer questões que a cercam. Da mesma forma, como a maioria dos gerentes ambiciosos, é preciso que melhore sua autoconfiança, especialmente, durante os estágios iniciais de sua carreira. Se você o fizer, vai acreditar – como eu – que ao invés de ser uma qualidade inata, a autoconfiança é algo que pode ser desenvolvido.

- **Habilidades** – Não há dúvidas de que você queira desenvolver suas habilidades de liderança de pessoas. Ser habilidoso, por exemplo, para influenciar pessoas – uma destreza tipicamente associada à liderança – é ter a qualidade de falar de forma clara e concisa, ouvir com atenção, construir argumentos lógicos e assim por diante. Você pode aprimorar suas habilidades de liderança de pessoas da mesma forma que aprendeu a andar de bicicleta, ou seja, praticando: fazendo, e não falando sobre. Eu o incentivo a olhar em volta e aproveitar as oportunidades para praticar o aprimoramento de tais habilidades (para mais detalhes, veja a Tabela 2-2, na seção anterior "Ser um líder pode ser um papel e/ou uma posição").

Para ser um líder de sucesso, você precisa desenvolver continuamente as características positivas, as habilidades relevantes e as competências de seu grupo e as suas próprias. Eu dou mais detalhes do último aspecto na próxima seção.

Amostra das competências de liderança

Você descobriu, na seção anterior, que sua empresa pode ter uma lista de competências de liderança. Busque essa lista, se ela existir, e a use para avaliar seus pontos fortes de liderança. Faça o próximo exercício, se o local onde trabalha não possui tal relação.

A Tabela 2-3 ilustra alguns exemplos de competências de liderança atreladas a um líder efetivo. Faça o exercício a seguir e avalie como pode usá-las para identificar seus pontos fortes e as carências a serem desenvolvidas.

1. Leia a primeira competência e reflita sobre a forma como normalmente se comporta em meio a pessoas subordinadas a você no trabalho e o efeito que causa sobre elas com relação a tal condição.

2. Classifique sua situação com relação à competência escolhendo de 1 a 6: se você se considerar altamente competente marque 5 ou 6; se achar que tem deficiências acerca da competência escolha 1 ou 2; marque 3 ou 4 se acreditar que esteja entre os níveis extremos.

3. Repita os passos 1 e 2 para o resto das competências.

4. Escreva algumas notas que descrevam seus pontos fortes e suas deficiências, baseando-se nas notas e reflexões do exercício.

Tabela 2-3 Avaliando-se com Relação às Competências de Liderança

	Descrição da Competência	*Eu Me Classifico Como*
1.	Eu inspiro meu grupo mostrando entusiasmo e atitude positiva.	1 2 3 4 5 6
2.	Eu ajo de forma a garantir que todos entendam os objetivos e as metas que precisamos atingir.	1 2 3 4 5 6
3.	Eu encorajo minha equipe para atingirmos o mais alto padrão daquilo que fazemos.	1 2 3 4 5 6
4.	Eu consigo o comprometimento de cada pessoa possibilitando que os indivíduos satisfaçam suas carências no trabalho rumo aos objetivos que precisam atingir.	1 2 3 4 5 6
5.	Eu apoio e contribuo com o desenvolvimento dos indivíduos, ajudando-os a atingir seu potencial pleno.	1 2 3 4 5 6

(Continua)

Capítulo 2: Estabelecendo o Significado de Liderança

Tabela 2-3 Avaliando-se com Relação às Competências de Liderança (continuação)

Descrição da Competência	Eu Me Classifico Como
6. Eu desafio construtivamente comportamentos e desempenhos inaceitáveis.	1 2 3 4 5 6
7. Eu busco ativamente respostas do meu grupo sobre o efeito que causo nele.	1 2 3 4 5 6
8. Eu encorajo as pessoas a falarem o que pensam e considero o que elas dizem.	1 2 3 4 5 6
9. Eu engajo as pessoas em diálogos proveitosos para identificar e resolver problemas.	1 2 3 4 5 6
10. Eu desafio o status quo visando a melhoria contínua do desempenho de minha equipe.	1 2 3 4 5 6

Eu descrevo meus pontos fortes na liderança como sendo:

Eu descrevo minhas carências na liderança como sendo:

A principal vantagem das competências – elas descrevem facilmente comportamentos observáveis – também tem uma grande limitação. Afinal, você não pode descrever todos os comportamentos que espera que um líder demonstre, pois a lista seria extremamente longa.

A melhor maneira de agir é identificar aquelas poucas competências que são realmente importantes e focar nas atividades que contribuem para seu desenvolvimento; isto é, aquelas que colaboram de forma significativa para a melhoria do rendimento dos líderes e das suas equipes na organização.

Não perca tempo tentando descrever todos os aspectos da liderança e do desenvolvimento das inúmeras competências, pois assim as mais importantes se perdem. Em vez disso, invista seu tempo identificando e usando as características vitais, assim elas trarão uma contribuição significativa para seu próprio rendimento e o de sua equipe.

Provando Pedacinhos Saborosos de Liderança

Nesta seção, você vai ver minha descrição de uma grande liderança (focada no engajamento), e dois outros modelos (ativo e servidor) que ressoam meu entendimento.

Tornando-se um líder engajador

No meu entendimento, os líderes precisam engajar suas equipes para que trabalhem em conjunto tendo em vista o sucesso da organização. *Líderes engajadores* precisam visar o engajamento de seu pessoal, com o intuito de melhorar a compreensão mútua e o comprometimento para que trabalhem juntos e atinjam suas metas.

Sendo um líder engajador, você:

- Consegue níveis melhores de rendimento e produtividade dos membros da equipe juntos e individualmente.
- Constrói um senso de espírito de equipe que excede a simples experiência de trabalhar lado a lado.
- Conduz o propósito e a orientação de sua equipe.
- Faz com que todos encontrem significado em seu trabalho.
- Ganha o comprometimento de todos os membros por meio do envolvimento genuíno nas decisões e atividades que visam objetivos.
- Exerce influência positiva na forma como as pessoas que trabalham com e para você pensam, sentem e agem.
- Estimula e continua desenvolvendo o conhecimento, as habilidades e a perícia de todo seu grupo.

Você pode descobrir mais sobre como se tornar um líder engajador na Parte III, especialmente nos Capítulos 8 e 9. Além disso, os Capítulos 4 e 5 ajudam-no a descobrir como trabalhar no desenvolvimento de uma melhor compreensão de si mesmo, o que o levará a liderar melhor os outros.

Uma pesquisa feita recentemente sobre o engajamento de funcionários reforça a importância dos líderes se tornarem engajadores. Essa pesquisa indica que todos os tipos de organizações têm interesse no engajamento de pessoal porque os líderes das empresas reconhecem que podem aumentar a produtividade e ganhar uma vantagem competitiva ao fazer isso. A pesquisa também revelou que a forma como os superiores tratam seus subordinados causa grande impacto em seu engajamento no trabalho. Por exemplo:

- ✔ A maioria dos empregados espera que seus superiores os procurem e ouçam suas ideias e opiniões.
- ✔ A maioria dos empregados espera que seus superiores mostrem interesse em seu bem-estar.
- ✔ A maioria dos empregados espera oportunidades para desenvolver seus trabalhos.
- ✔ A maioria dos empregados espera ser bem informado sobre o que acontece em sua empresa.

Trabalhe duro no engajamento de sua equipe para melhorar a compreensão mútua e o comprometimento desta com um exercício profissional melhor visando atingir os objetivos comuns.

Sendo um líder ativo

Como quase todo líder que conheço, você provavelmente se desdobra em seu trabalho. Seus dias são corridos e você está sempre indo em frente, sempre ativo! Reserve um momento para refletir sobre um dia de trabalho comum na sua vida como líder e responda as duas perguntas a seguir:

Durante um dia típico, com o que você gasta mais tempo?

O que chama sua atenção?

Essas duas questões provavelmente estão no topo de sua relação:

- ✔ Cumprir a execução do seu trabalho para atingir os resultados esperados por você mesmo e por sua equipe.
- ✔ Lidar com as dificuldades e problemas que você tem com membros de seu time para que o trabalho seja feito.

Você também deve ter notado que essas duas situações competem pelo seu tempo. É possível que você sinta que focar apenas no cumprimento da execução do trabalho seria ótimo, mas você precisa gastar seu tempo lidando com uma variedade de questões ou problemas que envolvem ou são causados pelo seu pessoal, tanto pendências individuais quanto problemas entre as pessoas.

Como líder, seus superiores esperam que você atinja resultados por meio da equipe e esses resultados são esperados hoje, amanhã, no mês seguinte, no ano seguinte e assim continuamente. Na verdade, exigem que faça até mais do que isso: você deve melhorar o seu rendimento e o rendimento daqueles que trabalham para você continuamente. Para ser bem-sucedido, é preciso:

- Manter o seu próprio foco e o dos outros na elaboração das tarefas que levam ao alcance dos objetivos.
- Motivar e desenvolver a capacidade dos indivíduos e resolver quaisquer problemas de desempenho e comportamento da equipe.
- Encorajar, guiar e auxiliar pessoas para trabalharem juntas, e solucionar todas as pendências interpessoais ou situações difíceis entre os membros.

E mais, muito mais! Esses pontos observados acima descrevem três aspectos ou funções em um modelo de liderança chamado de *liderança centrada na ação* da maneira como foi desenvolvida e se tornada famosa por John Adair. Os papéis – normalmente descritos como esferas sobrepostas e independentes no modelo – são a realização de tarefa, o desenvolvimento do indivíduo, e a construção e manutenção da equipe. Como líder, você precisa focar atenção e esforços na execução de cada um desses papéis dependendo da situação: algumas vezes, você deve se concentrar mais na tarefa, outras nas carências e problemas dos indivíduos, e outras no melhoramento do trabalho em equipe. É necessário dispensar tempo para execução desses três papéis ao realizar seu trabalho.

Muitos líderes passam por problemas ao dispensar tempo desigual a esses três aspectos da liderança. Como a maioria deles, você provavelmente acha que precisa focar nas tarefas a serem executadas, porque elas normalmente têm prazos. Se você pensa dessa forma, acha que cumprir prazos é prioridade sobre o desenvolvimento dos indivíduos de sua equipe e sobre o aprimoramento do trabalho em conjunto, apenas porque os dois últimos aspectos não têm necessariamente prazos fixados.

Tente enxergar esses três aspectos da liderança como complementares e não como concorrentes: em vez de pensar em qual atividade executar primeiro, procure pelas oportunidades de fazer mais de uma ao mesmo tempo. Por exemplo, quando tiver uma reunião com seu grupo para tomar decisões e organizar a forma de realizar as tarefas, busque também o ensejo para dedicar alguns minutos à revisão da efetividade do encontro: o que foi bem e o que pode ser melhorado? Você desenvolve funcionalmente seu time reconhecendo o seu bom rendimento na reunião e melhora a produtividade desta e da própria equipe colocando em ação aquilo que foi sugerido pelas pessoas.

Você pode fazer uma apreciação simples para verificar se a execução de tarefas está tendo prioridade sobre o desenvolvimento de pessoal. Tenho certeza de que a organização para qual trabalha possui um sistema de avaliação, ou algo similar, para o exame do rendimento ou do desenvolvimento dos empregados. Questione a si mesmo e aos outros gerentes com os quais trabalha se:

- Eles fazem reuniões de avaliação visando revisar regularmente seu próprio rendimento.
- Eles fazem as reuniões de avaliação que deveriam fazer regularmente com sua equipe.

Se os gerentes fazem reuniões de avaliação em períodos muito espaçados, ou não as fazem, a organização para a qual está trabalhando, então, dá prioridade à execução das tarefas sobre o desenvolvimento de pessoal. Não caia na armadilha de focar excessivamente nos prazos e negligenciar o desenvolvimento de pessoal.

Liderando por meio do serviço aos outros

Você descobriu, na seção anterior, "Tornando-se um líder engajador", que os líderes precisam engajar seu pessoal de forma a ganhar o comprometimento de todos no trabalho em conjunto por um propósito comum (vá para os Capítulos 8 e 9 para saber como engajar pessoal de forma eficiente, fazendo desabrochar o comprometimento). Um fator importante é mostrar genuíno interesse pelas pessoas, pois isso afeta a vontade delas de trabalhar com e para você. Pela minha experiência, quando você exibe uma preocupação legítima por seu pessoal, 99% deles demonstram reciprocidade e interesse em ajudar a conseguir aquilo que você quer.

Um pequeno passo, além da demonstração de interesse pelos outros, é servi-los: usar sua posição de liderança para se encarregar daqueles que prestam contas e que também trabalham junto com você. Essa aproximação reflete o relato de Robert Greenleaf, de *servant leadership*, no qual ele explica que os líderes precisam se concentrar e se preocupar com seus subordinados, além de cuidar e nutrir seu pessoal.

Alguns gerentes podem pensar que servir aos outros é virar a hierarquia da empresa de cabeça para baixo, já que a ênfase muda e são os líderes que servem seus subordinados e não estes últimos que executam a vontade de seu líder.

Entretanto, servir aos outros não é dar tudo o que eles querem. Por exemplo, você não pode permitir que um indivíduo vá para casa mais cedo quando tarefas cruciais precisam ser executadas. Você não está cuidando dos interesses de sua equipe ao deixá-lo sair mais cedo e, consequentemente, deixar de cumprir uma atividade que resultará na prestação precária de serviço ou perda de lucros por parte da empresa, o que, mais à frente, corrói a estabilidade de seus empregos.

Mostrar genuíno interesse por alguém a ponto de servi-lo, neste contexto, significa:

> ✔ Estar sempre interessado em ajudá-lo a suprir suas necessidades, atingir suas aspirações e resolver seus problemas.
>
> ✔ Cuidar da segurança e da estabilidade de seu emprego.
>
> ✔ Mostrar que está genuinamente interessado nas pessoas como indivíduos.
>
> ✔ Valorizá-lo por quem ele é, e não pelo que pode fazer para você.

Reflita sobre as ocasiões em que realmente mostrou interesse legítimo por alguém – ou até mesmo sentiu que estava servindo a este indivíduo. Isso pode ter acontecido em uma situação em que se colocou disponível para ajudar um colega de trabalho ou uma pessoa na sua vida social.

1. Pegue um caderno e divida as páginas em quatro colunas, como mostra a Tabela 2-4.
2. Na primeira coluna, escreva algumas palavras que descrevam a situação.
3. Na segunda coluna, anote as ações que realizou a fim de ajudar ou servir essa pessoa.
4. Na terceira coluna, descreva o resultado.
5. Na última coluna, anote a resposta dada por aquele que foi auxiliado.
6. Quando fizer esse exercício e refletir sobre suas experiências, considere o que hoje acha ser relevante ou importante no que diz respeito ao líder que serve aos outros.

Tabela 2-4   Reflexões a Respeito da Genuína Demonstração de Interesse em Alguém

Descrição Rápida da Situação	Ação da Ajuda ou Serviço a um Indivíduo	Descrição do Resultado	Como a Pessoa Respondeu

Descobrindo o Conceito que Funciona para Você

Eu exploro os conceitos mais comuns de liderança, neste capítulo, a fim de que você possa entendê-la e descobrir o conceito que faz diferença para você. Entender claramente o propósito de liderança faz com que você:

> ✔ Use seu entendimento para orientar suas ações como líder.
>
> ✔ Transmita para os outros o que você está tentando atingir como líder e, também, explique o que você espera de seus líderes.

Você pode, é claro, escolher um dos conceitos que demonstrei nesse capítulo ou aproveitar as partes mais adequadas sob sua ótica, adicionando suas ideias. Como alternativa, pode responder às seguintes perguntas e descobrir seu próprio conceito:

> ✔ Qual o propósito da liderança?
>
> ✔ Qual a minha abordagem de liderança?
>
> ✔ O que liderança significa para mim?

Capítulo 3

Liderança e Gerenciamento: Dois Lados da Mesma Moeda

Neste Capítulo

▶ Compreendendo a experiência de ser liderado e de ser gerenciado
▶ Entendendo os papéis de liderança transformadora e gerenciamento
▶ Examinando as diferenças básicas entre liderar e gerenciar
▶ Obtendo o direito de liderar

Algumas pessoas argumentam firmemente que "liderança" e "gerenciamento" são duas práticas diferentes, enquanto outras enxergam que são aspectos diferentes da mesma coisa. Embora muitos especialistas pensem diferente, essa questão é muito importante para deixar apenas para os acadêmicos – afinal, liderança e gerenciamento fazem parte da vida cotidiana.

E então, o que você acha? Não se preocupe se não tiver certeza do que responder agora. Depois de ler todas as orientações e informações que forneço neste capítulo, a resposta estará tão na cara quanto o seu nariz. Neste momento, entretanto, observe a dica que está no título do capítulo: eu vejo liderança e gerenciamento como dois aspectos complementares da mesma disciplina.

Neste capítulo, oriento você no labirinto de suas próprias experiências ao ter sido liderado e gerenciado, de forma que possa distinguir seu pensamento e decidir a melhor forma de ver a liderança e o gerenciamento. Faço-o comparar as situações mais significativas pelas quais passou com a informação fornecida e, assim, esclarecer o que esses dois pontos envolvem, o que esperar de líderes – de você mesmo e daqueles que o lideram – e as principais diferenças entre as duas práticas.

Além disso, você pode usar os resultados dos exercícios deste capítulo para desenvolver sua habilidade de liderança quando trabalhar a parte II, "Liderando-se".

Recorde Suas Experiências de Liderança e Gerenciamento

Desde que você era bebê, vem passando por experiências de liderança e gerenciamento, embora na maior parte delas, não tenha tido essa consciência! Quando você era uma criancinha, tenho certeza de que começou a notar os aspectos de liderança e gerenciamento no que diz respeito à maneira como foi criado – e, certamente, não apreciou todas essas situações porque, por exemplo, nem sempre conseguia o que desejava. Essas primitivas ocasiões foram importantes para o desenvolvimento de seu conceito pessoal de líderes e gerentes.

Seus pais ou responsáveis o lideraram e gerenciaram durante a infância e a adolescência, e até mesmo na vida adulta, se eles forem um pouquinho parecidos com a minha mãe! (Ela me diz, todas as vezes em que nos encontramos, que estou trabalhando muito e me aconselha a desacelerar.) Seus pais estiveram liderando e gerenciando você ao introduzirem certos valores, como por exemplo, chegar à escola pontualmente.

Nesta seção, eu o ajudo a refletir sobre suas próprias experiências ao ter sido liderado e gerenciado, a fim de que possa clarear suas expectativas e ser capaz de utilizar esse conhecimento para trabalhar de forma mais eficaz com seus líderes e as pessoas que lidera.

Escolhendo e trabalhando para um novo chefe

As experiências de liderança e gerenciamento que começaram lá com seus pais continuam na sua vida profissional. Tais situações provavelmente exerceram um grande impacto em suas ideias com relação a tais práticas, assim como o que faz um bom ou mau líder ou gerente.

As chances de ter um bom ou péssimo chefe, ao mudar de emprego e empresa, são de 50%: descobrir que agora você trabalha para um excelente chefe é igual a jogar uma moeda. Normalmente, você fica sabendo da função, e talvez da empresa, quando faz a entrevista inicial, mas eu nunca soube de um anúncio de emprego que dissesse "você vai trabalhar com um ótimo chefe" ou que lhe diga algo sobre a personalidade da pessoa para quem vai prestar contas!

Diferente daqueles que participam de programas de TV como *O Aprendiz* para conseguir um emprego, não há muitas oportunidades de ver a atitude de seu futuro chefe quando se candidata a uma vaga de emprego. Normalmente, sua potencial exposição ao futuro chefe é limitada às seguintes situações:

- Em conversas com aqueles que já trabalham na empresa, se você tiver sorte! E mesmo que tenha essa chance, qual a probabilidade de eles lhe dizerem o que realmente pensam do chefe?

Capítulo 3: Liderança e Gerenciamento: Dois Lados da Mesma Moeda 43

> ✔ Pesquisar na internet para ver se consegue achar qualquer informação sobre seu futuro chefe.
>
> ✔ Durante sua entrevista de emprego. Mas nessas situações as pessoas costumam se comportar da melhor forma possível!
>
> ✔ Bater papo durante o *tour* pela companhia.

Você sempre se arrisca ao aceitar um novo emprego, pois tem muito pouca informação de como seu novo chefe realmente é. E, ainda assim, pode transformar essa situação em uma vantagem. Eu descrevo no quadro a seguir, "Tornando melhor um emprego ruim", como Jane "perdeu" e, então, como tornou sua perda um ganho, após ter me confidenciado sua história durante uma sessão de consultoria. Você pode fazer o mesmo e transformar a perda em ganho ou em um bom resultado para você, para seu novo chefe e para sua equipe, tomando a iniciativa de falar sobre as razões da crítica ao seu chefe.

Tornando melhor um emprego ruim!

Jane é uma pessoa dinâmica e incrivelmente profissional — sempre focada no consumidor — e exerce o cargo de chefe de um departamento de Marketing e Vendas. Ela ficou muito entusiasmada quando conseguiu este novo emprego, mas depois de alguns meses começou a ter dúvidas com relação à sua decisão. Jane esperava que seu chefe lhe desse orientações com relação ao público-alvo quando entrou na empresa, mas nada lhe era transmitido e ela não recebia nenhuma resposta com relação ao desempenho de seu trabalho.

Jane também descobriu que os membros da equipe que chefiava não tinham bom rendimento. Na verdade, ela os descreveu como incompetentes, preguiçosos, descuidados e indolentes. Jane já estava pensando em sair do emprego, quando tivemos uma sessão de consultoria que fazia parte de um programa de desenvolvimento de lideranças que eu estava conduzindo em sua empresa.

Discuti com Jane a maneira como sua equipe foi orientada e liderada antes de ela entrar para a empresa. Entendi que a forma como se comportavam e agiam indica que provavelmente haviam sido mal conduzidos. Também, sugeri que, como continuavam exibindo o mesmo tipo de comportamento já trabalhando para ela durante vários meses, ela também deveria estar contribuindo para o problema com as atitudes que tomava ou não tomava.

Jane decidiu lançar mão de formulários de avaliação para examinar o período anterior à sua chefia com relação a cada membro de sua equipe. Ela descobriu que o grupo não havia recebido nenhuma resposta construtiva acerca do desempenho do chefe anterior e, portanto, tinha assumido a postura de que estava fazendo um trabalho "de acordo". No momento em que ela discutiu os resultados com a equipe e disse aos integrantes o que esperava do trabalho deles, ficou satisfeita por descobrir que eles estavam querendo assumir mais responsabilidades e desenvolver suas habilidades no trabalho. Sim, o grupo precisava de liderança e de respostas constantes de desempenho e, com essa ajuda, começaram a seguir na direção certa.

Jane também reconheceu a importância de tomar a iniciativa no tocante rumo que achava que o departamento deveria seguir, e os esforços também atingiram seu chefe. Ela mostrou uma forte liderança ao preencher o vácuo que existia e transformou uma situação de perda em ganho para si mesma, seu chefe e seu pessoal.

44 Parte I: Apresentando o Conceito de Liderança

Evitando morder a mão daquele que o alimenta

Como parte de meu próprio desenvolvimento inicial de liderança, fui incentivado a descobrir como ser mais diplomático e sensato ao trabalhar com gerentes seniores. Eu estava, como o psicólogo organizacional que me avaliou havia explicado, correndo o risco de "morder a mão de quem me alimentava". Ele queria dizer que, ao ter a enorme percepção de certo e errado, e estando sempre disposto a falar o que se passava na minha cabeça, poderia correr o risco de criticar e contrariar as pessoas que tinham grande influência na minha carreira dentro da empresa.

Sempre tive boa percepção para desenvolver novas habilidades e valorizava a ideia de ter um mentor através do qual poderia aprender cada passo em minha carreira iniciante. Sabia que Dave era um grande profissional e trabalhava diretamente para o Diretor Executivo (CEO). Além disso, também estava ciente de que Dave era reconhecido por ser habilidoso em traçar seu caminho em um campo político minado. Eu busquei e consegui um estágio de dois anos para trabalhar com ele.

Descobri que a lógica nem sempre funciona quando você tenta influenciar um gerente sênior a aceitar e apoiar sua proposta. Também entendi o valor de conhecer o que é importante para cada um deles, e ser capaz de expressar minha proposta ou argumento em termos que atraiam os interesses e prioridades daqueles que podem ajudar para que a proposta seja aceita e executada. Aprendi muito ao escolher o ótimo chefe com o qual desejava trabalhar.

Ao decidir se aceita ou não um emprego, é claro que você precisa considerar todo o pacote: responsabilidades, salário, tipo de empresa, oportunidade de crescimento na carreira e se deseja trabalhar para a pessoa que o entrevistou. O último fator pode não ser uma prioridade na sua tomada de decisão, a menos que suspeite que seu futuro chefe tenha o Homer Simpson como modelo!

Algumas vezes, entretanto, você precisa considerar mais aquele que o vai chefiar do que a própria função: se esse for alguém que admire e com o qual pode aprender muito.

O quadro "Evitando morder a mão daquele que o alimenta" oferece um exemplo pessoal do que eu quero dizer.

Trabalhando conforme suas próprias experiências

Nesta seção e na próxima:

- ✔ Descubra o quanto do resultado de suas experiências com líderes e gerentes moldou seus atuais pensamentos acerca do modo como prefere liderar e gerenciar pessoas.

Capítulo 3: Liderança e Gerenciamento: Dois Lados da Mesma Moeda

> ✓ Saiba que você pode causar um impacto significativo no modo de pensar, sentir e agir daqueles para os quais trabalha.
>
> ✓ Entenda suas expectativas com relação a líderes e gerentes apenas fazendo alguns exercícios. Você pode usar os resultados para avaliar seus pontos fortes e suas carências na liderança e no gerenciamento de pessoas.

Embora eu comece este capítulo revelando que você vem passando por situações de liderança e gerenciamento desde bebê, não peço que reative suas memórias de infância para trabalhar suas experiências. Em vez disso, quero que reflita sobre as ocasiões que exerceram verdadeiro impacto em você durante seus anos de formação profissional e vida adulta. Clarear seu próprio modo de pensar sobre liderança e gerenciamento, antes de explorar minha descrição daquilo que líderes e gerentes são cobrados, é importante pelas seguintes razões:

> ✓ Construir seu próprio conhecimento e método o ajuda a entender e praticar a liderança e o gerenciamento de pessoal.
>
> ✓ Comparar e contrastar seus pontos de vista com minha descrição daquilo que se espera de líderes e gerentes o capacita para examinar as implicações de quaisquer similaridades e diferenças.
>
> ✓ Trabalhar conforme suas próprias experiências faz com que compreenda melhor a liderança e o gerenciamento, pois você percebe as coisas de acordo com sua vivência pessoal.

Eu sugiro que comece a clarear seu pensamento no que diz respeito à liderança e ao gerenciamento identificando quaisquer princípios ou valores adquiridos nos anos de sua formação profissional, pois isso remete à forma como trata as pessoas. Depois, descreva como essas ocasiões moldaram a maneira como age com colegas de trabalho. O exercício, a seguir, mostra como fazer isso:

1. **Complete a Tabela 3-1 de forma que deixe as informações à mão para futuras consultas.**

2. **Escreva cada "princípio" ou "valor" na primeira coluna.** Pode ser uma expressão ou frase que você lembre ter escutado seus pais ou responsáveis dizerem muitas vezes.

3. **Na segunda coluna, anote o que isso quer dizer para você**.

4. **Escreva algumas palavras que denotem como cada princípio ou valor moldou a forma como trata ou espera ser tratado pelos outros**. Eu lhe dou um exemplo para ajudá-lo a começar.

Parte I: Apresentando o Conceito de Liderança

Tabela 3-1 Princípios ou Valores Adquiridos nos Anos de Formação Profissional que Moldaram a Forma como Você Trata as Pessoas

Princípio ou Valor	O Que Isso Significa para Você	Como Isso Moldou a Forma Que Trata, ou Espera ser Tratado pelos Outros
Cuide dos outros que eles cuidarão de você.	Trate as pessoas da forma como gostaria de ser tratado.	Eu sempre me empenho para tratar as pessoas com respeito.

Seu modo de trabalhar com pessoas é provavelmente bastante influenciado pelo conteúdo da terceira coluna. Essas anotações o descrevem e indicam a maneira como lida profissionalmente com indivíduos: tais notas são parte de seu "DNA" no que se refere à percepção e à maneira de agir com colegas na empresa. É claro que aqueles com quem trabalha possuem semelhanças e diferenças de DNA baseadas nos princípios e valores que adquirem nos anos de formação profissional e como os interpretam, e essas equivalências e divergências causam um grande impacto no relacionamento de trabalho.

Da mesma maneira que pode melhorar espelhando-se nos melhores chefes com quem já trabalhou, também pode descobrir como *não* liderar e gerenciar examinando e trabalhando com os piores chefes.

Agora, fundamente-se nessas lições dos anos de formação profissional e explore as experiências de ter sido gerenciado por chefes ótimos e terríveis.

1. Complete a tabela 3-2 de forma que deixe as informações à mão para futuras consultas.

Capítulo 3: Liderança e Gerenciamento: Dois Lados da Mesma Moeda 47

2. **Na primeira coluna, anote o método ou comportamento que admirou nos melhores chefes com os quais trabalhou.** Na segunda coluna, descreva o impacto ou efeito da forma como trabalhavam ou do comportamento que apresentavam e, então, anote a maneira que você executava suas tarefas.

3. **Repita o passo 2 para suas experiências com chefes péssimos.**
Na terceira coluna, anote o método ou comportamento que você não admirava e, na quarta coluna, o impacto que isso causou.

Tabela 3-2   Resumo das Experiências Boas e Ruins que Passei com Bons e Péssimos Chefes

Método ou Comportamento dos Grandes Chefes	*Impacto ou Efeito na Execução do Meu Trabalho*	*Método ou Comportamento dos Chefes Péssimos*	*Impacto ou Efeito na Execução do Meu Trabalho*
Hannah, com entusiasmo, nos contagiava acerca da importância de atingir os objetivos de nosso grupo.	Eu me tornei mais comprometido, a fim de atingir minha meta.	James não reconhecia que eu trabalhava duro.	Comecei a me questionar se as horas extras trabalhadas valiam a pena.

Agora, reflita sobre o conteúdo da segunda e da quarta coluna na Tabela 3-2, e examine quão significativas essas demonstrações de liderança e gerenciamento foram para você. Reserve alguns minutos para entender como seu trabalho para chefes bons e ruins moldou sua forma de liderar e gerenciar pessoas.

Listando suas expectativas de líderes e gerentes

Suas atuais noções e entendimento de liderança e gerenciamento de pessoal são amálgamas de quem você é, das lições que aprendeu pelas experiências como líder e gerente e de como interpretou aquilo que viu em outros líderes e gerentes. E, ainda assim, você continua a desenvolver seu método de liderar e gerenciar pessoas conforme caminha profissionalmente.

Eu o incentivo a realizar os próximos passos da jornada esclarecendo seu entendimento sobre o assunto listando suas expectativas com relação aos líderes e gerentes.

1. **Examine as notas que fez na coluna 3 da Tabela 3-1 e na coluna 1 da Tabela 3-2.** Veja se os pontos descritos são o que você espera de um líder ou gerente, ou de ambos.

2. **Revejas as anotações que fez sobre o método e o comportamento de seus chefes ruins na coluna 3 da Tabela 3-2 e escreva o oposto de cada método ou comportamento.** Veja se os pontos escritos são o que você espera de um líder ou gerente ou se acha que o ponto é relevante tanto para os líderes quanto para os gerentes, nesse caso anote "ambos".

3. **Complete a Tabela 3-3 transferindo os pontos relevantes dos passos 1 e 2 para a coluna correspondente.** Transforme cada ponto em uma ação que descreva o que espera que um líder ou gerente (ou os dois) faça.

4. Acrescente a essa lista quaisquer outras expectativas com relação a um líder ou gerente, assumindo que você trabalhe para um deles.

Tabela 3-3	Minhas Expectativas quanto aos Líderes e Gerentes	
Eu Espero que os Líderes...	*Eu Espero que Tanto os Líderes quanto os Gerentes...*	*Eu Espero que os Gerentes...*

Capítulo 3: Liderança e Gerenciamento: Dois Lados da Mesma Moeda

Nos exercícios anteriores, você praticou a importante e pouco usada habilidade da *reflexão*, a fim de extrair elucidações de suas experiências (o Capítulo 4 apresenta mais detalhes dessa habilidade e de como melhorar sua percepção por meio da reflexão). Aproveite agora a oportunidade de avaliar o tipo de líder ou gerente que é com relação às suas expectativas atuais, examinando se realmente faz o que espera que líderes e gerentes façam, e se executa bem esse tipo de liderança (pesquise nas carências de liderança identificadas, se você tiver feito o exercício de avaliação pessoal, com relação às competências de liderança no Capítulo 2).

Meus pontos fortes com relação à liderança são:

Minhas carências com relação à liderança são:

Meus pontos fortes com relação ao gerenciamento são:

Minhas carências com relação ao gerenciamento são:

Se for necessário, acrescente tópicos aos anteriores depois de ler a seção seguinte "Apontando as Diferenças entre Liderança e Gerenciamento".

Use o Plano de Aprendizado de Liderança do Capítulo 4 para planejar a forma como desenvolver suas carências com relação ao assunto.

Entendendo as Mudanças nas Expectativas da Sociedade com Relação aos Líderes

O gerenciamento e, recentemente, a liderança se tornaram mais importantes na sociedade depois que as pessoas na Inglaterra se mudaram dos vilarejos para as cidades em busca de trabalho durante a Revolução Industrial do século 18. O trabalho pagava pouco naqueles dias, mas os industriais procuraram melhores formas de gerenciar pessoas para fazer progressos na eficiência e efetividade, a fim de aumentar os lucros.

Hoje em dia, muitas equipes seniores de liderança usam o *engajamento do empregado* como um meio de obter o comprometimento de seus funcionários para que os objetivos da empresa sejam atingidos. Pesquisas a respeito dos fatores que afetam o engajamento dos empregados mostram que o aspecto mais importante diz respeito ao seu superior direto (leia o Capítulo 8 para mais informações a respeito de engajamento de funcionários, e o Capítulo 2 para entender por que o superior direto causa esse impacto).

Na condição de líder e gerente, você é o responsável pelo maior impacto causado naqueles que trabalham diretamente para você, no que diz respeito ao engajamento pleno destes funcionários no trabalho.

Leia a seção "Adquirindo o direito de liderar" para mais informações sobre como causar um impacto positivo naqueles que deseja arrebanhar, e veja o Capítulo 9 para saber como se tornar um líder engajador.

Pule! Sim, senhor. Até aonde?

Antigamente, os barões da indústria de mineração e outros setores conduziam seus negócios da forma que queriam. O poder para tomar e executar decisões estava apenas neles próprios e nos seus homens de confiança.

As pessoas só comiam se tivessem trabalho porque o sistema de seguridade social de hoje não existia. Na indústria de mineração, por exemplo, a casa vinha junto com o emprego, e se o minerador fosse demitido, também perdia sua moradia. Portanto, sem surpresa nenhuma, os empregados tinham que ser espertos o suficiente para agradar a seus patrões, mesmo que não concordassem com a forma como eram gerenciados. Se um chefe dissesse "pule", a resposta era "sim, senhor. Até onde?". Normalmente, não se questionava ou desafiava seu superior quanto ao trabalho que ele pedia para ser feito.

Capítulo 3: Liderança e Gerenciamento: Dois Lados da Mesma Moeda

Pule! Por que eu deveria?

Felizmente, as coisas progrediram durante as décadas passadas. Os empregados ganharam mais direitos de negociação por meio da formação de sindicatos e também por novas leis de saúde, de segurança, de trabalho e os direitos humanos. Os empregados hoje têm direitos e benefícios no que concerne às situações profissionais, tais como:

- Receber treinamento para executar o trabalho dentro do padrão exigido.
- Serem tratados com respeito.
- Saber o que se espera deles e qual seu desempenho no trabalho.
- Dar queixa se estiverem sendo tratados injustamente.
- Trabalhar em um ambiente que seja seguro e que não prejudique a saúde.

Na condição de líder, as pessoas que trabalham para você vão querer saber os motivos pelos quais devem fazer o trabalho que designou. Algumas delas, certamente, questionarão as razões para executar determinada tarefa, especialmente se não acharem seu pedido ou instrução razoável. Hoje em dia, a resposta para a ordem "pule" se tornou, possivelmente, "por quê?".

Apontando as Diferenças entre Liderança e Gerenciamento

Eu conduzi centenas de workshops sobre liderança e explorei diversas vezes as diferenças entre liderar e gerenciar com milhares de pessoas. Nesta seção, eu o ajudo a descobrir as diferenças primordiais entre esses dois fatores, com base em minha experiência de treinamento e trabalho com profissionais (veja a Figura 3-1). Várias atividades estão associadas à liderança e ao gerenciamento, mas restrinjo minhas descrições aos itens que considero mais importantes.

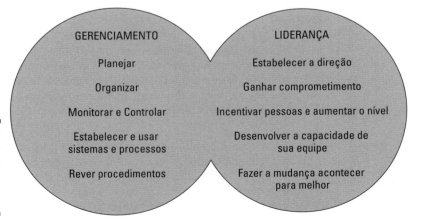

Figura 3-1: As principais diferenças entre liderança e gerenciamento.

Descrevendo as diferenças-chave

Nesta seção, eu descrevo algumas diferenças cruciais entre as atividades e habilidades de liderança e gerenciamento. Listo-as de forma a englobar seu sentido geral, e não específico, especialmente para gerenciamento.

Liderança envolve:

- **Estabelecer a direção:** esclarecer o objetivo de sua equipe e mostrar como este conhecimento agrega valor à organização. As principais perguntas a serem respondidas são:
    - Por que esta equipe existe?
    - Quais são os objetivos esperados de nós?
    - Como podemos atingir tais objetivos?

    Responder a estas questões faz com que você esclareça e estabeleça o desígnio a ser alcançado pela equipe para que seja bem-sucedida e que ações principais sejam tomadas para que se execute o estabelecido. Na prática, muitos líderes envolvem membros do time nessa análise, capacitando-os para:
    - Criar um senso comum acerca do propósito e do significado do trabalho que executam.
    - Desenvolver um ambiente de responsabilidade compartilhada para o sucesso do grupo.
    - Enxergar as prioridades de todos como conjunto e indivíduos.

- **Ganhar comprometimento:** os integrantes de sua equipe podem atingir altos níveis de desempenho se estiverem empenhados em fazer o que fora estabelecido. Entretanto, se você realmente quiser que eles deem o máximo, precisa ganhar seu comprometimento. A diferença entre comprometimento e obediência é a conquista: se tiverem sido conquistados, darão o melhor de si, se não, farão apenas por obediência. Engaje os indivíduos e todo o grupo com conversas motivadoras sobre a importância de cada colaboração e ganhe o comprometimento no alcance dos objetivos e na conquista dos resultados.

- **Incentivar as pessoas a "aumentarem o nível":** incentive sua equipe no que diz respeito aos padrões de rendimento e comportamento que espera dela. Questione e desafie a maneira corriqueira de trabalhar e encoraje a inovação. Pela minha experiência, muitos grupos pensam que já possuem bom desempenho e, por isso, não conseguem melhorá-lo: não conseguem "aumentar o nível"!

Ter uma visão clara do futuro, incluindo a forma como deseja o funcionamento da equipe, e compartilhá-la entusiasticamente, incentiva os integrantes do grupo a se empenharem para aumentar o rendimento. Estabeleça altos padrões, agindo com integridade e moldando os comportamentos que espera dos outros.

- **Desenvolver a capacidade de sua equipe:** aja como um treinador e encoraje as pessoas para que deem seu melhor, mas sempre lhes dê respostas contínuas de desempenho. Faça com que os indivíduos se sintam responsáveis: reconheça e elogie as boas práticas, mas confronte imediatamente aquele rendimento ou ação inaceitável. Discuta as melhorias, ofereça a ajuda necessária e defina como medir essa evolução. Envolva todo o grupo para que ache melhores maneiras de trabalhar em conjunto, a fim de atingir níveis mais altos de rendimento.
- **Fazer a mudança para melhor acontecer:** torne-se um agente ativo, e não uma vítima, da mudança. Liderar pessoas é causar um impacto positivo na maneira como pensam, sentem e agem: e isso serve para aqueles da sua equipe e para os que não estão sob sua responsabilidade, sobre quem não tem autoridade. É possível exercer um impacto positivo sobre seu superior, bem como sobre seus colegas de trabalho e, assim, conseguir que se empenhem para fazer as mudanças acontecerem, o que leva a um resultado melhor para sua equipe, sua organização e para você mesmo.

Gerenciamento envolve:

- **Planejar o trabalho:** planos detalhados de produção e calendários de execução para definir como e quando o trabalho deve ser feito, incluindo o desmembramento de tarefas maiores em passos simples e a concordância no que diz respeito aos prazos.
- **Organizar pessoal e outros recursos:** delegar tarefas e responsabilidades aos integrantes da equipe tendo como base o comprometimento e a capacidade de cada um, fazer o melhor uso possível do conhecimento, das habilidades e da perícia dos colaboradores do time. Oferecer os recursos necessários para que as pessoas sejam capazes de realizar o trabalho.
- **Monitorar e controlar o trabalho:** verificar o progresso do trabalho que o grupo deve executar de acordo com o plano designado para o alcance dos objetivos e resultados.
- **Estabelecer e usar sistemas e processos:** implantar e utilizar métodos e procedimentos, incluindo o uso de *indicadores-chave de desempenho* (ICD/KPI) para garantir que o trabalho esteja sendo feito de forma efetiva e eficiente.
- **Rever procedimentos:** conduzir revisões para identificar problemas: tomar decisões para resolução de conflitos e definir medidas corretivas para voltar aos trilhos. Usar as revisões para achar maneiras contínuas, eficazes e eficientes de executar projetos e tarefas.

Essas duas listas indicam que, falando de forma geral, a liderança efetiva envolve uma perspectiva fundamental e ampla do trabalho, e o incentivo para que pessoas atinjam o nível de excelência. Por outro lado, o bom gerenciamento exige que se tenha as mãos e o foco no funcionamento diário de seu grupo ou departamento.

Fazendo com que as pessoas o sigam

Você tem o direito de conduzir seu pessoal simplesmente porque está na função de superior: seu cargo lhe dá a autoridade para perguntar e cobrar da equipe tudo aquilo que seja razoável para a execução do trabalho, contanto que você seja justo e trate as pessoas com respeito. É possível que já tenha vivido situações em que o grupo questionou a tarefa porque a interpretação das pessoas do que seria aceitável era diferente da sua. Aqui estão alguns exemplos de pedidos que as pessoas não consideram tão razoáveis:

- Pedir para ajudar um colega de trabalho a executar determinada tarefa quando seus colaboradores já estão completamente atarefados.
- Pedir para que fiquem depois do expediente para terminar um trabalho quando os funcionários têm planos de sair com amigos.
- Trabalhar em conjunto com um colega, com quem não tem um bom relacionamento, somente para executar determinada tarefa.

Ter a função de gerenciar uma equipe não significa que seu pessoal irá fazer automaticamente tudo o que pedir, mesmo quando estiver sendo razoável. Algumas vezes, você precisará usar de autoridade para garantir que um trabalho importante seja executado no prazo. Entretanto, quanto mais competente você se tornar na liderança, menos precisará usar da "força" nessas situações (veja o Capítulo 2 para descobrir como sua visão do que é o *direito* de liderar pessoas pode afetar o *estabelecimento* da sua liderança). Além disso, você vai descobrir como desenvolver suas habilidades de liderança de pessoal na Parte III.

Conquistando o direito de liderar

Alguns superiores são vistos como autoritários por aqueles que lhe prestam contas. Mas a maioria das pessoas responde bem no que diz respeito a executar uma tarefa razoável, mesmo que isso lhes cause algum tipo de inconveniência. Entretanto, funcionários não respondem bem ao que consideram:

- Inferior ou de menor importância.
- Privação de alguma coisa.
- Exploração.
- Tratamento desrespeitoso.

Evite tratar as pessoas das formas descritas acima porque elas podem enxergar abuso de autoridade de sua parte e podem, também, se recusar a fazer o que lhes é pedido.

Você escolhe liderar, mas seu pessoal também escolhe se vai segui-lo fazendo um trabalho apenas ordinário ou desempenhando algo excelente. As pessoas escolhem se vão colocar todo o esforço necessário para fazer um trabalho extraordinário – geralmente designado como *esforço voluntário* – porque têm o arbítrio para fazê-lo. Já os colaboradores engajados fazem um excelente trabalho.

Conquiste o direito de liderar seu pessoal por meio do engajamento:

- Construa confiança e faça com que saibam que podem recorrer a você a qualquer hora, com qualquer tipo de problema.
- Inspire-os: fale de forma entusiástica do porquê e como o trabalho deles é importante, e das consequências de não desempenhá-lo bem.
- Respeite suas diferenças, sem diminuir os padrões acerca do trabalho e do comportamento.
- Mostre genuíno interesse por eles: suas carências, expectativas e preocupações.
- Trate-os como iguais: não fale diferente com os colaboradores.
- Valorize-os pelo que são e não pelo que podem fazer por você.
- Trabalhe com eles em vez de fazer as coisas para eles: peça, considere e, se for apropriado, use as ideias, pontos de vista e opiniões.

Liderando e gerenciando em conjunto

Tenho certeza de que seu trabalho é bastante exigente e você, como a maioria dos líderes, acha uma forma de encaixar tudo em seu cronograma diário de dificuldades: deve fazer seu próprio trabalho, bem como liderar e gerenciar seu pessoal. Você provavelmente vive um dilema: ou concentra sua atenção e tempo na execução daquilo que lhe é devido, ou então lida com os problemas da equipe, ou dedica esforços para gerenciar e investir na liderança de pessoal.

É provável que termine por dispensar mais tempo e concentração na execução de várias tarefas, e não nos problemas da equipe, porque elas têm prazos! Um exemplo é quando você mesmo faz determinado trabalho, e não o delega, porque acha que pode executá-lo mais rápido e melhor do que qualquer outro, e que não há tempo de treinar alguém antes de acabar o prazo. Outro exemplo é corrigir de próprio punho os erros alheios, pois acredita que não existe tempo para capacitá-los para fazer isso e ainda assim estar dentro do prazo.

A realidade é que você não pode se dar ao luxo de escolher entre gerir ou liderar: precisa fazer ambos! Sim, você tem que gerar resultados para ontem, e também construir comprometimento e desenvolver a capacidade dos indivíduos e do grupo de alcançar sucesso no futuro: você precisa encontrar o sucesso sustentável.

Parte I: Apresentando o Conceito de Liderança

Você pode ter a oportunidade de liderar e gerenciar pessoal ao mesmo tempo, mesmo que essas atividades sejam diferentes (como eu explico na seção anterior "Descrevendo as diferenças-chave"). Por exemplo, durante uma reunião com sua equipe, é possível envolver todo mundo na elaboração e decisão de como executar uma tarefa importante ao:

- Melhorar a forma como as pessoas estão trabalhando juntas para resolver os problemas.
- Entusiasmar seu pessoal acerca da importância da tarefa.
- Conquistar o comprometimento deles para que um ótimo trabalho seja feito.
- Planejar a forma como a tarefa pode ser executada.
- Organizar quem irá fazer cada subtarefa.
- Reforçar certos padrões no que diz respeito à qualidade e ao cumprimento de prazos.

Você precisa colocar mais ênfase no gerenciamento em determinadas situações e, em outras, mais destaque na liderança de pessoas para obter sucesso.

Permaneça sempre atento ao seu comportamento e às ações que toma ao liderar e gerenciar pessoas, para que suas chances de obter o efeito desejado na equipe aumentem e os resultados esperados sejam atingidos.

Embora eu o encoraje a tratar cada situação como singular, considerando as questões com as quais precisa lidar e os resultados que deve atingir, é bem mais provável que adote a solução ideal para cada uma se souber reconhecer que situações diferentes exigem ênfases diferentes acerca do nível de liderança e gerenciamento, para tratá-las:

1. **Divida uma folha de papel em três colunas como mostra a Tabela 3-4.**

2. **Na primeira coluna, descreva rapidamente exemplos de situações nas quais precisa colocar mais ênfase na *liderança*.**

3. **Na segunda coluna, descreva rapidamente exemplos de situações nas quais precisa colocar mais ênfase no *gerenciamento*.**

4. **Na última coluna, descreva rapidamente exemplos de situações nas quais tem a oportunidade de colocar ênfase na *liderança* e no *gerenciamento* ao mesmo tempo.**

Eu forneço alguns exemplos, na primeira linha, para ajudá-lo.

Capítulo 3: Liderança e Gerenciamento: Dois Lados da Mesma Moeda

Use sua análise para conseguir reconhecer rapidamente se deve colocar ênfase na liderança ou no gerenciamento ao lidar com diferentes situações e adotar o modo correto de lidar com cada ocasião.

Continue a refletir sobre suas experiências para que esteja constantemente refinando suas habilidades de liderança e gerenciamento e, também, para se certificar de que sempre pensará sobre a melhor abordagem para as diferentes situações.

Tabela 3-4   Quando Liderar, Quando Gerenciar e Quando Fazer Ambos ao Mesmo Tempo

Situações nas Quais Eu Devo Enfatizar a Liderança	*Situações nas Quais Eu Devo Enfatizar o Gerenciamento*	*Situações nas Quais Eu Devo Buscar as Oportunidades de Liderar e Gerenciar*
Nos momentos em que preciso entusiasmar as pessoas para aceitarem mudanças em nossa forma de trabalhar.	Nos momentos em que as tarefas precisam ser organizadas rapidamente a fim de cumprir um prazo urgente.	Durante as reuniões da equipe cuja finalidade seja planejar tarefas importantes e obter comprometimento de indivíduos para que assumam mais responsabilidades.

Parte II
Liderando-se

"Antes que comecemos o treinamento de liderança, espero que não esteja se sentindo muito nervoso."

Nesta parte...

Você começará a trabalhar o desenvolvimento de sua capacidade de liderança focando, inicialmente, na autoliderança. Assim, encontrará maneiras de aprender o assunto usando suas próprias experiências. Reserve um tempo para visualizar seus valores mais importantes e observar como isso orienta suas ações na liderança de pessoas. Você terá a oportunidade de ver alguns problemas pelos quais provavelmente vai passar quando estiver numa posição de chefia e, depois, descobrirá como lidar com eles.

Capítulo 4

Liderando "de Dentro para Fora": Conheça a Si Mesmo e Torne-se um Líder Melhor

Neste Capítulo

▶ Descobrindo técnicas para se conhecer melhor
▶ Tornando-se o crítico de si mesmo
▶ Extraindo o melhor de suas experiências

*V*ocê não precisa se virar de cabeça para baixo para se tornar um líder melhor, mas para que isso aconteça você deve se conhecer bem: suas preferências, pontos fortes, carências, convicções e valores, por exemplo. Vamos colocar essa ideia de outra forma: para liderar os outros você precisa olhar para dentro de si. Olhar para dentro de si faz com que você se conheça melhor, e quanto mais entende o que é importante para você – e o quanto isso afeta seu modo de pensar e agir –, melhor entende a razão pela qual age e reage em diferentes situações. Você pode usar essa informação que "vem de dentro" para refletir como você mesmo, na posição de líder, causa impacto e efeito em seu pessoal.

Neste capítulo, você vai descobrir uma variedade de técnicas para conseguir "olhar para dentro de si". Além disso, perceberá como aprender mais com suas próprias experiências de autoconhecimento e usá-las para aperfeiçoar sua capacidade de liderança. Você prosseguirá esse trabalho no Capítulo 5, onde descobrirá maneiras de iluminar o que é importante para você – seus valores. No Capítulo 7, perceberá como desenvolver um sentido de propósito que seja significativo para si mesmo e para os outros.

Começa-se a Liderar os Outros Liderando a Si Próprio

No corre-corre do trabalho, você precisa reservar tempo para todas as tarefas que necessitam de sua atenção: alcance de metas, cumprimento de prazos, resolução de problemas relacionados à sistemática e às pessoas!

Focar toda a sua atenção nessas áreas e em outras questões significa que você, possivelmente, dará pouca ou nenhuma atenção a si mesmo, fazendo com que fique menos consciente de suas próprias ações ou das razões que o levaram a agir da forma que age.

Virar o refletor para si ajuda a acelerar o processo de se tornar um excelente líder. Fazer isso o capacita para ter maior consciência de seu próprio comportamento, como por exemplo:

- Os pensamentos e opiniões que assume podem afetar a forma de pensar e interpretar as informações e situações.
- Seus sentimentos podem causar impacto em sua atitude, especialmente no que diz respeito às outras pessoas.
- Seu modo de agir pode ser intencional ou automático: você pode refletir e agir de acordo com isso ou agir automaticamente sem considerar plenamente o potencial impacto ou efeito que isso terá nos outros.

Tornando-se um líder autêntico

Muitas descrições diferentes da liderança autêntica existem nos livros de gestão (o livro *Liderança Autêntica*, de Bill George é um exemplo). Nesta seção, descrevo os aspectos mais importantes da liderança autêntica e introduzo questões para que reflita sobre seu nível de autenticidade. Agora, entretanto, eu devo examinar os efeitos de ser visto como um líder sem autenticidade.

Você consegue perceber em quais das seguintes situações um líder não é visto como autêntico? Se sim, qual impressão este líder causa em você? Você sente vontade de seguir essa pessoa?

- O líder diz: "Não sou eu que peço que façam essa mudança, sou apenas o mensageiro dela".
- O líder abdica de sua responsabilidade e não toma atitude quando enxerga tensão e conflito entre os integrantes da equipe.
- O líder elogia um membro do time que não fez bem o trabalho.

Capítulo 4: Liderando "de Dentro para Fora": Conheça a Si Mesmo...

> - O líder é visto como aquele que "tira o corpo fora", isto é, evita assumir a responsabilidade por algo que dê errado.
> - O líder critica algumas pessoas, mas não outras, em função dos mesmos erros.
> - O líder não está preparado para lidar com pessoas difíceis, temperamentais e desagradáveis.

Se você já se viu dando demonstrações de qualquer um dos comportamentos acima, tenha cuidado com as consequências que tais ações podem exercer sobre você mesmo e seus colegas de trabalho.

Então, quais as consequências de ser visto pela equipe ou outras pessoas de forma não autêntica?

Sua equipe e seus colegas de trabalho podem se perguntar ou ter dúvidas quanto a segui-lo ou não no momento em que o percebem como pouco autêntico. Na prática, eles podem até obedecê-lo, mas você não vai conseguir que se comprometam.

Líderes autênticos:

> - **Conhecem a si mesmos:** reservam tempo questionando e esclarecendo quem são e o que importa para eles, isto é, seus valores. Desenvolva seu autoconhecimento, a fim de que possa ser autêntico por meio da percepção de questões como:
>   - O que é importante para mim?
>   - Quais são meus valores?
>   - O que me faz feliz e o que me chateia?
> - **São genuínos:** deve haver uma coerência entre o líder e suas atitudes de forma que os seguidores vejam seu "verdadeiro" ser. Líderes autênticos também mantêm um interesse genuíno, e não superficial, nos outros: a vontade que têm de realizar um trabalho significativo, suas expectativas e preocupações. Questione-se se está sempre agindo genuinamente, respondendo a estas perguntas:
>   - Eu sempre me comporto coerentemente de acordo com meus valores, mesmo que escolha mudar o modo de agir de acordo com a necessidade dos outros ou a situação? (Leia o quadro a seguir "Como devo agir" para um exemplo no qual eu modifiquei meu próprio comportamento, mas mantive meus valores.)
>   - Eu realmente valorizo as pessoas por quem elas são como pelo que podem fazer por mim?
>   - Eu tenho consciência das minhas fraquezas e dos meus pontos fortes no trabalho em conjunto?

Parte II: Liderando-se

✔ **São abertos e honestos:** líderes autênticos têm certeza de suas convicções e dizem o que pensam mesmo que isso signifique manter uma posição divergente: dizem a verdade. Mas também são abertos e receptivos às opiniões e aos pontos de vista dos outros.

Você por acaso já se pegou guardando suas opiniões para si em reuniões, especialmente se:

- Discordava das ações e decisões propostas?
- Considerava o comportamento de um colega inaceitável?

Se já se comportou dessa forma, faça-se as seguintes perguntas:

- Por que eu não estou expressando meus pensamentos e opiniões?
- O que acho que vai me acontecer se compartilhar minhas opiniões e por que penso dessa forma?

A maioria das pessoas não se sente confortável para expressar seus pontos de vista em uma reunião quando acreditam que ficarão constrangidas ou que constrangerão os outros ao declará-los (veja o Capítulo 6 para descobrir uma técnica simples que o ajuda a encarar e tratar situações difíceis e ficar mais à vontade).

Responder às perguntas anteriores faz com que você ganhe mais esclarecimentos e fundamentação no que diz respeito aos seus pontos fortes de liderança e gerenciamento, e também desenvolva suas carências (veja o Capítulo 3 para obter uma ajudinha com esses aspectos). Use as estratégias de aprendizado de liderança descritos na seção "Alcançando mais por meio do rápido aprendizado" para planejar como irá trabalhar suas necessidades.

Como devo agir?

Na função de jovem superintendente, tendo que supervisionar operários na produção de uma empresa, precisei enfrentar o dilema de ser autêntico. Havia muitos piadistas e brincalhões entre funcionários e eu ocasionalmente me juntava a eles: tinha certeza de que os homens me respeitavam assim.

Mas comecei a ficar preocupado com a forma como deveria agir durante as ocasionais visitas dos diretores à nossa seção. Será que eles pensariam mal de mim por estar sendo jovial com os operários e será que os operários pensariam que eu estava "representando" para diretores se exibisse um jeito muito sério e sóbrio?

Resolvi meu problema reconhecendo que poderia manter meus valores, mas modificar meu comportamento para lidar de forma apropriada com os diretores e com os operários ao mesmo tempo. Decidi que durante as visitas dos superiores à produção, eu seria algumas vezes bastante sério e, em outras ocasiões, usaria o humor apropriadamente. E funcionou! Entendi que estava sendo, na verdade, respeitoso com os dois grupos ao agir de forma que ambos ficassem confortáveis diante de meu comportamento.

Olhando pela Janela de Johari

Além de olhar para dentro e para fora de si mesmo, eu também o incentivo a buscar respostas de outras pessoas, a fim de aperfeiçoar seu autoconhecimento. Para mostrar até que ponto as pessoas veem (ou não veem) efetivamente a si mesmas, eu uso a Janela de Johari – desenvolvida por Joseph Lufts e Harry Ingrams –, mostrada na Figura 4-1. Esse modelo exibe na primeira coluna o que você sabe sobre si mesmo e, na segunda, o que não sabe sobre si mesmo. Isso o ajuda a entender por que buscar respostas dos outros é tão importante. Eu faço referência a cada quadrante da Figura 4-1 como as partes de vidro que compõem uma janela.

	O que você sabe	O que você não sabe
O que os outros sabem	Aberto	Cego
O que os outros não sabem	Escondido	Desconhecido

Figura 4-1: Panoramas através da janela de Johari.

Parte "aberta"

Como todo mundo, tenho certeza de que não vê problemas em compartilhar certas informações sobre você mesmo, ou seu autoconhecimento, com outras pessoas. A parte da janela "aberta", da Figura 4-1, representa esse tipo de conhecimento – aquele é notado e sabido por você mesmo e pelos outros. Por exemplo:

- Falar sobre o trabalho que desempenha e aqueles que já desempenhou.
- Falar sobre sua vida pessoal, incluindo detalhes familiares, interesses, passatempos e assim por diante.
- Revelar suas preferências, gostos e antipatias.

Parte "escondida"

Contrastando com o que é de conhecimento "aberto", algumas informações você possivelmente escolhe não compartilhar com os outros (ou talvez esconda deles, essa é a parte "escondida" da Figura 4-1). Optar por não revelar essa informação é o equivalente a pintar essa parte da janela visando tirar do campo de visão das pessoas para o que você deseja manter para si mesmo. Esse tipo de conhecimento pode incluir, por exemplo, coisas que você fez no passado e das quais se envergonha hoje em dia.

Parte "cega"

As primeiras duas partes – a "aberta" e a "escondida" – compreendem informações sobre você que são conhecidas, estando elas abertas ou escondidas de alguém. Em contraste, as outras duas partes da janela compreendem coisas que você não sabe sobre si mesmo.

Outras pessoas podem ter diferentes visões sobre o que você percebe sobre si mesmo. Por exemplo, é possível que você se veja como fortemente assertivo, enquanto aqueles que estão ao seu redor achem seu comportamento agressivo. Se as pessoas escolhem não compartilhar suas opiniões com você – provavelmente exista pequenas partes de seu comportamento ou atitude que elas gostariam que você mudasse – então o que é aparente para elas, é "cego" para você (a parte "cega" da Figura 4-1). Essa parte é equivalente a um vidro com película: as pessoas o veem, mas você não vê as pessoas. Isso acontece por você não notar o efeito que seu comportamento causa em terceiros (mas tal efeito é aparente para eles), essa parte crucial é aquela que você deve iluminar obtendo respostas dos que o circundam (veja o quadro "Não posso mudar se ninguém me disser nada!" para um exemplo de resposta dada a um funcionário sênior sobre o efeito de seu comportamento sobre seus funcionários).

Grande parte das pessoas não vai lhe dizer o que realmente pensa, se achar que você ficará constrangido ou ameaçado pelas suas opiniões. Apesar do potencial embaraço, tente buscar pelos pontos de vista dos outros. Ao fazer isso, você obtém uma perspectiva do efeito que está causando em sua equipe e nos outros colegas de trabalho. Esse processo é a base da resposta em 360 graus usada nos programas de desenvolvimento de liderança em muitas organizações. Nesses programas, um panorama geral é obtido por meio de pessoas que trabalham para e com aquele que está sendo analisado, tornando possível saber, dessa forma, se determinado líder tem as competências que sua organização considera importantes.

Parte "desconhecida"

Existem certos aspectos de você mesmo que ninguém ainda viu ou descobriu. Essa informação, que está na parte "desconhecida" da Figura 4-1, contém aspectos ignorados por você e pelas outras pessoas até o momento. Essa parte indica que você sempre está no eterno caminho do descobrimento. É possível que venha a conhecer mais sobre si mesmo por meio de novas experiências e de sua percepção de como reagiu a elas.

Você pode crescer mais rapidamente como líder se buscar as respostas de sua equipe e daqueles que trabalham com você, sobre o efeito que causa nas pessoas e como elas o percebem. Aprimore seus pontos fortes e trabalhe suas carências. Ao procurar e usar as opiniões de seus colegas para sua própria melhoria, você dá um grande exemplo e encoraja os outros a fazerem o mesmo.

Capítulo 4: Liderando "de Dentro para Fora": Conheça a Si Mesmo... 67

Não posso mudar se ninguém me disser nada!

Pete era diretor técnico da empresa que fundou com um sócio. A empresa cresceu bastante em alguns anos e empregava quase 100 pessoas, em grande parte engenheiros. Na posição de diretor técnico, Pete tinha o direito de verificar todos os modelos dos projetos de engenharia encomendados, e fazia esse trabalho com muito prazer, sendo nessa hora o centro das atenções, pois olhava os trabalhos de pé junto a uma mesa enorme no centro do escritório completamente desprovido de paredes. Os engenheiros precisam levar seus projetos a sua mesa e dar satisfação do andamento de seus trabalhos.

Sendo ele mesmo um grande engenheiro, Pete rapidamente via falhas e identificava melhorias nos projetos. Ele tinha uma voz estrondosa e todos no ambiente ficavam sabendo dos defeitos e das propostas de aperfeiçoamento nos modelos, bem como do desenvolvedor do trabalho. Por consequência, os engenheiros não ficavam nada entusiasmados quando tinham que passar pelas revisões de projeto!

Quando, como parte de um programa de desenvolvimento de lideranças, expliquei a Pete sobre os efeitos de seu comportamento sobre os engenheiros, tive a absoluta certeza de que ninguém jamais tinha mencionado esse problema a ele: Pete desconhecia totalmente o impacto de suas revisões nos seus funcionários. Ele disse: "Gostaria que alguém tivesse me dito isso há alguns anos para que pudesse mudar meu modo de agir!"

Aperfeiçoe seu autoconhecimento fazendo perguntas sobre o modo como seus funcionários e outros colegas de trabalho o veem, isto é, como eles o percebem. Então, compare e contraste o panorama deles com suas próprias percepções.

Como todos são diferentes, dois indivíduos nunca vão ver exatamente a mesma coisa. Você pode pôr esse fato à prova ao completar o exercício seguinte e, ao mesmo tempo, praticar sua habilidade de procurar e usar a resposta das outras pessoas:

1. **Selecione um acontecimento ou experiência pela qual passou junto com um amigo ou colega de trabalho**. Pode ser um programa de televisão ou filme que ambos viram, um discurso que ouviram ou até mesmo uma reunião da qual participaram.

2. **Peça a seu amigo ou colega de trabalho que dê sua interpretação do acontecimento e depois revele o que você entendeu**. Busque pela perspectiva de seu parceiro *antes* de dizer a sua.

3. **Dê atenção total a seu amigo ou colega enquanto ele estiver falando e não faça julgamentos ao ouvir**. Não interrompa ou comente se concorda ou discorda da interpretação do outro. Não estou dizendo para que deixe de lado suas opiniões ou convicções, apenas que esteja aberto para uma perspectiva diferente. No momento em

que você se abre para outras interpretações, algumas vezes descobre que elas podem ser mais significativas que as suas: nesse momento é possível entender que estar receptivo pode mudar algumas de suas perspectivas, suposições ou convicções por começar a questioná-las.

Agora, use esse método para buscar respostas sobre si mesmo:

1. **Busque a opinião de um colega a seu respeito e observe quaisquer diferenças sobre como essa pessoa o vê e como você se vê.**

2. **Examine suas próprias reações ao que a pessoa fala, pois isso pode deixá-lo surpreso ou mesmo chocado.** Tome notas mentais das reações ou as escreva.

3. **Questione-se por que reagiu dessa maneira.** Por exemplo, se a percepção de alguém o surpreendeu, você provavelmente não sabia que havia alguma coisa a mais. Se algo o chocou, você provavelmente acreditava no contrário do que lhe foi dito. Ser surpreendido ou ficar chocado com o ponto de vista ou convicção de um terceiro pode expor e esclarecer suas próprias opiniões, suposições e modo de pensar.

Questionar-se acerca de determinadas convicções e pensamentos também pode fazer com que você os mude.

Desenvolvendo a Autoconfiança

A maioria dos líderes, vez ou outra, tem dúvidas de sua capacidade de ser bem-sucedido, especialmente quando se depara com situações difíceis. Alguns deles até mesmo se veem como impostores em determinadas ocasiões (como descrevo no Capítulo 6). Desenvolver a autoconfiança é uma parte essencial de se tornar um grande líder porque:

- ✔ Você não fica receoso de pisar fora da área de conforto (o Capítulo 6 o ajuda a enxergar as situações que estão dentro e fora da área de conforto).
- ✔ Você fica mais disposto a ousar e preparado para os riscos que envolve sair da área de conforto.
- ✔ Você aperfeiçoa suas habilidades de liderança por meio do confronto e da resolução das situações difíceis e dos problemas que não foram previstos.

Você pode trabalhar a construção de sua autoconfiança ao:

- ✔ **Perceber que ninguém é perfeito, nem mesmo você:** tente ser o melhor que puder sem se castigar por não ser perfeito. Leia o quadro "Quero ser brilhante em tudo!" e veja que é muito fácil cair nessa armadilha.

✔ **Perceber-se bem-sucedido:** e provável que tenha a tendência de notar mais problemas e falhas do que sucessos. Você pode elevar sua autoconfiança buscando ativamente e reconhecendo seu sucesso. Elogie-se ao executar bem uma tarefa, mas o faça bem baixinho para não receber olhares estranhos de seus colegas de trabalho!

✔ **Considerar que "bom o bastante" é o suficiente quando, por exemplo, você está trabalhando para realizar determinadas tarefas:** sim, você quer fazer o melhor trabalho que pode porque este reflete em você. Entretanto, reconhecer que uma tarefa está boa o bastante (correspondente ao que é exigido) ajuda você a ver que algumas vezes seu trabalho, e portanto você, são bons o bastante.

✔ **Compartilhar problemas e dificuldades pelos quais passa com alguém em quem confia e respeita:** você normalmente enxerga o que deve fazer apenas falando dos problemas e, ao fazê-lo, melhora a confiança de efetivamente enfrentar os problemas pelos quais passa.

Deixando a dúvida para Tomé

Nos programas de desenvolvimento de liderança que comando – nos quais as pessoas falam de seus problemas e dilemas no que concerne à execução do trabalho – ouço líderes novatos fazerem o típico comentário: "Pensei que fosse só comigo". Eles ficam surpresos ao descobrir que outras pessoas também passam pelas mesmas incertezas.

Ter dúvidas sobre sua habilidade de lidar ou enfrentar determinadas situações é normal: quase todo mundo tem dúvidas vez ou outra!

Saber que outros líderes também passam por problemas parecidos ou situações difíceis pode aumentar sua confiança, pois você enxerga que não é aquele que causa todos os problemas: encontrá-los é normal!

Questionar seu método de liderança ou ser autocrítico é saudável porque você melhora o conhecimento de si mesmo e a habilidade de liderar. Isso acontece porque você analisa seus motivos, suas atitudes e as razões das ações tomadas em situações que exigiam liderança. Mas, às vezes, você pode ser muito crítico, questionar-se e criticar-se demais.

Tenha cuidado com o pensamento de que você sozinho é a causa de todos os problemas que encontra: outras pessoas também estão envolvidas: contribuindo ou causando os problemas. Por exemplo, você pode se deparar com uma situação na qual um subordinado não executou determinada tarefa no prazo. É possível que você venha a se criticar e concluir que não explicou de forma clara o bastante o que a pessoa deveria fazer ou que falhou ao treinar o colaborador para desempenhar o trabalho e assim por diante. A verdade pode ser, entretanto, que a pessoa foi simplesmente negligente.

Quero ser brilhante em tudo!

Jean é uma pessoa ambiciosa que se esforça para fazer o melhor que pode. Ela mencionou, durante uma conversa, que comparava suas próprias características às melhores qualidades que admirava em pessoas bem-sucedidas. Seu objetivo era ser boa como todos os excelentes profissionais em todos os quesitos. Jean criou sistema de graduação bem simples que ia de um a dez e sempre se dava uma nota inferior em comparação ao melhor da pessoa que admirava. Eu lhe disse que, embora seu objetivo fosse louvável, ela estava fadada a sempre se inferiorizar, pois tentava ser perfeita: esforçando-se para ser alguém que, na verdade, não existe!

Ao ser muito autocrítico, você começa a:

- Duvidar de sua habilidade de liderança
- Desenvolver uma mentalidade negativa
- Baixar sua autoestima

Sendo seu melhor crítico

Uma forma de construir sua autoconfiança é assumir a responsabilidade de resolver problemas e lidar com as situações difíceis que encontra, incluindo aquelas que você causa ou para as quais contribui. É possível aperfeiçoar continuamente sua capacidade de solucionar conflitos e tratar adversidades aprendendo com suas experiências.

Para ser seu melhor crítico é preciso um método de "crítico amigável", no qual você se critica construtivamente – e não destrutivamente. Concentre-se no questionamento de seus motivos, de suas atitudes e de seu comportamento na liderança de pessoas para assim conseguir melhorar seu autoconhecimento e sua capacidade de liderança. Você está numa jornada rumo ao descobrimento e precisa descobrir como evitar os problemas e as dificuldades que acontecem e vão acontecendo de forma recorrente.

Ser seu próprio (e melhor) crítico exige que você faça o seguinte:

- Construa uma mentalidade positiva que diga "eu quero ser (e aprender a ser) melhor". Isso o incentiva a avaliar e aperfeiçoar o que faz.

Capítulo 4: Liderando "de Dentro para Fora": Conheça a Si Mesmo... 71

> Para enxergar o valor do trabalho contínuo em função de seu desenvolvimento, reserve alguns minutos para refletir. Anote seu progresso como líder durante o ano anterior e como as mudanças que efetuou na forma de liderar beneficiaram seus subordinados e você mesmo (descubra as diferenças na linguagem usada por pessoas de atitude positiva e negativa no que diz respeito a enfrentar e a contornar problemas na próxima seção "Aprendendo com a adversidade").
>
> ✔ Seja objetivo ao criticar construtivamente sua tomada de ação para a resolução de determinado problema e a razão pela qual a fez. Examine os fatos e evidências ao conduzir sua análise. Construa progressivamente seus pontos fortes de liderança avaliando os critérios pessoais que você adquire ao se criticar construtivamente. Observe seu progresso e diga a si mesmo: "foi boa, [fale seu nome aqui], a solução do problema que encontrou".

Use sempre seu próprio nome ao se elogiar por um trabalho bem feito, pois o enaltecimento é mais eficaz, no que concerne ao reconhecimento e ao resultado do esforço pessoal, quando você ouve seu nome ligado a ele. Seguindo a mesma lógica, sempre utilize também o nome do colaborador ao elogiar um colega.

Descubra mais sobre como aprender com suas experiências na próxima seção "Descobrindo Como Liderar a partir de Suas Experiências".

Aprendendo a partir da adversidade

No começo de minha carreira, um terapeuta organizacional me descreveu como "maximizador", pois eu estava sempre interessado em explorar os dilemas de liderança de pessoal pelos quais passava e descobrir, tanto quanto possível, uma maneira de resolver os "problemas das pessoas" – ou devo dizer das "pessoas problemáticas". Certamente, não estou sugerindo que você crie ou cause dificuldades apenas para que possa aprender por meio delas, mas sim que veja os problemas, as adversidades e os dilemas como oportunidades de entender como resolvê-los efetivamente.

Adote a atitude positiva ao invés da negativa ao se deparar com circunstâncias desfavoráveis para que tenha reais condições de aprender o máximo que puder com as adversidades.

O próximo exercício faz com que perceba se precisa trabalhar no desenvolvimento de uma atitude mais positiva:

1. **Reserve alguns minutos para refletir e anote as palavras ou expressões que comumente vêm à sua mente quando se vê em uma circunstância complicada**.

2. **Compare suas anotações com as palavras da primeira coluna da Tabela 4-1**. Se a maior parte dos termos em sua lista coincidirem

ou forem os mesmos, você provavelmente não gosta, ou tenta evitar, a adversidade. Procure empregar palavras ou expressões equivalentes às da segunda coluna quando passar por um problema, pois elas refletem uma atitude positiva para lidar com uma questão. Dessa forma, você estará mais propenso a achar uma solução efetiva.

3. **Compare suas anotações com as palavras da segunda coluna da Tabela 4-1.** Se a maior parte dos termos em sua lista forem os mesmos ou similares, você provavelmente não tem medo de enfrentar a adversidade. Congratule-se e mantenha o bom trabalho!

Tabela 4-1	Linguagem Negativa e Positiva
Linguagem Negativa	*Linguagem Positiva*
Não posso (aguentar isso).	Eu posso (aguentar isso).
Eu preciso/deveria (fazer...)	Eu farei...
Não é minha culpa (que esse problema exista).	Sou responsável (pela resolução desse problema).
É um problema.	É uma oportunidade.
Não sei como (resolver...)	Descobrirei como (resolver...)
Faremos, mas será difícil.	Faremos, mesmo que seja difícil.

Descobrindo Como Liderar a partir de Suas Experiências

Considerar as lições que vêm com a experiência é uma forma poderosa de aprendizado, pois você consegue refletir sobre suas decisões bem-sucedidas – aquelas por meio das quais atingiu seu objetivo. Esse processo é o do aprendizado por "tentativa e erro". Infelizmente, "tentativa e erro" pode ser um sistema lento e doloroso porque:

- Tende a considerar todos os acontecimentos importantes: aqueles que foram muito bem e os que foram muito mal.
- É preciso manter-se vivenciando novas situações, a fim de que possa tirar algo conclusivo delas e, assim, desenvolver sua liderança.

Nesta seção, eu lhe mostro como acelerar e aumentar o aprendizado por meio de suas experiências.

Conseguindo mais por meio do aprendizado rápido

Você pode acelerar o aprendizado que tira das experiências ao adotar um sistema mais estruturado, chamado de *ciclo de aprendizagem*, que consiste em uma técnica famosa criada pelo especialista em aprendizado experiencial e comportamento organizacional David Kolb. O ciclo de aprendizagem contém quatro passos ou atividades:

1. **Ação:** Tomada de ação e análise do impacto ou efeito imediato causado por essa experiência em sua percepção, entendimento e habilidade como líder.

2. **Reflexão:** Exame da experiência após o ocorrido, a fim de esclarecer e identificar as principais ou importantes ações tomadas, e suas possíveis causas ou consequências.

3. **Teorização:** Adquirir uma visão plena e extrair lições sobre o que funciona e o que não funciona das associações feitas entre ação e resultado.

4. **Planejamento:** Planejar a aplicação das lições aprendidas.

O ciclo então recomeça quando você realiza uma ação planejada, reflete sobre esta e cumpre as demais etapas. Fazer com que esse sistema seja parte das suas práticas diárias o capacita para acelerar o desenvolvimento das habilidades de liderança por meio de um processo bem mais estruturado do que a simples tentativa e erro. E depois você usa essas habilidades para conseguir mais na liderança de uma equipe.

O exemplo a seguir mostra como o ciclo de aprendizagem pode ser aplicado para se andar de bicicleta. Imagine que você é uma criança e começou a andar de bicicleta sem rodinhas. Você chegou ao alto de um morro e iniciou a descida. A velocidade aumenta mais do que o esperado e sua alegria por estar indo tão rápido subitamente dá lugar ao medo de cair:

> Você executa a *ação* para que a engrenagem pare súbita e totalmente, e aperta bem firme o freio. Você é lançado por cima do guidão.

> Ao fazer a *reflexão* da experiência, identifica que apertou o freio da frente bruscamente, o que fez a bicicleta empinar a parte de trás.

> Fazendo a *teorização*, vê que apertar o freio da frente a uma enorme velocidade faz com que a bicicleta empine a parte traseira. Assim, aprende que deve apertar o freio de trás para que a bicicleta pare e você não seja lançado por cima do guidão.

> Então, *planeja* usar esse conhecimento recém-adquirido quando for andar novamente de bicicleta.

Utilize os planos de aprendizado de liderança como parte de um sistema estruturado, a fim de entender como trabalhar o desenvolvimento de suas carências na liderança e no gerenciamento. A Tabela 4-2 oferece a estrutura de um plano de aprendizado de liderança e mostra um exemplo de uso.

No Capítulo 3, apresento exercícios que trabalham suas expectativas com relação aos líderes e aos gerentes. Se ainda não os tiver feito, faça-os e use a identificação dos pontos fracos a serem desenvolvidos na liderança e gerenciamento para completar o próximo exercício:

1. **Se acha que os pontos fracos com relação à liderança e ao gerenciamento identificados no Capítulo 2 foram muito vagos, agora é a sua chance de revê-los como metas de aprendizado.**

2. **Faça o plano para cada ponto fraco ou objetivo a ser desenvolvido na liderança, respondendo às perguntas da parte de cima de cada coluna.**

3. **Utilize os planos de aprendizagem que fez para aperfeiçoar suas habilidades de liderança o mais rápido que puder. Depois, avalie sua desenvoltura ao aplicar o conhecimento e as habilidades adquiridas no ambiente de trabalho, a fim de que possa melhorar seu próprio modo de agir e desempenho, e também o dos outros.**

Tabela 4-2   Exemplo de um Plano de Liderança

Descrição de meu Objetivo de Aprendizagem	*Como Vou Atingir meu Objetivo de Aprendizado*	*Meu Prazo para Atingir Esse Objetivo*	*Como Medirei meu Sucesso no Alcance do Objetivo de Aprendizagem?*
Ser mais habilidoso em desafiar construtivamente comportamentos e rendimentos inaceitáveis.	Participar de oficinas que falem da habilidade de influenciar que satisfaçam minha necessidade.	Até 30 de junho de 2011.	Ganharei confiança e efetividade para resolver problemas interpessoais.
	Colocar em prática o conhecimento e as habilidades adquiridas com meus colegas.	Até 30 de setembro de 2011.	O rendimento e o comportamento de cada um com quem trabalho satisfará os padrões que espero/exijo.

Aproveitando o poder da reflexão

Seu dia de trabalho provavelmente é idêntico ao da maioria dos líderes: agitado! Atividade, atividade, atividade. Com tantas coisas em mente, você se empenha para dar conta de todo o trabalho, cumprir prazos e lidar com as crises que aparecem. Não há tempo para descansar, e isso nem pode passar pela sua cabeça com a pilha de coisas a fazer. Entretanto, sossegar e acalmar-se são ações necessárias à reflexão.

Talvez uma analogia possa ajudar. Certos veículos têm refletores na parte traseira, cujo objetivo é refletir a luz dos faróis dos outros carros para que possam ser vistos por eles. Refletir quer dizer iluminar suas experiências passadas para que possa ver por meio delas e analisá-las.

Refletir ajuda você a notar e perceber aquilo que não estava imediatamente aparente quando a situação ocorreu. É possível gerar percepções da análise de cada experiência fazendo conexões, por exemplo, com o modo como você (e também os outros) agiu e reagiu diante do acontecimento. Essas ligações fazem com que identifique as causas e os efeitos de tais ações e reações.

Refletir é uma atividade tão importante que você precisa dedicar certo tempo a ela.

Muitos dos líderes acham que é complicado refletir e aprender com as suas experiências porque:

- Têm muito a fazer e sentem-se sob pressão para dar conta da carga de trabalho e cumprir os prazos.
- Não precisam cumprir prazo para a atividade de reflexão e, por isso, podem deixar essa atividade "extra" para depois.
- Não sabem o valor da reflexão.
- Não têm o hábito de refletir.

Reserve um tempo todos os dias para refletir e aprender com suas experiências diárias e criar o hábito de se fazer perguntas como as seguintes:

- O que fiz de bom hoje?
- O que poderia de ter feito melhor?
- Que ações tomadas me ajudaram (ou ajudaram minha equipe) a ter sucesso?
- Que ações deveria ter realizado e quais foram os resultados ou consequências de minha inatividade?
- O que faria diferente em uma situação parecida?
- O que descobri refletindo sobre minhas experiências de hoje?

Desenvolvendo o hábito da reflexão

Embora algumas pessoas sejam naturalmente mais reflexivas do que outras, você pode desenvolver o hábito de reflexão e aprendizagem por meio das experiências.

Torne-se mais reflexivo fazendo as seguintes atividades:

- **Sendo mais autoconsciente:** comece a perceber o que você faz em reuniões, por exemplo. Você tem a tendência de falar mais ou menos do que seus colegas? Refletir consiste em olhar para suas experiências passadas, assim você pode querer fazer uma revisão de sua contribuição à reunião durante ou depois de ela ter terminado. Entretanto, evite ficar tão absorvido que perca informações importantes feitas a respeito da questão discutida.

- **Questionando-se:** à medida que se torna mais consciente de seu comportamento em reuniões e outras situações, questione-se sobre o motivo de seu comportamento. Perguntar-se sobre as razões de agir da forma que age, faz perceber se suas razões são mesmo válidas ou se deve mudar algumas delas.

- **Perceber o que é importante:** pessoas que têm o hábito de refletir sobre situações e acontecimentos são capazes de perceber quais importantes ações contribuíram, quais causaram ou geraram determinado resultado em cada circunstância. Tome, mais uma vez, o exemplo das reuniões: os resultados podem ser a tomada de decisões, o comprometimento dos indivíduos para que o combinado seja posto em prática, a valorização da reunião por parte de seus integrantes e muito mais.

Pratique o hábito de reflexão observando e anotando a maneira que as pessoas agem e reagem umas às outras e aquilo que foi dito na reunião. Analise suas anotções depois do encontro para identificar conexões ou "causas e efeitos" entre os pontos anotados, e use sua análise para aperfeiçoar o entendimento de como os indivíduos influenciam e são influenciados por argumentos, ações e comportamentos de pessoas numa reunião.

Da próxima vez que tiver um encontro de trabalho, ouça tudo o que os profissionais de outras empresas dizem. Veja se pode incluir uma ou duas de suas ideias na situação em que se encontra.

- **Acalmar sua mente:** ser reflexivo, neste contexto, não diz respeito a pensar sobre uma tarefa e planejar seu próximo passo: diz respeito a olhar para trás, e não para o futuro. Em um momento de muito trabalho, refletir pode ser bem difícil porque sua mente está completamente cheia de coisas a fazer. Assim, no início você precisa clarear e acalmar seus pensamentos, como segue:

   Encontre um lugar calmo e quieto no qual possa refletir. Escolha um ponto em que sua mente não se distraia: uma sala sossegada, uma mesa de café, dentro do metrô durante sua viagem para casa ou em algum local parecido.

   Relaxe o corpo instalando-se em um assento confortável. Respire fundo algumas vezes e sinta a tensão saindo ao expirar. Contenha pensamentos irrelevantes concentrando-se na situação ou circunstância sobre a qual deseja pensar. Escrever notas curtas sobre a situação e focar seu pensamento nelas ajuda a manter a concentração. (*Mindfulness For Dummies*, de Shamash Alidina, da Wiley, sobre relaxamento e concentração, dá boas dicas para acalmar a mente.)

Usando as anotações de aprendizagem de liderança

O melhor de se manter os registros de aprendizagem de liderança é conseguir melhorar o aprendizado refletindo criticamente sobre as experiências e, por meio dessa atividade, aperfeiçoar o hábito de reflexão. A Tabela 4-3 fornece a estrutura para uma reflexão crítica sobre suas experiências. Na segunda e na terceira linhas, eu dou um exemplo (numa situação de reunião) que mostra como você deve completá-la.

Tabela 4-3 Exemplo de Anotações de Aprendizagem de Liderança

Descrição da Experiência	Revisão e Reflexão Sobre a Experiência	Aplicação do Aprendizado
Dê uma descrição curta do que aconteceu, fale de seu comportamento, pensamento e sentimento e, depois, do comportamento dos outros que também estavam envolvidos na situação.	O que de mais importante aconteceu? Como se sente a respeito da experiência? Que conclusões você pôde obter do que aconteceu, incluindo quaisquer potenciais causas ou consequências relativas à situação?	O que você aprendeu com a reflexão sobre suas experiências? Quais percepções ou interpretações teve? Por exemplo: confirmação de algo que já sabia ou uma nova forma de olhar uma velha questão que não havia percebido antes. Como e quando você planeja usar o conhecimento/habilidade adquirido?
Participei de uma das minhas reuniões com profissionais seniores a respeito de um possível livro novo. Tive várias ideias, mas não me manifestei porque não estava confiante se elas eram realmente boas. Outras pessoas então fizeram propostas similares às que havia pensado, e foram aceitas. Fiquei chateado por não ter falado nada.	Agora, percebo que tenho a tendência de me recolher muito durante reuniões nas quais não conheço bem os participantes. Os profissionais seniores provavelmente me veem como alguém pouco criativo, o que não é verdade. Não sou reconhecido e posso não ser cogitado para futuras promoções. Ainda estou chateado comigo mesmo, mas quero usar meus sentimentos para impulsionarem uma ação diferente nas próximas reuniões.	Vou tentar me manifestar mais em todas as reuniões das quais participar. Reconheço que posso me sentir constrangido se minhas ideias e opiniões não forem aceitas, mas sei que tenho que lidar com esse tipo de crítica. Vou me tornar mais confiante à medida que as pessoas aceitarem minhas boas sugestões e tentarei superar o embaraço por expor propostas que serão questionadas.

Encontrando e trabalhando com seu próprio mentor

Achar e trabalhar com alguém que desempenhe o papel de mentor faz com que você se torne mais rápido o líder que deseja ser. Observe as vantagens:

- ✔ Você terá um ouvinte que poderá lhe oferecer respostas objetivas e livres de qualquer influência a respeito de ideias e planos.
- ✔ Você terá alguém para avaliar as circunstâncias importantes a serem exploradas, além de diferentes pontos de vista, perspectivas e interpretações que o ajudam a compreender melhor as situações.
- ✔ Você terá apoio moral, o que auxilia na resolução de problemas.
- ✔ Você terá alguém que o ajude e o desafie ao avaliar as intenções, motivos e adequações de suas ações em diferentes tipos de situações profissionais.

Para desempenhar o papel de mentor, busque alguém que admire pela experiência profissional e realizações e/ou alguém que respeite e em quem possa confiar: esses dois últimos atributos são essenciais porque precisará ter uma relação aberta com a pessoa e, algumas vezes, falar de questões delicadas, confidenciais, pessoais e comerciais.

Procure por alguém que:

- ✔ Respeite e mantenha a confidencialidade de suas conversas.
- ✔ Seja um bom ouvinte e escute tudo sem interromper.
- ✔ Faça perguntas que tenham o efeito de fazê-lo questionar seus próprios pensamentos e decisões.
- ✔ Dê a você respostas honestas e independentes.

Encha-se de coragem para perguntar àquele que mais admira se ele pode desempenhar o papel de mentor, independentemente de sua posição na organização. Muitos profissionais seniores apreciam esse tipo de convite porque se sentem lisonjeados ao saberem que têm esse tipo de valor. Se a pessoa concordar, você precisará ter claros os seguintes itens:

- ✔ O papel dele na condição de mentor.
- ✔ As expectativas que ambos têm em relação um ao outro.
- ✔ A frequência com que irão conversar.
- ✔ Como você planeja fazer essa análise em conjunto, caso a parceria esteja funcionando para ambos.
- ✔ Como perceberá o momento em que deve acabar a parceria e como fazê-lo.

Boa sorte em sua busca!

Capítulo 5

Cantando a Canção da Liderança: Afinando-se com Seus Valores

Neste Capítulo

▶ Percebendo quando não estiver afinado com seus valores
▶ Apreciando o valor de seus valores
▶ Afinando-se com os outros

Diferentemente de mim, imagino que você tenha uma ótima voz para cantorias, mas que mesmo assim, às vezes, possa desafinar! Quando isso acontece, seu talento de cantor é desperdiçado porque ninguém quer ouvi-lo. Ser um grande líder é mais ou menos como ser um grande cantor: você pode ter todas as habilidades necessárias para liderar de forma eficiente, mas aqueles ao seu redor podem não querer segui-lo por não acharem que você está sendo autêntico. Em outras palavras, você aparenta estar fora de tom consigo mesmo!

No Capítulo 4, demonstrei as consequências negativas que existem quando seus colaboradores o acham pouco autêntico: eles começam a se perguntar se realmente devem segui-lo, e podem até mesmo decidir não fazê-lo. Desta forma, seus subordinados aparentemente obedecem e concordam em fazer o que você quer, mas eles não lhe dão seu pleno comprometimento.

O Capítulo 4 também descreve dois dos principais atributos dos líderes autênticos: eles conhecem a si mesmos e são genuínos. Em outras palavras, sabem o que é importante para eles – conhecem seus valores. Suas ações e procedimentos estão sempre alinhados e em harmonia com esses valores.

Neste capítulo, você vai descobrir como reconhecer se estiver desafinando no coral de seus princípios e como rearranjar sua música: isto é, como comunicar seus valores aos seus colaboradores por meios de palavras e ações.

Reconhecendo Quando Você Está Fora do Tom

Você pode estar pensando que precisa saber o que significa "estar desafinado" nesse contexto, antes de reconhecer sua desafinação. Entretanto, nem sempre esse é o caso. Algumas vezes, você apenas sente que não fez a coisa certa pelo jeito como conduziu uma situação. Em outras, você tem certeza de que poderia ter orientado melhor uma circunstância e fica se sentindo inquieto e desconfortável com aquilo que deveria ter feito ou com o que fez de fato. Essas situações típicas e outros dilemas desse tipo são abordados no Capítulo 6, bem como a maneira de liderar amigos eficientemente.

Em alguns casos, tal sensação de inquietude e preocupação se prolonga por semanas, meses ou mais tempo – indo embora em certas épocas e retornando em outras. Você pode até mesmo sentir que algo o está "atormentando" e não conseguir distinguir o que é.

O que está errado comigo?

Vou compartilhar com vocês esta história pessoal para explicar o que quero dizer sobre se sentir vagamente apreensivo. Quando tinha meus vinte e tantos anos, desejava começar meu próprio negócio. Lembro-me de conversar com pequenos empresários sobre como abrir um empreendimento, mas já tendo dois filhos e uma hipoteca enorme, decidi continuar investindo em minha carreira.

Depois dos trinta, comecei a ter consciência de que ficava aborrecido em certas situações. Esses conflitos me chateavam nas horas em que não estava ocupado. Nos momentos de trabalho, concentrava-me nas tarefas e nos prazos que deviam ser cumpridos. Mas quando me via em casa com a mente desocupada de atividades e prazos, ficava irritadiço. Minha mulher notou a mudança de comportamento e veio conversar comigo a respeito.

Eu tinha certeza de que algo não estava certo, mas não sabia o que era. Nós conversamos sobre vários aspectos de minha vida e concluímos que essa inquietação nada tinha a ver com a vida familiar. Em seguida, sentei-me e analisei minha situação, fazendo-me aquelas perguntas simples, mas de respostas bastante difíceis:

- Quando me sentia feliz e quais eram as razões?
- Quando me sentia infeliz e quais eram as razões?
- O que eu gostava de fazer?
- O que eu não gostava de fazer?

Dessa análise, que levei alguns meses para fazer, extraí cinco palavras importantes para mim: realização, variedade, mudança, ajuda (a outras pessoas) e gerenciamento. Por meio desse longo processo de questionamento, percebi que estava fora de tom porque vi que não trabalhava para mim mesmo nem fazia o que queria fazer. Assim, sempre ficava frustrado porque não batalhava para tornar realidade o que eu desejava. Decidi então pedir demissão da empresa onde trabalhava e comecei a construir uma carreira profissional baseada nas cinco palavras que eram importantes para mim.

Reserve tempo para descobrir o que está causando seu desconforto. Se a sensação retorna constantemente, pode ser um sintoma de falta de sintonia consigo mesmo, e é possível que isso tenha relação com algo importante: pode até mesmo ter a ver com alguma coisa fundamental que deseje ou queira conquistar na vida!

Admitindo quando "algo não está certo"

Meu depoimento pessoal no quadro "O que está errado comigo?" mostra que admitir tal fato vale a pena. A causa de seu incômodo não precisa ser tão profunda ou ir tão longe quanto a minha: pode ser apenas uma ação que não está de acordo com seus valores (descrevo a importância dos princípios na seção a seguir "Questionando o que sustenta sua liderança").

Eu o encorajo a dar atenção e admitir qualquer sensação ou sentimento persistente de que algo está errado pelas seguintes razões:

- ✓ Quando algo está o incomodando, você transmite essa sensação demonstrando um comportamento característico no trabalho com seus colegas ou em casa com sua família e amigos. É possível que aborreça os outros com tal estado de espírito, mesmo que não seja sua intenção. Trabalhar para esclarecer e resolver o motivo da chateação, a fim de que fique mais em sintonia consigo mesmo e sinta-se fazendo a coisa certa, é necessário para que volte a agir apropriadamente quando estiver na companhia de colegas de trabalho, família e amigos.

- ✓ Quando experimenta a sensação de que algo não está certo, é possível que esse sentimento tire sua atenção. Manter a concentração torna-se difícil e você pode ficar, ou aparentar estar, preocupado. Tal estado não só desperdiça seu tempo, como também faz com que você seja menos produtivo.

Resolva, e não ignore, quaisquer sentimentos ou sensações de desconforto que persistam por um período de tempo. É possível que sejam sintomas de que algo importante para você, ou talvez um de seus valores, não esteja sendo satisfeito.

Questionando o que sustenta sua liderança

Os valores que são importantes para você provavelmente envolvem o seguinte:

- ✓ Seu DNA: a base pessoal da qual é feito.
- ✓ Sua educação: o modo como seus pais ou responsáveis o criaram.
- ✓ Suas experiências de vida: as ocasiões críticas que possivelmente mudaram sua vida e a maneira como as interpretou.

O exercício no Capítulo 3, sobre a análise de suas experiências com liderança e gerenciamento, ajuda você a perceber os valores importantes – e comportamentos associados a eles – e a maneira como prefere tratar e ser tratado pelas pessoas.

Seus valores são descrições daquilo que lhe é fundamental e do que valoriza, mas não no sentido material. Alguns de seus princípios são vitais porque representam o que é mais essencial para você.

Seus valores, especialmente aqueles vitais, sustentam seu método de liderança porque:

- **Têm papel essencial no que você faz e na maneira como se comporta:** por exemplo, se você valoriza a confiança e confia nas pessoas para que façam seu trabalho, é provável que lhes dê mais autonomia. Mas se acha que ninguém é confiável, tenho certeza de que vai examinar e monitorar seus colaboradores de perto.

- **Orientam a maneira como você avalia as pessoas e as circunstâncias:** por exemplo, é provável que você se relacione melhor com aqueles que possuem princípios similares aos seus. Você também pode reagir de maneira enérgica com aqueles que se comportam de forma conflituosa ou minam seus valores vitais.

Como a maioria das pessoas, você também deve passar um tempo pensando no que é importante para você.

Reserve tempo para visualizar de forma clara seus valores, pois ao ter essa nítida percepção, poderá usá-los para:

- Estabelecer princípios ou pontos de referência ao tomar decisões sobre como liderar e gerenciar pessoas.
- Instituir padrões para muitos aspectos do trabalho realizado por você mesmo e por seus subordinados.
- Resolver dilemas sobre como lidar com situações e pessoas difíceis.
- Garantir que agirá justa e consistentemente com aqueles que trabalham com e para você.

Você descobrirá como visualizar claramente os valores que lhe são importantes na seção mais à frente "Trabalhando com aquilo que é fundamental para você".

Deixando a velha bagagem para trás

Por causa de minhas consultorias em empresas, conheci líderes que carregavam uma bagagem pesada desde os anos iniciais de formação. Notei que tal bagagem normalmente tinha relação com interpretações equivocadas de frases que os pais ou responsáveis desses líderes disseram quando eram pequenos.

Embora pais e responsáveis tenham boas intenções ao dizer essas frases para seus filhos durante seus anos de formação, interpretações erradas não ajudam em nada o posterior desenvolvimento de líderes. Aqui estão alguns desses ditos, com suas interpretações originais e as equivocadas, e as consequências ligadas ao desenvolvimento da liderança efetiva:

- **"Crianças devem se comportar fora de casa, e não falar"**. *Intenção*: comportar-se bem em público. *Interpretação equivocada e consequência*: não fale e nem expresse suas ideias e opiniões.

    É impossível que um indivíduo tenha todas as respostas para todos os problemas à medida que a vida profissional se torna mais complexa e exigente. É mais provável que as soluções para as questões diversas venham de um amálgama de ideias e opiniões de todos os envolvidos. Os líderes precisam expressar o que pensam, coletar informações e pontos de vista de todos os integrantes da equipe para solucionar problemas pelos quais passem.

- **"Seja forte"** ou **"Homem não chora"**. *Intenção*: manter o autocontrole e não desabar durante uma crise. *Interpretação equivocada e consequência*: esconda suas emoções.

    Líderes precisam ser emocionais porque seus colaboradores esperam entusiasmo e até mesmo paixão no que diz respeito às metas e aos objetivos a serem alcançados. Além disso, embora algumas vezes seja preciso controlar a emoção – num momento de raiva ou irritação por um erro cometido – ainda é possível manifestá-la: você pode dizer o quão desapontado ou triste está por causa do que foi feito.

- **"Esforce-se mais"**. *Intenção*: faça mais do que fez. *Interpretação equivocada e consequência*: você e seu trabalho nunca são bons o bastante.

    Uma história comum que ouço de indivíduos inteligentes está ligada ao resultado de provas. Posso citar o exemplo de uma pessoa que sempre conseguia notas excelentes em todas as avaliações, exceto em uma matéria, na qual ganhava apenas um "bom". Esse indivíduo então lembra seus pais ou responsáveis dando muita atenção àquele "bom" e dizendo que ele precisava se esforçar mais. Infelizmente, tais comentários podem fazer com que alguém sinta que nunca será bom o bastante, o que afeta, portanto, sua autoconfiança no futuro.

Se qualquer uma das frases anteriores ou algo parecido lhe for familiar e se acha que as ouviu demais durante os anos de formação resultaram em consequências não desejadas para sua função como líder, você precisa fazer com que essa bagagem pesada fique para trás. Veja as dicas:

- ✔ Reconheça que essa bagagem pesada provavelmente resulta de interpretações errôneas e é consequência das boas intenções daqueles que o criaram.
- ✔ Transforme a interpretação equivocada ou sua consequência em uma necessidade ou objetivo pessoal de aprendizagem, e use o plano de aprendizagem de liderança para desenvolver a atitude ou ação modificadora certa a fim de deixar tal bagagem para trás. Leia o capítulo 4 para saber como fazer e usar um plano de aprendizagem de liderança e alcançar mais rapidamente o que deseja.
- ✔ Busque um parceiro/mentor no qual confie e respeite para falar sobre o assunto e ajudá-lo a se livrar do peso extra que carrega consigo. Consulte o capítulo 4 para mais orientações acerca de como encontrar um mentor.

Compondo Seus Próprios Acordes de Liderança

Você descobriu na seção anterior "Questionando o que sustenta sua liderança" que seus valores são a fundação da sua efetiva liderança, pois eles influenciam aquilo que faz e o modo como se comporta, bem como a maneira que avalia pessoas e circunstâncias.

Nesta seção, você vai descobrir algumas técnicas para enxergar claramente seus valores e deixá-los transparentes para seus colegas de trabalho. Reservar tempo para esse processo é o equivalente a compor seus acordes de liderança. Enxergar seus princípios, agir de acordo com eles e promovê-los faz com que você entre no seu "tom". No momento em que estiver "afinado" desta forma, sua equipe reconhecerá que você está sendo autêntico: os colaboradores verão que você conhece seus valores vitais e irão se comportar de acordo com eles.

Ser um líder autêntico exige que mostre interesse genuíno pelos outros, e também que seja verdadeiro consigo mesmo, comportando-se de acordo com seus valores. Não é possível ser autêntico agindo conforme o que é importante para você ao mesmo tempo em que ignora as carências e os valores das outras pessoas.

Trabalhando o que é importante para você

Quando encontra alguém pela primeira vez, normalmente a pessoa pergunta: "Em que você trabalha?". Essa questão é bem fácil de responder, mas o que você diz quando ouve "Quem é você?" ou "O que é importante para você?". É bem provável que ache estas perguntas difíceis, a menos que tenha investido tempo em seu autoconhecimento. Reserve um momento agora para começar a se conhecer melhor e complete o exercício a seguir para enxergar claramente seus valores:

Capítulo 5: Cantando a Canção da Liderança: Afinando-se ...

1. **Separe uns minutos para analisar as perguntas no final desta lista.** Identifique aquelas que lhe parecerem mais relevantes ao analisar claramente o que é importante para você e copie-as em um caderno, deixando espaços para as respostas.

2. **Tente formular e anotar outras perguntas que vão ajudá-lo a identificar o que é importante para você.**

3. **Comece a respondê-las ao ter anotado um número suficiente de perguntas.** Como orientação, faça uma lista de quatro a sete perguntas úteis: menos de quatro pode não ser o suficiente para essa análise e mais do que sete pode fazer com que comece filosofar longamente sobre sua vida!

   Use o tempo que for necessário para responder a essas perguntas: a qualidade da sua reflexão para elaborar cada resposta é mais importante do que dar respostas rápidas. Não tem problema se quiser deixar as perguntas parcialmente respondidas: volte a elas quando desejar acrescentar ou refinar suas palavras, após um período de meditação.

4. **Selecione as palavras, expressões e frases significativas e recorrentes que estejam em suas respostas.**

5. **Use essas palavras, expressões e frases para elaborar uma lista de valores.** Além disso, anote um ou dois comportamentos que demonstrem que você está agindo conforme esses valores.

6. **Registre essas palavras, expressões e frases na Tabela 5-1.** Marque cada valor para que possa voltar a ele quando estiver trabalhando para ser um líder autêntico e um modelo para os outros (eu abordo esse último ponto no Capítulo 11). Na tabela, forneço um exemplo de valor e dois comportamentos apropriados.

Aqui estão as perguntas que o ajudarão a descobrir seus valores. Selecione-as:

- O que é importante para mim no que concerne a ser um líder e como eu lidero as pessoas?
- Quais são meus valores, especialmente meus valores vitais?
- O que é importante para mim no modo como sou tratado e como trato os outros?
- O que é importante para mim quando as pessoas trabalham juntas?
- Quais são as questões profissionais que geram mais energia positiva ou negativa em mim?
- Qual o impacto positivo ou diferença que quero introduzir em minha organização e/ou em meu trabalho em equipe?
- O que teria que acontecer em meu trabalho para gerar em mim um sentido real de preenchimento?

- ✔ Quais fatos tendem a prender minha atenção e/ou sobre o que falo constantemente no trabalho?
- ✔ Em termos de certo e errado, quais são meus padrões absolutos?
- ✔ Qual marca quero deixar no mundo, na minha empresa e nas pessoas com as quais trabalho?
- ✔ Quais seriam os valores da minha empresa, se eu pudesse escolhê-los?

Tabela 5-1 Valores e Atitudes que Demonstram que Ajo Conforme Meus Princípios

Meus Valores	Comportamentos Apropriados
Respeito a todos.	Eu incentivo as pessoas a se expressarem e considero suas ideias e opiniões.
	Trato a todos com respeito.

Não fique só falando! Viva seus valores comportando-se de acordo com eles. Agir desta forma é a melhor maneira de promovê-los e reforçá-los: seus colaboradores prestam mais atenção naquilo que você faz do que naquilo que fala.

Questionando seus conceitos

Você pode até achar que age de acordo com seus valores, mas, infelizmente, esse pode não ser o caso. Por exemplo, é possível que valorize o tratamento respeitoso, mas você não nota que pede de forma rude a execução de uma tarefa às pessoas por estar se sentindo ansioso e sob pressão diante de um prazo.

Em vez de simplesmente assumir que sempre se comporta de acordo com seus valores, tente o seguinte:

- Questione e desafie a si mesmo sobre se realmente age conforme quer agir.
- Tente perceber como se comporta em diferentes situações – especialmente quando estiver sob pressão – e compare seu modo de agir com aqueles que foram listados na Tabela 5-1, da seção anterior "Trabalhando o que é importante para você".
- Compartilhe seus valores e como pretende agir com seus colaboradores: peça para dizerem se você se comportou da maneira planejada e como sua atitude os afetou.

Também é possível que ache que outras pessoas deem a mesma importância ou valor para aquilo que é importante para você, ou presuma que o modo como deseja trabalhar seja o mesmo que o delas. Você pode estar certo, mas também pode estar errado!

Se existirem diferenças significativas de valores e do modo de trabalho entre as pessoas de sua equipe, incluindo os seus próprios, é possível que tenha problemas para liderá-las e fazê-las trabalhar bem em conjunto. Descubra como envolver os membros de seu time no exame claro e na concordância de valores e atitudes com finalidade de orientar o trabalho em equipe no Capítulo 15.

Cantando Sua Canção de Liderança

Um dos meus colegas de trabalho diz aos líderes que eles são "professores que não usam a voz". Isso quer dizer que os líderes são exemplos: seus colaboradores prestam atenção e copiam o que faz. Moldar comportamentos que deseja que as pessoas adotem é uma poderosa forma de comunicar os princípios e as atitudes que são importantes para você.

Comunicando seus valores

Sempre que possível, transmita pessoalmente seus valores e o comportamento associado a eles às pessoas com quem trabalha. Tenho certeza de que ficou aliviado por não ter que literalmente cantar e dançar para compartilhar seus princípios com seus colaboradores! Suas palavras e ações, entretanto, precisam estar alinhadas e harmônicas com seus valores para que você possa ser autêntico e reforçar sua mensagem àqueles com quem trabalha.

A comunicação face a face transmite os valores e comportamentos que considera importantes muito melhor do que um *e-mail* ou outras formas de comunicação escritas porque:

- ✔ Você quer mais do que informar seus colegas de trabalho a respeito de seus valores: você está os influenciando, então eles irão avaliar que seus valores são importantes para você e para o modo como sua equipe trabalha. O diálogo frente a frente é o meio mais efetivo de influenciar pessoas porque você consegue perceber o efeito que causa nelas e agir de acordo com esse efeito, podendo aprofundá-lo ou esclarecer determinados pontos.
- ✔ Você usa tanto os sentidos da visão quanto os da audição. Pesquisas indicam que as pessoas absorvem mais informação através da visão do que da audição.
- ✔ Você pode engajar seus colegas de forma mais eficiente e fazer com que explorem os valores e atitudes que está compartilhando, assim como o significado na prática de trabalhá-los em conjunto.

O diálogo frente a frente, aquele no qual todos sentam ao redor de uma mesa, é o melhor. Entretanto, fazer uma videoconferência pode ser necessário se integrantes de sua equipe estiverem em diferentes locais ou continentes. Posicione-se bem perto da câmera ao utilizar o recurso da videoconferência para que todos possam vê-lo claramente, especialmente o seu rosto.

Harmonizando-se com os outros

Por ser o responsável por garantir que a equipe atinja seus objetivos, execute suas tarefas segundo os padrões corretos e cumpra seus prazos, é possível que pense ter o direito de impor seus valores e modo de agir ao time.

Como o Capítulo 3 aborda, as pessoas normalmente não respondem bem ao receberem ordens sobre o que devem fazer, especialmente quando sentem que estão sendo tratadas desrespeitosamente ou inferiorizadas. Uma maneira simples de fazer com que se sintam inferiores ou desrespeitadas é enfatizar seus valores e ignorar aqueles que são importantes para elas.

Tome cuidado para não sobrepor seus valores aos de seus colaboradores, especialmente quando a cultura do país de algum deles for bem diferente da cultura de seu país.

Para ajudá-lo a harmonizar seus valores com os de um de seus colegas, de um integrante da equipe, parceiro ou mesmo seu chefe, tenha um diálogo aberto com esse indivíduo, usando o que segue:

1. **Aproxime-se de seu colega e sugira que a questão explorada é importante para ambos, no sentido do trabalho em equipe, com objetivo de gerar um bom entendimento entre vocês e melhorar o fluxo de trabalho e a produtividade.**

2. **Discuta com essa pessoa a criação de uma lista de valores fundamentais para ambos com a menção do que um espera do outro no trabalho em conjunto.** Pode ser que você precise explicar a importância dos valores. Para isso, use o conteúdo da seção anterior "Questionando o que sustenta sua liderança".

3. **Elabore sua lista (e o colaborador deve elaborar a dele) antes da próxima reunião.**

4. **Compartilhe com esse colaborador, durante a próxima reunião, a exposição dos valores e das expectativas que têm um do outro.** Observe as semelhanças para reforçar a proximidade que existe e explore as diferenças a fim de que possam chegar a um consenso de como trabalhar juntos de forma eficiente no futuro. Acordem quando e como revisar o bom funcionamento das práticas conciliadas.

5. **Conduza as revisões usando os fatos e evidências do bom funcionamento do trabalho em conjunto – enfatizando particularmente todos os sucessos – para que elaborem de forma progressiva um ótimo trabalho e estreitem sua relação.** Se surgir um ponto no qual poderiam fazer um trabalho melhor, conversem e concordem sobre a maneira de realizar o aperfeiçoamento.

Para que ache uma maneira de harmonizar seus valores com os de todos que trabalham juntos, faça o importante exercício do Capítulo 15, que aborda a criação de valores de uma equipe em seus colaboradores.

Capítulo 6

Rumo à Liderança: Lidando com Dilemas

Neste Capítulo
- Considerando seus dilemas
- Vendo que se sentir desconfortável é bom
- Alcançando o sucesso e mantendo amizades

À s vezes, você escolhe ser um líder, às vezes essa posição lhe é oferecida, e noutras, é claro, você não tem escolha – precisa entrar de cabeça! Seja qual for a sua rota para ocupar sua primeira (e nova) posição de liderança, você certamente vai se deparar com alguns dilemas que testam seu ânimo e até mesmo sua firmeza de caráter.

Neste capítulo, peço que dê um passo para trás a fim de impulsionar sua largada rumo à liderança, pois considero os dilemas que provavelmente experimentará e, também, a maneira de solucioná-los com sucesso. Ofereço sugestões de como deve enxergá-los e de como desafiar a si mesmo para ser bem-sucedido no que provavelmente é o papel mais exigente e difícil que desempenhou em seu trabalho até agora.

Lidando com Dilemas

Um dilema é uma circunstância real ou percebida que faz com que você fique inseguro, preocupado e receoso sobre como agir e as consequências de qualquer tomada ou não de uma atitude para resolver a situação. Lembre-se de que um dilema para você pode ser uma oportunidade para que outras pessoas demonstrem habilidades. Nesta seção, você terá a chance de examinar e lidar com seus dilemas.

Um bom começo é escrevê-los para que os tenha mentalmente esclarecidos.

1. Pegue um caderno e divida as páginas em quatro colunas, como mostra a Tabela 6-1.

2. Escreva "dilemas atuais" e relacione as questões que enfrenta atualmente para seguir rumo à excelência na liderança. Ao lado, crie uma coluna para expor as razões do dilema. Depois, faça a lista para "dilemas em potencial", que relaciona as situações que não existem agora, mas que podem vir a acontecer.

3. Para cada dilema, anote algumas palavras que indicam por que esse dilema é uma preocupação ou angústia para você.

Tabela 6-1	Seus Atuais e Potenciais Dilemas		
Dilemas Atuais	*Motivos desse Dilema*	*Dilemas Potenciais*	*Motivos desse Dilema*
Ser visto como impostor.	Sinto-me constrangido e inferior quando me comparo com alguns colegas de trabalho.		

Ao parar para analisar seus dilemas, tome cuidado para não criar problemas que não existem e nem possam existir. Por exemplo, se você está sendo promovido à posição de líder, é possível que fique com medo de ser demitido por achar que não conseguirá atender às exigências de seu futuro cargo. Mas se pensar em quantas pessoas da sua empresa perderam seus empregos porque tiveram falhas em sua primeira posição de liderança, a resposta que obterá é, certamente, "ninguém". Cuidado com os dilemas que não existem.

As seções a seguir abordam alguns dilemas que podem estar na sua lista e a maneira como lidar com eles.

Capítulo 6: Rumo à Liderança: Lidando com Dilemas

Sobrevivendo ao ser jogado nas profundezas

Você já se viu desesperado por estar em um lugar da piscina em que a água cobria sua cabeça? Se já, provavelmente começou a bater os braços dentro d'água, procurando ar e fazendo força para nadar em direção ao lado seguro. Ser promovido à primeira posição de liderança pode fazê-lo sentir que foi jogado no lado fundo da piscina, embora, nesse caso, você não corra nenhum risco de morte!

Na posição de novo líder, é possível que se sinta mergulhado em problemas, afogado em dilemas e exausto por tentar fazer tudo, enquanto o salva-vidas – ou no caso, seu superior – sequer note a batalha travada. Tudo bem, essa analogia pode ser um pouco dramática, mas existem mais semelhanças entre os dois cenários do que você pode imaginar.

Você certamente tem perguntas básicas a respeito da nova posição e aqui ofereço três delas para enfatizar as semelhanças entre ser um novo líder e ser jogado no lado fundo da piscina:

- ✔ Alguém lhe falou sobre o tamanho e profundidade da piscina de sua liderança (que são os limites de sua nova posição de líder e de sua autoridade), ou sobre a extensão que você precisa percorrer nadando tranquilamente como um nadador olímpico?

- ✔ Alguém lhe disse como coordenar sua respiração e suas braçadas (que são as prioridades e as táticas utilizadas) para que você possa deslizar graciosamente nas profundezas de seus deveres e responsabilidades?

- ✔ Você sabe como conseguir e manter a atenção do salva-vidas – seu superior – a fim de ter o nível certo de apoio para poder sobreviver ao agito da água (que são as prioridades concorrentes e as múltiplas demandas) causado quando todos ao seu redor estão se afogando por causa da pressão intensa?

Ser jogado na parte funda da piscina é algo parecido com ser cobrado para executar um bom trabalho sem a orientação, a direção e o apoio necessários à compreensão e ao desempenho da função. Por consequência, todas essas questões devem ter respostas, extraídas tanto da sua própria reflexão quanto de seu superior – para que seja capaz de saber exatamente o que é esperado de você, a fim de tornar-se um líder de alto desempenho.

Pense nas perguntas que deseja que sejam respondidas para que saiba exatamente o que esperam de você na atual posição de liderança. Faça uma lista dessas questões, deixando espaço suficiente para as respostas. Eu proponho as seguintes perguntas para ajudá-lo a começar:

- O que eu espero alcançar na posição de liderança?

- Quais são as minhas prioridades? Quais critérios devo usar para decidir como lidar com prioridades concorrentes?

- Quais decisões posso tomar sozinho? Quando preciso envolver um superior na tomada de decisão?

- Quem pode ajudar, o que devo saber imediatamente e como vou descobrir isso?

Quando tiver terminado sua lista de perguntas, tente respondê-las sozinho, antes de envolver um superior. Refletir sobre seu papel e sobre o que esperam de você é uma maneira de desenvolver sua habilidade de entendimento em situações difusas e complexas. Responder às perguntas antes de compartilhá-las com alguém também demonstra que você tomou a iniciativa de achar soluções e, agora, busca apenas uma confirmação.

Ser escolhido pelas certas razões erradas: Poucos líderes chegam à liderança totalmente treinados

Muitas pessoas são promovidas ao primeiro cargo de liderança porque mostraram o potencial necessário para exercer tal papel em um nível superior da estrutura organizacional. Talvez esse seja o seu caso: é possível que tenha exibido bons aspectos técnicos ou interpessoais em seu trabalho e mostrado grande ética organizacional. Você pode ter sido reconhecido por um registro excelente de rendimento e por demonstrar que faz "além", talvez por ficar até mais tarde para finalizar uma tarefa ou por tomar a iniciativa de resolver um problema. Você é certamente visto como o integrante da equipe que se dá bem com as pessoas.

Embora essas qualidades e atributos sejam louváveis, não são necessariamente aspectos cruciais para determinar seu sucesso na primeira posição de liderança. Assim, você pode se ver sendo promovido ao cargo de líder pelas razões erradas certas: isto é, você demonstra determinadas habilidades e atributos, mas que não são necessariamente os ideais para obter sucesso. Ao constatar que foi promovido pelas razões erradas certas (você era brilhante no último cargo, mas ainda não no atual), terá muito mais a aprender. Logo após assumir, vai se deparar com dilemas para os quais se sentirá despreparado.

(Você pode achar mais informação sobre os atributos essenciais para a liderança de pessoas nos Capítulos 2 e 3, e mais sobre as habilidades exigidas para ser um líder engajador nos Capítulos 8 e 9).

Ao estar prestes a assumir a posição de liderança, ou caso já tenha feito isso recentemente, se você perceber que foi promovido sem ter todas as habilidades necessárias para o sucesso, saiba que esse pode ser um fator comum da vida organizacional e será útil para você. Passar por dilemas no primeiro cargo de liderança pode ser consequência tanto da pouca experiência profissional, quanto – senão mais – das dúvidas a respeito de sua capacidade de liderança. Entender que essa prática de promoção de pessoas ainda não preparadas para o sucesso ao primeiro cargo de liderança é algo comum pode aumentar sua confiança, pois você enxerga que a circunstância pela qual está passando é normal: as causas básicas de seus dilemas residem mais na empresa do que em você.

As organizações também têm dilemas! Um deles é como preparar pessoas antes que atinjam posições de liderança ou desenvolver habilidades depois que um funcionário passa a ocupar tal posição. Pela minha experiência, colaboradores que participam de programas de desenvolvimento de liderança antes de alcançarem cargos mais altos têm mais dificuldades e dilemas do que aqueles que já chegaram lá simplesmente porque ainda não passaram pelos questionamentos inerentes à situação. Por outro lado, esperar que pessoas adquiram experiência o bastante no cargo para que possam se beneficiar mais dos programas de desenvolvimento de lideranças significa que elas tiveram que encontrar pela frente dilemas para os quais estavam despreparadas.

Novos líderes devem ser treinados pelos seus superiores para lidar com dilemas e sucessos de sua posição, e participar de programas de desenvolvimento de lideranças visando acelerar a maturação de seus atributos de líder, após alguns meses de experiência na posição.

Toda vez que for promovido para um cargo superior, você encontrará situações pelas quais ainda não passou: isto é, lidar com problemas faz parte da liderança! Quanto mais cedo aceitar esse fato, mais cedo poderá começar a trabalhar no aperfeiçoamento das habilidades de liderança, enfrentando os dilemas que aparecem (você encontra no Capítulo 4 sugestões para a busca de um mentor, se o seu superior não estiver dando o apoio de que precisa).

Sentindo-se confortável em estar desconfortável

Quase todas as pessoas preferem ficar confortáveis a desconfortáveis. Por exemplo, depois que você chega em casa, após um dia de trabalho, provavelmente mergulha na poltrona ou no sofá mais confortável em vez de se sentar em uma cadeira na qual não consegue relaxar totalmente.

No ambiente de trabalho, há uma situação bem semelhante: quase todos os funcionários preferem se manter na zona de conforto. *Zona de conforto* é um termo amplamente usado no desenvolvimento de pessoal e de liderança que descreve o estado no qual o indivíduo se sente seguro ou tranquilo: uma condição mental e emocional que qualifico como "confortável". Ao operar em uma zona de conforto, você fica relaxado consigo mesmo, pois se encontra numa posição conveniente ou executa uma atividade que permite atuar nos limites seguros de seus atributos e habilidades. Usando outras palavras: você se sente confortável, porque tem certeza de que pode realizar bem uma determinada tarefa ou lidar com certa situação.

Ao se manter na zona de conforto, portanto, você fica livre de riscos porque não se expõe ao potencial fracasso. Entretanto, desenvolver suas habilidades de liderança envolve riscos, caso contrário nunca descobrirá como lidar com problemas potencialmente difíceis.

Em vez de se acomodar, você deve encarar e lidar com as situações difíceis; portanto, precisa saber que vai se sentir desconfortável com sua nova posição de liderança. Infelizmente, muitos líderes não aceitam essa realidade e se recusam a enfrentar adversidades ou pessoas. Eles postergam a resolução dos problemas ou mesmo os ignoram, o que normalmente significa que a questão piora à medida que a situação no trabalho se deteriora.

A Figura 6-1 mostra dois exemplos de situações distantes da zona de conforto. Acrescente seus problemas ao diagrama (se ainda não consegue identificá-los, complete a Tabela 6-1 da seção anterior "Lidando com Dilemas") e visualize sua própria zona de conforto. Anote as questões que se encontram fora da zona de conforto, mais próximas ao centro do círculo, e aquelas que envolvem muitos riscos, longe do centro. Além disso, adicione alguns exemplos de situações que estão dentro da zona de conforto para garantir que também avalie seus pontos fortes.

Capítulo 6: Rumo à Liderança: Lidando com Dilemas

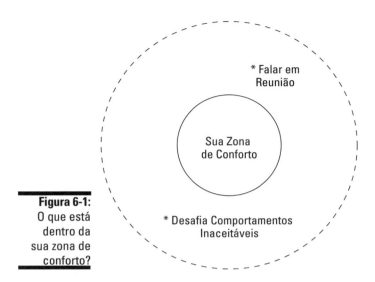

Figura 6-1: O que está dentro da sua zona de conforto?

Enfrentar os problemas e expor-se a situações potencialmente difíceis envolve sair da zona de conforto e sentir-se desconfortável. Somente desta forma você descobre como "ficar confortável estando desconfortável" e constrói a confiança que precisa para lidar com adversidades e ser bem-sucedido.

Descobrir como ficar confortável estando desconfortável também o capacita para que cresça profissionalmente e desenvolva suas habilidades de liderança. Batalhar para entender como lidar com adversidades e problemas gera o aprimoramento de sua destreza para resolver conflitos, e tomar decisões, a transmissão dos padrões de trabalho e comportamento que espera de seu pessoal, o aperfeiçoamento de sua capacidade de trabalhar em conjunto com indivíduos difíceis e muito mais. Desenvolver suas habilidades de liderança também produz autoconfiança diante de novas circunstâncias, fazendo com que expanda progressivamente sua zona de conforto, pois durante esses processos você começará a se sentir mais tranquilo ao se expor diante de novas e difíceis ocasiões no futuro.

Para estimulá-lo a encarar e conduzir situações difíceis ou debruçar-se naquelas que envolvem certo risco, avalie e responda às seguintes questões:

- **Qual o pior resultado possível se eu conduzir essa situação?**
- **Qual o melhor resultado possível?**
- **Qual o resultado que está entre o melhor e o pior?**
- **Qual a probabilidade de cada um desses cenários acontecer?**

Atrás de todo problema encontra-se uma oportunidade

Um dos meus cargos iniciais de liderança envolvia o gerenciamento de diversas estações de tratamento de água espalhadas por uma área territorial enorme. Esse extenso perímetro não tinha sido propriamente gerenciado por diversos meses, porque meu antecessor estivera afastado por motivo de doença. Consequentemente, os superintendentes das estações revezavam-se para "cobrir" a área que englobava todas as estações e suas próprias áreas.

Durante os primeiros meses de meu novo cargo, um funcionário sênior tentou dificultar as coisas para mim, porque diminuí o tempo ocioso que ele desfrutava nas viagens de carro de uma estação à outra. Desta forma, foi obrigado a passar mais tempo fazendo um trabalho produtivo. Esse funcionário sênior também era representante sindical e, na ausência de um gerente permanente, ia regularmente às outras estações simplesmente para visitar "seus sindicalizados" e exercia grande influência sobre os funcionários.

Lembro-me de ter ficado bastante tempo desconfortável, agitado, e de virar noites pensando como lidar com todos os problemas e dificuldades que esse homem estava criando. Normalmente, me fazia as seguintes perguntas: "Por que o funcionário mais difícil está trabalhando para mim?" ou "Por que não posso ir para outra área mais fácil de gerenciar?".

Meu estado de desconforto continuou até que percebi que as adversidades que enfrentava eram oportunidades para que eu descobrisse como lidar com dilemas. Entender isso me fez estar mais confortável diante de circunstâncias nas quais não tinha certeza do que fazer: eu fiquei, na verdade, mais confortável em estar desconfortável, porque compreendi que o superintendente sênior estava, sem nenhuma intenção, ajudando-me a adquirir experiências inestimáveis acerca de liderança e gerenciamento de pessoas difíceis.

Descobri que a posição e o reconhecimento eram importantes para esse funcionário, e encontrei uma maneira para que ele pudesse cumprir seus deveres de sindicalista e executar as tarefas que precisava desempenhar.

Responder a essas perguntas pode confirmar se você está superestimando a seriedade do problema ou a probabilidade de algo sair errado. Novos líderes normalmente não enfrentam as situações calculadamente, porque se concentram no resultado, sem avaliar objetivamente o que possa ser esse saldo: focam-se no pior resultado possível mesmo que a probabilidade de isso ocorrer seja minúscula!

Um dos resultados mais comuns exteriorizados pelas pessoas é a preocupação com o embaraço causado pela liderança pouco hábil de uma situação. E quando pergunto por quanto tempo se sentiram envergonhadas com algo do tipo, a maioria responde algumas horas ou, no máximo, um ou dois dias. Na verdade, as chances de você lidar tão mal com uma circunstância, fazendo com que esta deixe em você uma cicatriz emocional, são extremamente raras. Ver claramente a possibilidade de geração de um resultado bom e um mediano pode encorajá-lo a conduzir a situação difícil, pois dessa forma estará colocando igual ênfase, tanto no lado positivo quanto no negativo. Reconhecer e apreciar os benefícios de resolver uma questão também pode impulsioná-lo para a ação.

Encontrando-se na posição do meio

A menos que seja o presidente, você vai sempre estar entre dois níveis na estrutura organizacional da empresa. Aqueles que ocupam agora a primeira posição de liderança tipicamente se encontram entre sua equipe e seu chefe, o equivalente à posição de cabo no exército – ele está entre o soldado e o sargento. Ocupar a posição do meio exige que você transmita o ponto de vista de seu superior à sua equipe, e vice-versa.

Ocupar esse cargo intermediário, entretanto, envolve muito mais do que apenas fazer a comunicação e a ligação entre dois grupos: você também precisa representar ambos, e é aí que mora o perigo.

Às vezes, as opiniões dos funcionários seniores, ou de seu chefe imediato, não vão estar de acordo com o pensamento da sua equipe. O contrário também é verdadeiro. Ambos os lados esperam que você os apoie – seus superiores querem que reforce a opinião da companhia, enquanto sua equipe deseja que você lhe dê suporte, fale por ela ou, até mesmo, defenda seus integrantes! Esse dilema pode gerar uma neutralidade por parte de alguns líderes, fazendo com que fiquem "em cima do muro".

Você pode já ter passado por uma situação parecida antes de se tornar um líder. Se passou, reserve alguns minutos para relembrar o que pensava do "partidário do muro".

Alguns dos maiores perigos de ficar em cima do muro são:

- ✔ Ser visto como indeciso.
- ✔ Perder a credibilidade com seus superiores.
- ✔ Perder a credibilidade com sua equipe.
- ✔ Permitir mudanças nos sistemas, procedimentos e outros processos que não funcionam.
- ✔ Correr o risco de sua equipe se tornar mais ansiosa, frustrada ou irritada por mudanças que a empresa propõe.

Você precisa descer do muro se quiser evitar estes e outros perigos de estar na posição do meio. Ouça atentamente ambos os lados de uma questão – as opiniões de seu gerente e de seu time – e então faça uma avaliação objetiva da situação e tome uma posição. Informe sua equipe das razões por trás da decisão e por que você concorda com elas. Mantenha-se aberto para entender suas preocupações.

Caso discorde da decisão da alta cúpula, mas precise implementá-la, peça esclarecimentos acerca das razões da determinação. Prepare-se para também transmitir sua opinião e a opinião de sua equipe ao seu superior, bem como os motivos para questioná-las ou contestá-las. É provável que não consiga uma mudança, mas pelo menos fará com que todas as partes entendam as alegações contra e a favor da resolução.

Você certamente passará por situações nas quais até compreenderá os motivos organizacionais para uma decisão, mesmo tendo receio de que tal determinação cause um efeito adverso em sua equipe. Nesses casos, pergunte-se se deve dizer à equipe que discorda da resolução. Sugiro que aja de forma a manter a integridade do time e encoraje-o para fazer o que é razoável, a fim de contribuir para o sucesso da decisão. Você pode encontrar mais informações e orientações sobre liderança de pessoal, especialmente durante períodos de mudanças, nas Partes III e IV.

Aceitando que a liderança pode ser solitária

Todos esperam que os líderes dos mais variados tipos de organizações sejam brilhantes na condução do negócio e de seus colaboradores. De certa forma, as pessoas desejam que seu líder seja super-humano, tenha visão de raio-x para enxergar entre paredes, a capacidade de voar dentro da empresa, e uma inacreditável força para carregar e salvar todo mundo.

A liderança pode ser solitária, porque líderes normalmente têm dificuldade de compartilhar suas aflições e preocupações a respeito de decisões e de falar sobre suas próprias habilidades com seus colaboradores: eles não querem detonar a imagem de perfeição. Muitos profissionais me incumbiram como mentor porque se viram sozinhos e precisavam de um ouvinte ou amigo crítico que pudesse desafiá-los e apoiá-los, mas não julgá-los.

De forma semelhante, as pessoas em seu primeiro cargo de liderança também podem se sentir sozinhas, pois compartilhar problemas e dilemas com seus superiores e suas equipes é igualmente difícil. Seu atual chefe pode ter sido aquele que o indicou, e você não deseja dividir preocupações e dúvidas que venham a refletir de forma negativa em sua imagem. Também é possível que não queira compartilhar incertezas com seus colaboradores, porque isso gera a preocupação de que eles percam a confiança e achem que você não sabe o que está fazendo.

Muitas organizações usam consultores externos ou internos para desempenhar o papel do amigo crítico, a fim de apoiar o desenvolvimento de gerentes e líderes. Se sua empresa adota tal estratégia, tome a iniciativa e encontre seu mentor. Escolha alguém com mais experiência que você – uma pessoa que admire, respeite e confie – e peça que seja seu consultor. Ao fazer isso, você estará elogiando seu escolhido: a pessoa sentirá que seu conhecimento, habilidade e sabedoria são valorizados. Conversem francamente sobre o que esperam um do outro, concordem acerca do tema das discussões e da frequência dos encontros (você pode ler mais sobre achar um mentor no Capítulo 4).

Evitando a síndrome do impostor

Aqueles que são promovidos e se perguntam se são dignos de sentar à mesa com os novos colegas podem estar passando pela "síndrome do impostor". Nesse caso, você se sente como uma fraude, teme fazer ou falar algo que o deixe constrangido na frente dos outros; isto é, tem medo de ser revelado como um impostor porque não se acha à altura de desempenhar seu novo papel. Você tende a ser cauteloso, falar apenas o necessário e quando tiver certeza e conhecimento do assunto abordado (confira a seção anterior "Sentindo-se confortável em estar desconfortável", para os perigos de ficar emperrado na zona de conforto). Pessoas que já se sentiram impostores me disseram que a sensação persiste até que percebam que estão confortáveis em meio aos seus colegas ou são tão bons quanto. Elas observaram e ouviram o que seu novo grupo tinha a dizer e, ao fazerem isso, chegaram à conclusão de que seus colegas eram humanos, e não super-humanos: suas opiniões e contribuições nem sempre eram tão brilhantes e eles também cometiam erros.

Para evitar ser uma vítima da síndrome do impostor, mantenha uma boa opinião de si mesmo e alicerce sua autoestima. Lembre-se de que você foi promovido à nova posição porque os outros apreciaram seus talentos. Elogie-se quando fizer contribuições úteis, por exemplo, em grupos de discussão. Dedique um tempo para observar seus novos colegas e notar o que fazem bem e o que, talvez, poderiam fazer melhor. Perceber que eles não são perfeitos – e que algumas de suas próprias habilidades e talentos estão no mesmo nível, ou são até melhores – faz com que você se aprecie e sinta que é digno de se sentar àquela mesa.

Liderando Amigos

Ir em direção a uma posição de liderança pode causar todos os tipos de dilemas, especialmente se você tiver sido promovido em um grupo cujos integrantes eram seus amigos. Neste caso, os dilemas normalmente surgem da percepção de ter havido uma mudança fundamental no relacionamento de vocês: no ambiente de trabalho, você não é mais "um deles".

Talvez, antes de ser promovido, os membros do grupo tomassem liberdades com horários, como passar mais tempo batendo papo do que deveriam dentro do escritório ou navegar na internet. Agora que você é o responsável por estabelecer os padrões da equipe, preocupa-se em como mudar essas práticas diárias que já ignorou quando fazia parte do grupo.

Se você teme ser acusado de vira-casaca e de não ter integridade, esta seção lhe dá algumas dicas.

Obtendo sucesso e mantendo os amigos

A pergunta que possivelmente ocupa sua mente é: posso ser bem-sucedido em minha posição de liderança e manter meus amigos?

Sim, você pode. Mesmo que o contexto profissional tenha mudado – isto é, você agora é o chefe – o relacionamento de amizade não mudou. Você precisa, entretanto, considerar as implicações da sua atual posição profissional no contexto do relacionamento. Uma delas é que seus superiores esperam que considere plenamente as necessidades e exigências da empresa e, também, quaisquer efeitos que possam produzir, por exemplo, no comportamento e rendimento da equipe visando o sucesso da companhia. A nova realidade pode significar que agora você precisa assumir uma visão diferente no que diz respeito a chegar atrasado, conversar demais ou gastar muito tempo na internet.

Outra implicação diz respeito à grande parte das, senão todas, informações profissionais que compartilhavam quando estavam no mesmo nível. Numa posição de liderança, entretanto, seu superior pode querer discutir com você e ouvir suas opiniões sobre futuras mudanças na estrutura ou nos processos organizacionais, ou falar de questões muito delicadas que não podem ser divulgadas, pelo menos não imediatamente.

Fale das implicações relacionadas às mudanças do contexto profissional com sua equipe, especialmente com aqueles que são seus amigos, para que todos entendam plenamente essa nova relação e para que continuem a trabalhar bem juntos. Essa discussão pode ser difícil, mas é possível ter sucesso na empreitada, e você mantém seus amigos.

Seus verdadeiros amigos o apoiam em tudo o que faz. E se as coisas saem erradas por qualquer motivo, é melhor ter pessoas que conhece e nas quais confia vindo até você para dizer o que pensam. Você pode ouvi-las em confiança e, se algo precisar de ajuste, contar com conselhos de fontes que possuem bons interesses, bem como os outros da organização.

Enxergando onde e como traçar a linha

A maioria das organizações possui políticas e procedimentos elaborados para oferecer aos gestores orientações gerais sobre como liderar e gerenciar seus colaboradores. Essas políticas normalmente englobam diversos tipos de questões, tais como saúde e segurança, presenças ou faltas, treinamento, desenvolvimento e rendimento. Muitas vezes, também, há procedimentos para lidar com situações nas quais os indivíduos não rendem no trabalho: procedimentos de disciplina. No entanto, fornecer orientações detalhadas sobre todos os aspectos do desempenho ou comportamento do grupo pode ser simplesmente impraticável: o documento de referência seria bem mais extenso do que um exemplar do livro *Guerra e Paz* e ninguém o usaria. Em qualquer caso, prever todos os cenários possíveis é irreal.

Capítulo 6: Rumo à Liderança: Lidando com Dilemas

Como líder, você precisa considerar cada situação com suas próprias particularidades e nenhum documento de procedimentos pode substituir você ou outros líderes na análise plena da circunstância e na escolha da melhor decisão. Vamos colocar de outra forma: você precisa executar medidas difíceis no que diz respeito ao desempenho e ao comportamento de seus colaboradores de acordo com as políticas e procedimentos organizacionais e, quando disponíveis, o aconselhamento do departamento de recursos humanos ou especialistas em pessoal.

Você precisa deixar claros os padrões que espera de si mesmo e dos seus colaboradores para que possa tomar decisões quanto à aceitabilidade ou inaceitabilidade de comportamentos e atitudes. Divulgar e ter esses padrões em mente o capacita para saber onde e quando traçar a linha! Tornar as exigências transparentes o ajuda a lidar com dilemas e, consequentemente, prevenir muitos deles apenas pela ciência e o reforço dos padrões exigidos da equipe e de outros funcionários.

Na Tabela 6-1, da seção "Lidando com Dilemas", sugeri que você fizesse uma lista dos dilemas que atualmente experimenta ou que possa ter. Volte a essa lista e copie na primeira coluna da Tabela 6-2 quaisquer questões comportamentais ou de desempenho ligadas à liderança de amigos.

Ainda podemos ser amigos?

Durante um debate sobre desenvolvimento de gestão, um cliente me solicitou uma argumentação com outra pessoa, e fez a seguinte pergunta: "Ainda podemos ser amigos daqueles a quem gerimos?". O outro respondeu imediatamente: "Não, não podemos. Você precisa manter distância". Discordei daquele ponto de vista e dividi minha opinião com o grupo, como o exposto a seguir.

Qualificar alguém como amigo significa que vocês estabeleceram um relacionamento mutuamente benéfico. Vocês têm interesses ou valores em comum e o comprometimento de ajuda e apoio um ao outro, mesmo que esta convenção seja tácita, e não explícita. Declarar que uma pessoa não pode mais ser um amigo significa que precisarão quebrar o relacionamento existente, e tudo que essa relação representa. Minha preocupação é que quando você subitamente deixa de valorizar alguém, como espera que os outros valorizem você? No meu ponto de vista, é impossível. Você destrói a confiança e o respeito que estavam estabelecidos, e no momento em que perde a confiança e o respeito daqueles que trabalham com você, também corrói as fundações de um bom trabalho em conjunto.

Usando a tabela abaixo, descreva o padrão que espera de si mesmo e de seus amigos (na segunda coluna), certificando-se de considerar plenamente as necessidades ou exigências de sua empresa e, portanto, quaisquer efeitos, por exemplo, do comportamento dos colaboradores no ritmo de trabalho. Depois, escreva na terceira coluna como acha que seus amigos prefeririam trabalhar. As primeiras linhas da tabela fornecem exemplos de possíveis diferenças no modo de trabalho, considerando atrasos e uso da internet, para que você possa ver como esse exercício funciona.

Tabela 6-2   Tornando Seus Padrões Claros

Descrição do Comportamento ou Atitude em Questão	Descrição do Padrão de Comportamento ou Desempenho que Espero de Mim Mesmo e de Meus Amigos	Descrição do Padrão de Comportamento ou Modo de Agir que Meus Amigos Prefeririam
Desrespeito aos horários	Chegar sempre no horário ao trabalho	Chegar no horário que escolherem
Uso da internet	Durante o horário de almoço ou outros intervalos	Quando quiserem

Você também pode usar o exercício anterior para avaliar diversos aspectos do trabalho, pois ele ajuda a explorar as diferenças potenciais entre seus padrões e os de qualquer outro colaborador. Conversar com a equipe sobre essas preferências faz com que compartilhem suas visões e esclareçam diferenças de expectativas. Visualizar as lacunas é o primeiro passo para abordar e resolver os dilemas.

Você também pode passar por dilemas mesmo depois de ter esclarecido e compartilhado seus padrões com amigos e colegas de trabalho. Em alguns momentos, o bom senso faz com que você permita que um membro da equipe trabalhe fora dos padrões exigidos. Um exemplo se dá quando alguém precisa chegar mais tarde ou sair mais cedo, porque apresenta uma boa razão para fazer isso. Ao fazer uma concessão desse tipo, não se preocupe com o fato de que seja preciso concordar com pedidos similares no futuro: não é preciso. Você deve usar o bom senso e os padrões como pontos de referência para a tomada de decisões nas ocasiões em que tiver que decidir o que é razoável e justo.

Parte III
Liderando Pessoas

"O problema é que todos querem ser líderes."

Nesta parte...

Se elevar o nível de comprometimento e melhorar o desempenho dos colaboradores for seu maior interesse, então esta parte é para você. Nestes capítulos, você descobrirá a importância do trabalho proveitoso, e eu explicarei como é realmente possível engajar pessoas para que queiram segui-lo e executar o trabalho usando suas melhores habilidades. Você descobrirá como se tornar um líder engajador assim como aprenderá a modificar seu estilo de liderança para que se adeque a diferentes situações. Perceberá como lidar com colaboradores que não agem conforme os padrões e como treinar bons profissionais visando o alcance de resultados excepcionais.

Capítulo 7

Desenvolvendo o Senso de Objetivo

Neste Capítulo
▶ Compreendendo como acrescentar valor a sua organização
▶ Descobrindo como se tornar um líder visionário
▶ Tornando-se mais influente

"Qual o motivo?" Você já fez esta pergunta, ou já ouviu um colega fazê-la, sobre determinada mudança na forma como você, sua equipe ou departamento trabalha? É possível que tenha passado por situações em que você mesmo e/ou colegas de trabalho acharam que as propostas de mudança na estrutura organizacional, nos sistemas ou nos processos (ou instruções do profissional sênior para seguir certa linha de ação) eram completamente sem sentido.

As pessoas precisam entender o objetivo, ou propósito, de seu trabalho: não é possível esperar que façam um trabalho ou tarefa usando toda sua habilidade, se não tiverem compreendido o motivo ou a razão para tal. Neste capítulo, você descobrirá como criar um senso claro de objetivo que poderá ser utilizado – e comunicado a seus colaboradores – para concentrar esforços tendo em vista atingir as metas e os resultados esperados de você mesmo e de sua equipe. Você também descobrirá como aumentar sua esfera de influência, estimulando aqueles sobre quem não tem autoridade – incluindo seu chefe! – de forma que ajudem você e sua equipe a serem bem-sucedidos.

Compreendendo Claramente Seu Propósito

A descrição do seu cargo, se houver uma, provavelmente fala de deveres e responsabilidades, mas essa descrição também fixa seu objetivo de trabalho e sua contribuição para o sucesso da organização? Por exemplo, são descritas suas prioridades e a forma de medir o bom desempenho de sua atividade profissional? É possível que não!

Talvez, as coisas tenham mudado muito desde que a descrição de seu cargo fora escrita e agora ela está desatualizada por causa, digamos, de mudanças nos sistemas, nos procedimentos e, até mesmo, nas tarefas a serem realizadas. Além disso, a maioria das descrições dos cargos inclui a vaga expressão "... e tudo mais que for necessário..." no final. Também é possível que você não olhe para essa descrição há séculos! Com todas essas incertezas em mente, estabelecer um propósito claro pode ficar difícil e é nesse ponto que esta seção o auxilia.

Eu normalmente utilizo o cenário a seguir para desafiar líderes em programas de desenvolvimento, visando saber se eles entendem claramente seu papel na organização. Peço que imaginem que sou o novo diretor-executivo (CEO) ou diretor-geral, e que estou andando por entre os departamentos, parando colaboradores e pedindo-lhes que me digam em 30 segundos:

Qual o propósito do seu trabalho e como você acrescenta valor a esta organização?

A fim de apimentar um pouco mais, também digo que vou fazer cortes e que formarei uma opinião sobre o valor de seus cargos pela força das respostas dadas. Ao responderem a essa pergunta, as pessoas tendem a me dizer o que fazem ao invés de descrever o impacto positivo que exercem na organização ou o valor que acrescentam a ela. Como você responderia a essa pergunta em 30 segundos?

Seja claro a respeito do propósito de seu trabalho e do trabalho de sua equipe para que possa descrevê-lo concisamente em 30 segundos ou menos. Dessa forma, é possível que sua equipe compreenda de que maneira contribui para o sucesso da organização (vá até a seção "Enxergando claramente como acrescentar valor" para saber como fazer isso).

Evitando ser um tolo ocupado

Você já experimentou qualquer uma das seguintes sensações:

- Sentir como se fosse um cavalo de balanço – está sempre na ativa, mas sem conseguir chegar a lugar nenhum?
- Sentir que não parou um só minuto e mesmo assim não conseguiu fazer nada?
- Sentir que está sendo tão sugado pelos detalhes do trabalho de sua equipe que não consegue fazer o que é pago para fazer?
- Sentir que está rodando feito cachorro que caiu da mudança?

Para realmente acrescentar valor a sua organização, você precisa evitar ser um desses tolos ocupados produzindo muito menos do que poderia.

Você pode até pensar que é muito efetivo e eficiente, porque está sempre ativo, mas, como é dito por aí, "as coisas não funcionam necessariamente assim!". É possível, por exemplo, que você esteja gastando muito tempo em atividades menos prioritárias ou importantes do que naquelas realmente necessárias, ou que esteja muito ocupado porque é desorganizado, o que gera os seguintes resultados:

- Você é efetivo, mas não eficiente.
- Você é eficiente, mas não efetivo.
- Você não é eficiente nem efetivo.

Muitos profissionais, experientes ou inexperientes, com quem trabalhei em programas de desenvolvimento de liderança, confundem os termos *efetivo* e *eficiente:*

- Ser *efetivo* significa concentrar-se e utilizar o tempo fazendo e executando as tarefas mais importantes e as atividades prioritárias, e fazê-las bem: Isso significa fazer as coisas certas!
- Ser *eficiente* significa usar o mínimo de tempo e recursos para executar uma tarefa ou atividade em particular: Isso significa fazer as coisas da forma certa!

Para ajudá-lo, uso um quadro dividido em quatro partes, na Figura 7-1, para explicar esses termos em uma linguagem simples. A célula do topo à direita representa a maior efetividade e eficiência.

Figura 7-1: Uma explicação simples dos termos *efetivos* e *eficientes*.

	Eficiente (Menor)	Eficiente (Maior)
Efetivo (Maior)	Fazer as tarefas certas da forma errada	Fazer as tarefas certas da forma certa
Efetivo (Menor)	Fazer as tarefas erradas da forma errada	Fazer as tarefas erradas da forma certa

Você pode evitar ser um tolo ocupado concentrando-se em ser efetivo e eficiente; isto é, fazer as coisas certas da maneira certa!

Sendo enfático: Liderando com convicção

Seus colaboradores esperam que você seja um líder decisivo: eles não querem vê-lo "em cima do muro" (veja os perigos de se manter em cima do muro no Capítulo 6). É possível que, algumas vezes, fique indeciso por não ter certeza do que fazer: tentar ser enfático e fingir convicção nessa situação é arriscado e potencialmente imprudente!

Saber claramente o propósito de seu trabalho, os objetivos, os resultados a serem alcançados e suas prioridades faz com que você seja mais arrojado do que normalmente é, porque você:

- Comunica a todos com confiança o rumo a se tomar e os objetivos, os alvos e os resultados necessários.
- Transmite a direção, os objetivos e os resultados de forma que seus colaboradores compreendam, fazendo com que o trabalho se torne significativo para eles.
- Fica mais confiante de que as decisões tomadas o levam a alcançar o propósito de seu trabalho e suas prioridades.
- Dá prosseguimento as suas decisões e age com o compromisso de influenciar as pessoas positivamente e alcançar seus objetivos.
- Pode explicar a todo mundo onde há acréscimo e decréscimo de valor na atividade que exercem.

Esclarecendo como acrescentar valor

Da mesma forma que todos que trabalham, você se encontra em uma indústria de conversão: você capta *insumos* e converte-os em *produtos* ou serviços mais valiosos. É assim que você acrescenta valor à organização para a qual trabalha.

Estar numa indústria de conversão não se aplica apenas à manufatureira – onde a empresa converte matéria-prima em objetos de consumo – também se aplica a todos os outros serviços. Por exemplo, toda vez que almoça em um restaurante, os funcionários que lá trabalham estão usando informação, conhecimento, habilidades, ingredientes, equipamentos e muito mais para criar uma refeição realmente boa para você. A Figura 7-2 dá mais exemplos de insumos e produtos.

Figura 7-2: O processo de conversão.

Insumos:
- Tempo
- Dinheiro– Capital
- Habilidades
- Conhecimento
- Capacidade
- Informação
- Treinamento
- Equipamento
- Matéria-Prima
- Materiais

Precesso de Conversão

Produtos:
- Mais dinheiro– Lucro
- Conhecimento aperfeiçoado
- Habilidades melhores
- Maior capacidade
- Informações mais valiosas
- Produtos
- Serviços
- Vendas
- Alto padrão de qualidade, serviço ao consumidor etc.
- Prazos

Capítulo 7: Desenvolvendo o Senso de Objetivo **113**

Ver-se como parte do processo de conversão pode ajudá-lo a olhar seu trabalho de uma nova perspectiva. Complete o próximo exercício para começar a entender como acrescentar valor a sua organização ao descrever o propósito de seu trabalho.

Olhe novamente as listas de insumos e produtos na Figura 7-2:

1. **Marque ou circule as palavras na primeira lista que indicam os insumos que você usa ou consome na execução de seus trabalhos.** Acrescente quaisquer outros que utiliza ou consome que não estejam na lista, mas mantenha-se em um âmbito genérico, similar aos itens contidos na lista, em vez de ater-se a muitos detalhes.

2. **Repita o passo 1 para a lista de produtos.**

3. **Escreva uma frase que descreva o propósito de seu trabalho baseando-se em alguns, senão em todos, os insumos e produtos marcados.** Eu forneço dois exemplos abaixo relativos ao objetivo do trabalho de um editor de livros acadêmicos.

    - **Exemplo 1:** Procurar, assinar e publicar um número determinado de livros sob os padrões e prazos exigidos dentro de um orçamento.

    - **Exemplo 2:** Aperfeiçoar o conhecimento e as habilidades de estudantes, e alcançar minha margem de lucro procurando, assinando e publicando livros acadêmicos.

Qual exemplo o atrai mais e mostra-se mais útil e valioso para uma editora, ou mesmo para a sociedade, sob a ótica do trabalho de um editor?

A resposta certa, é claro, depende do "porquê". Sugiro que o exemplo 2 seja mais apropriado, porque a forma como o valor é acrescido – aperfeiçoar conhecimento e habilidades, e alcançar margem de lucro – é mais explícito nesse exemplo. Então, quando fizer uma frase, certifique-se de que possa manter e justificar (e, se necessário, defender) a posição que tomou.

Ao elaborar uma frase descrevendo o propósito de seu trabalho, tente capturar a razão essencial ou fundamental de fazer o que faz: como acrescentar valor em vez de apenas "ganhar dinheiro"? Tal propósito precisa capturar o que é importante e válido – e ser significativo para você e para aqueles a quem vai comunicá-lo.

O propósito de meu trabalho é:

_____

Agora, trabalhe na forma como você agrega valor a sua organização pelo trabalho que desenvolve aprimorando o exercício que acabou de fazer.

Antes que você possa ser altamente produtivo, precisa ter um entendimento claro sobre como seu trabalho ajuda a empresa a ser bem-sucedida. É preciso saber o que ser um profissional de alto desempenho significa na prática. Fazer o próximo exercício esclarece aquilo que esperam que alcance e como consegue medir seu sucesso, o que progressivamente o ajuda a tomar as decisões certas para chegar aos resultados corretos.

Volte aos insumos e produtos que você identificou e o propósito do trabalho que elabora ao completar o exercício a seguir, e siga os próximos passos. Eu lhe dou um exemplo de como elaborar parcialmente os passos na Tabela 7-1 (faça primeiro esses exercícios em um caderno para clarear seus pensamentos sobre cada etapa. Também, observe os produtos de cada passo abaixo para que possa usá-los na concentração de esforços e tempo, a fim de atingir o resultado necessário. Descubra como fazer isso na próxima seção, "Concentrando-se nos resultados-chave").

1. **Faça uma lista das partes mais importantes do seu trabalho.** Eu sugiro que liste umas cinco ou seis. Se escrever mais do que seis, você provavelmente estará detalhando muito.

    A:

    B:

    C:

    D:

    E:

    F:

2. **Escreva os objetivos e/ou resultados que esperam de você em cada parte importante do trabalho que desenvolve e como você mede seu sucesso em todas elas.**

Capítulo 7: Desenvolvendo o Senso de Objetivo

Objetivos e resultados que eu preciso alcançar:	Como meço meu sucesso:
A.	
B.	
C.	
D.	
E.	
F.	

Para as medidas de sucesso, podem ser utilizados os indicadores-chave de desempenho, algumas vezes conhecidos como KPI's (ICDs), visto que eles são as medidas mais importantes para verificar o desempenho.

Tabela 7-1 Exemplo de Descrição do Trabalho de um Editor e a Medida de Seu Sucesso

Partes Mais Importantes do Trabalho de um Editor:

A. Publicar livros no prazo

B. Aprimorar o conhecimento dos estudantes nas suas áreas de interesse

Objetivos e Resultados Que um Editor Precisa Alcançar:	Como um Editor Mede seu Sucesso:
A. Publicar 30 livros nas datas dentro de um determinado prazo	Número de livros publicados segundo o cronograma
B. Fazer com que os livros sejam comprados e usados nos cursos correspondentes	Qualidade e apresentação do conteúdo Resposta dos instrutores e alunos Recomendações dos instrutores Vendas subsequentes

Compartilhe os produtos deste exercício com seu superior para examinar se vocês estão se concentrando nos resultados exigidos, e também trabalhando as prioridades para alcançá-los. Você pode se surpreender ao constatar que a visão de seu chefe, no que diz respeito aos objetivos, resultados e/ou

prioridades, é ligeiramente (ou mesmo de forma significante) diferente da sua. Estabelecer um acordo com seu superior ajuda vocês a trabalharem melhor juntos, evitando confusões sobre aquilo que deveria estar ou está sendo feito.

Você só consegue saber se o que faz é um sucesso ou um fracasso comparando com a meta definida anteriormente.

Como líder, o propósito e os objetivos primordiais de seu trabalho devem ser os mesmos da sua equipe. Transmita entusiasticamente essa finalidade ao seu time. A comunicação dos objetivos e resultados a serem alcançados deve ser igualmente feita a todos os outros departamentos dos quais seus colaboradores também dependem para ter sucesso (você pode descobrir como envolver todo seu time para obter o mesmo resultado – se preferir essa abordagem diferente – no Capítulo 15).

Concentrando-se nos resultados-chave

Você provavelmente tem muito trabalho a executar dentro das horas estabelecidas em contrato. Ser claro acerca dos objetivos e resultados exigidos, tendo em vista a contribuição de todos para o sucesso da empresa, ajuda você a obter um alto rendimento, mas não garante o sucesso. Para isso, você precisa de uma ajudinha de um "cara" chamado Vilfredo Pareto.

Pareto foi um economista que constatou como a terra era dividida entre as pessoas que viviam na Itália. Surpresa! Ele descobriu que 20% das pessoas eram donas de 80% da terra; nascia ali a base da lei de Pareto ou princípio 80-20.

Aplicar o princípio 80-20 ao seu trabalho significa identificar 20% das tarefas e atividades que devem ser realizadas, a fim de atingir 80% de sucesso. Você precisa focar nas ações mais valiosas: de todas as coisas que exigem tempo, é necessário saber quais são aquelas consideradas prioridades para que se alcance o efeito necessário.

As descrições a seguir ajudam a entender a forma como estou usando determinados termos:

- Uma *tarefa* é uma parte do trabalho que precisa ser feita, tal como seguir determinados passos, a fim de executar um projeto ou alcançar um objetivo ou resultado.
- Uma *atividade* é algo que você faz regularmente, tal como agendar reuniões com seu time para discutir o progresso rumo ao alcance do objetivo.

Uma tarefa ou atividade *urgente* é aquela que está muito perto do prazo estipulado para ser feita ou terminada, enquanto uma tarefa menos urgente é aquela que está longe do prazo.

A tarefa urgente é tipicamente aquela que precisa ser feita nas próximas duas horas ou até mesmo minutos. Por exemplo, terminar o documento a ser enviado para um cliente ainda hoje pode ser considerado urgente, se você só tiver uma ou duas horas para isso.

É possível que a urgência da tarefa ou atividade mude: tudo o que você precisa fazer para que algo se torne mais urgente é não fazê-lo e, no fim, perceber que o prazo ficou cada vez mais apertado à medida que o tempo passou!

Uma tarefa ou atividade *importante* é aquela que, ao fazê-la, você acresce valor à empresa; isto é, aquela que contribui significativamente para o alcance de objetivos e resultados.

A importância da tarefa ou atividade não tende a mudar, a não ser que:

- ✔ Diretores decidam modificar a política ou o objetivo da companhia para, digamos, alcançar um novo mercado. Isso afeta o que você faz.
- ✔ Haja uma mudança na legislação ou outro acontecimento externo que tenha um impacto significativo nas responsabilidades de seu trabalho, tal como novas leis de saúde e segurança.

A Figura 7-3 e a lista a seguir explicam as diferentes combinações de urgência e importância que você deve dar ao priorizar uma atividade ou tarefa:

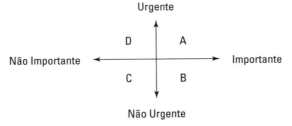

Figura 7-3: Importância e a urgência das tarefas e atividades.

Essa figura é baseada na matriz de gerenciamento de tempo encontrada no livro "Os Sete Hábitos das Pessoas Altamente Eficazes", de Stephen Covey.

- ✔ **Tarefa de categoria "A":** uma tarefa "A" é tanto urgente como importante. Executá-la significa contribuir de maneira significativa para o alcance de um de seus objetivos primordiais, mas o prazo de execução está muito perto. É possível que se sinta sob pressão ou tenso ao fazer uma tarefa "A", porque o tempo disponível é mais curto do que gostaria e haverá consequências, se não for executada dentro do prazo e do padrão.
- ✔ **Tarefa de categoria "B":** uma tarefa de categoria "B" é importante, mas não urgente. Executá-la significa contribuir de maneira significativa para o alcance de um de seus objetivos primordiais e o prazo ainda não está perto. É possível que se sinta mais relaxado e no controle da situação ao executar uma tarefa "B", porque dispõe do tempo necessário.

Parte III: Liderando Pessoas

- **Tarefa de categoria "C":** uma tarefa de categoria "C" é menos importante do que outras e não é urgente: executá-la não contribui de maneira significativa para o alcance de um de seus objetivos primordiais e o prazo para fazê-la ainda não está perto. Você pode estar se perguntando então por que precisa executar uma tarefa "C", o que provavelmente é uma boa pergunta: examine se sua execução é válida!

- **Tarefa de categoria "D":** uma tarefa de categoria "D" é urgente, mas menos importante do que outras. Executá-la não contribui de maneira significativa para o alcance de um de seus objetivos primordiais, mas o prazo de execução está muito perto. Um exemplo de tarefa "D" é aquela que um colega pediu para fazer em um espaço curto de tempo e completá-la acrescenta um pouco de valor à organização.

Pergunte-se sobre a importância de uma tarefa ou atividade, bem como sobre sua urgência ao decidir quais são suas prioridades.

Use essas categorias para decidir quais são suas prioridades e como planeja e organiza a utilização de seu tempo. Você pode aplicar a seguinte abordagem para um dia de trabalho, uma semana, um mês, ou até mais tempo:

1. **Faça uma lista de tudo o que precisa fazer em determinado período.**

2. **Examine a lista e classifique cada tarefa quanto à urgência e importância usando as letras "A", "B", "C" ou "D".** Se você classificou várias tarefas com a mesma letra, liste-as em classificações secundárias do tipo A1, A2, A3 ou mais, tendo como base o menor número relacionado à maior prioridade.

3. **Use a classificação dada a cada tarefa para organizar a maneira como vai executá-las.**

Tenha em mente as seguintes diretrizes:

- Faça as tarefas mais importantes antes das menos importantes.

- Faça as tarefas tipo "A" – as importantes e urgentes – antes das "B", mas certifique-se de que começará as tarefas "B" cedo o bastante para que não virem "A".

- Faça as tarefas "D" se perceber que vai parar de se preocupar com elas ou sentir-se realizado mediante sua execução, mas faça o mais rápido possível.

- Deixe as tarefas "C" de lado e faça apenas se não tiver uma "A", "B" ou "D" para executar.

Gastando o tempo certo na tarefa certa

Embora decidir qual será a ordem de execução das tarefas ajude-o a fazer "o trabalho certo" de forma efetiva, não significa necessariamente que vai fazê-lo eficientemente (você encontra a importância de ser tanto eficiente quanto efetivo na seção anterior, "Evitando ser um tolo ocupado"). Para ser eficiente, é preciso gastar o tempo certo na tarefa certa: o tempo mínimo exigido para fazer bem o trabalho.

Use as seguintes técnicas para gastar o mínimo de tempo em cada tarefa e fazê-la bem:

- Pergunte-se se o trabalho realmente precisa ser feito seguindo o processo que você normalmente realiza. O trabalho pode ser feito em menos tempo e ainda assim ficar bom o bastante ou "servir ao seu propósito"?
- Pergunte a você e aos outros: "O que aconteceria se eu não fizesse esse trabalho?". Seu chefe ou colegas podem lhe pedir que execute tarefas extras, tal como o acréscimo de informação mensal ou relatórios, mas nunca dizem que não precisam que os faça mais.
- Ao estimar o tempo de execução de um grande trabalho ou projeto, divida-o em etapas e avalie quanto tempo cada etapa vai levar. Então acrescente mais tempo a cada etapa para gerar uma avaliação mais apurada na finalização do projeto todo.

Tornando-se um Líder Visionário

Muitos líderes visionários captaram a atenção e a admiração do público, e influenciaram o rumo, o pensamento e o comportamento de um grande grupo, de uma parcela da sociedade ou até de toda uma nação. Martin Luther King Jr. é um de meus favoritos: eu estremeço toda vez que ouço a gravação de seu discurso de 1963 – *I Have a Dream* (*Eu tenho um Sonho*).

Você não precisa ser capaz de chamar a atenção de toda uma sociedade, mas deve captar a atenção e influenciar positivamente seus colaboradores, se quiser que eles desempenhem um ótimo trabalho. Ser um líder visionário pode ajudá-lo a atingir seus objetivos. Eu explico como trazer à tona seu modo de ver as coisas na seção adiante, "Fazendo de sua concepção um senso comum", e introduzo esse tópico cobrindo rapidamente o processo comum usado em muitas organizações para influenciar seus funcionários a contribuírem com seu sucesso: o compartilhamento do rumo estratégico da empresa.

Você provavelmente espera que o rumo estratégico de sua empresa, e por que e como chegarão lá, sejam compartilhados com você, pois, como a maioria das pessoas, você quer contribuir com algo válido. A direção na qual sua organização está indo provavelmente se encontra descrita no documento que contém os objetivos e planos estratégicos a serem alcançados, e eles possivelmente descem em cascata, desde o diretor-executivo (CEO) ou diretor-geral, dependendo do tipo de empresa para a qual trabalha, até você e seus colegas, passando pelos seus superiores.

Assim como entender os objetivos da empresa, você também precisa saber como os objetivos que seu superior imediato quer que você atinja se enquadram nos desígnios maiores. Ao entender claramente tal conexão, é possível compreender como está acrescentando valor ou contribuindo para o sucesso da organização (a seção anterior, "Esclarecendo como acrescentar valor", mostra como pode trabalhar a fim de acrescentar valor a sua empresa).

Da mesma forma que espera que seu superior imediato o ajude a entender como seus objetivos se conectam com os da empresa, sua equipe também espera isso de você.

Ser um líder visionário, e compartilhar sua concepção de como a equipe vai fazer as tarefas no futuro, melhora a comunicação dos objetivos e resultados que espera que alcance. Isso faz com que o time veja uma forma mais atrativa de trabalhar no futuro.

Valorize sua percepção

Você já folheou uma revista, ou talvez visitou alguns *sites*, e se deparou com a foto de um lugar tão atraente que começou a sonhar em estar lá? Bem, sua concepção de trabalho precisa causar esse efeito em seus colaboradores... e muito mais! Sua concepção, o modo como vê e compartilha as coisas deve ser tão atraente que os membros de sua equipe queiram se comprometer para torná-la realidade.

Sua concepção de trabalho depende de sua posição e cargo na empresa. Ela deve se estender a toda organização se você for o diretor-geral, ou a todo seu departamento se for um chefe de departamento, ou a toda sua seção e equipe se estiver na posição de chefia desses níveis.

Sua concepção de trabalho precisa atender às seguintes exigências:

- ✔ Apresentar uma imagem ou representação de como deseja que seu time esteja no futuro.
- ✔ Descrever como deseja torná-la realidade, porque isso diz respeito a um futuro melhor que o presente.
- ✔ Descrever como seu time trabalhará junto, tendo em vista o alcance do objetivo ou como acrescenta valor à organização e/ou aos seus clientes.

Capítulo 7: Desenvolvendo o Senso de Objetivo   **121**

✔ Refletir e reforçar altos padrões de excelência no que diz respeito ao trabalho da equipe no atendimento aos clientes, e a forma como seus colaboradores trabalham em conjunto e com os clientes.

✔ Transparecer o senso de que é possível: compartilhar com entusiasmo e paixão para inspirar e encorajar as pessoas de que elas *podem* gerá-la!

✔ Ser singular, importante e válida: as pessoas se entusiasmam mais em criar algo de que desejam ser parte e que seja importante para elas.

O valor de seu modelo de trabalho para sua equipe no futuro reside na qualidade da sua própria concepção desse trabalho e da forma como a compartilha com seus colaboradores.

Faça de sua percepção um senso comum – tenha a sua própria ideia

Você mesmo pode conceber sua percepção de como quer que seu time seja para você e então compartilhá-la com os colaboradores, ou envolver parte deles ou todos nessa criação, dependendo de quantas pessoas há na equipe. O método que descrevo é baseado na sua construção individual, mas você pode seguir as mesmas etapas para envolver sua equipe.

Para criar um senso comum dentre os membros de seu time, primeiro precisa esclarecer o propósito da equipe, e os objetivos necessários para que ela faça uma contribuição válida para a organização como um todo (você descobre como esclarecer o propósito de seu trabalho e como acrescentar valor na seção anterior "Esclarecendo como acrescentar valor"). O propósito geral de seu trabalho é provavelmente o mesmo de sua equipe, porque você é o líder e o responsável pelo trabalho de seu time.

Manter o propósito de sua equipe em mente gera a criação de uma imagem ou representação de como enxerga o trabalho dos colaboradores para atingir seus objetivos. Para isso, reflita e responda às perguntas a seguir:

Talvez prefira desenhar uma figura ou escrever palavras que representem figurativamente sua visão para a equipe ao responder às perguntas:

1. **Pegue um caderno e copie as seguintes perguntas, deixando espaço suficiente para respondê-las.** Depois, acrescente suas próprias perguntas à lista, aquelas que o ajudam a pensar em algo significativo para a criação de sua visão:

    • O que as pessoas em minha equipe farão?

    • Como os membros do time trabalharão juntos?

    • Como o time trabalhará e como servirá aos clientes e/ou colegas em outros departamentos?

- Como as pessoas serão tratadas?
- Quais impressões a equipe causará nos diferentes grupos com os quais trabalha?
- O que esses diferentes grupos dirão de minha equipe?
- Como os membros da equipe se sentirão sobre seu trabalho e uns sobre os outros?

2. **Quando tiver respondido a todas estas perguntas, reflita sobre as respostas para pescar palavras-chave e tópicos importantes para você.**

3. **Combine as palavras ou tópicos importantes para gerar uma frase curta ou parágrafo que capte a visão de sua equipe.**

4. **Quando estiver satisfeito com a frase ou ilustração que capture tal visão, compartilhe-a entusiasticamente com a equipe, para que os colaboradores queiram fazer parte dela e torná-la realidade.**

5. **Fale regularmente com sua equipe acerca de sua percepção para reforçar o que você está se empenhando para realizar, e discuta o progresso que os colaboradores também estão fazendo no mesmo sentido, a fim de reconhecer suas conquistas.**

Quanto mais você envolve as pessoas na criação de uma percepção, mais estas se sentem parte de seus propósitos, mais assumem estes para si e comprometem-se em alcançá-los. Um bom ponto de partida para envolver sua equipe na concepção e realização de seu próprio futuro é elaborar com ela os exercícios da seção anterior "Esclarecendo como acrescentar valor", a fim de fazer vir à tona o propósito da equipe. Depois, é preciso apenas mais um passo para trabalharem o exercício anterior, com o objetivo de criar, junto com você, a visão que eles têm da equipe.

Roupão branco confortável e chinelos

A diretora de uma casa de repouso convidou os participantes de uma festa beneficente para discutirem com ela as contribuições para o trabalho da instituição. Aceitei o convite e, logo depois, encontrei a diretora para falar sobre os futuros planos para o lugar.

A diretora descreveu sua visão do projeto e, agora, eu divido com você a descrição que ela me deu:

"Meu objetivo é construir um lugar que tire plena vantagem de nossa localização com vista para o vale e para o campo, com intuito de beneficiar residentes e funcionários. Teremos seis quartos residenciais, cada um deles com paredes de vidro, para que os internos desfrutem da visão panorâmica de suas camas. Cada um dos cômodos também terá sua própria sacada para que idosos e suas famílias possam se sentar ao ar livre nos dias bonitos e aproveitar a companhia uns dos outros em particular.

> Teremos um amplo centro de tratamento e um *spa*, onde as pessoas poderão receber diversos tipos de tratamento complementares realizados pela nossa maravilhosa equipe. Residentes e pacientes que utilizarem apenas nosso serviço de atendimento irão se misturar aos clientes pagantes (os que geram renda para sustentar a instituição) que vêm usar a estrutura do *spa* e das outras áreas. As pessoas andarão por todo canto usando roupões brancos e chinelos, desfrutando dos benefícios dos nossos habilidosos funcionários e de toda infraestrutura. Ninguém conseguirá distinguir quem são os clientes dos serviços, residentes ou pacientes que foram receber tratamento."
>
> Essa visão de cuidado com as pessoas, em especial da construção de um lugar onde todos são iguais independentemente de estarem saudáveis ou terem dinheiro, inspirou-me a virar voluntário da instituição e comprometer-me em compartilhar e usar, nesse local, minha experiência de construção de organizações bem-sucedidas.

Expandindo Sua Área de Influência

Tenho certeza de que, como muitos profissionais, você quer exercer maior influência e controle sobre o ambiente profissional. Por exemplo, maior influência pode significar:

- ✔ Que tenha todos os recursos necessários para fazer tudo o que precisa, sem que necessite de horas extras.
- ✔ Que todos dos quais depende forneçam as informações necessárias e tudo mais para que faça seu trabalho sempre em dia, durante todo o tempo.
- ✔ Que os diretores ouçam mais o que você tem a dizer no momento de tomar importantes decisões que afetem você e sua equipe.

Nesta seção, eu o encorajo a questionar o nível de influência que exerce e também a se desafiar. Além disso, eu o incentivo a trabalhar na expansão da sua esfera de influência no trabalho e, talvez, na sua organização.

Descobrindo que você tem mais influência do que pensa

Seu sucesso, ao influenciar pessoas, está muito mais no modo de pensar do que ter essa habilidade nata! O uso do termo *modo de pensar*, neste contexto, significa a forma de olhar ou enxergar alguma coisa: nesse caso, o potencial para influenciar uma pessoa ou situação.

Descrevo dois métodos que você pode adotar – dependendo de qual modo de pensar você possui – tendo em vista mudanças na organização que afetem você. Esses dois métodos (um positivo e um negativo) demonstram a importância de seu modo de pensar quando quiser influenciar pessoas:

- **Sou uma vítima da mudança:** se você se enxerga como uma vítima da mudança, não percebe que pode fazer algo para influenciar o modo como as modificações são introduzidas, ou mesmo se serão introduzidas. Nesse caso, é típico esperar tudo acontecer e, depois, lidar o melhor que puder com as consequências.
- **Sou um agente da mudança:** se você se enxerga como um agente da mudança, é possível que busque oportunidades para melhorar o desempenho da sua organização e influenciar pessoas no processo da mudança, na forma de trabalho, entre outros, dentro e fora de sua área de responsabilidade.

Diretores e CEOs preferem trabalhar com aqueles que são agentes e não vítimas da mudança.

Cultive um modo de pensar e uma atitude positiva ao influenciar pessoas e ser um agente de mudança ao:

- Desenvolver a habilidade de sair da zona de conforto. Descubra como fazer isso no Capítulo 6.
- Reconhecer as palavras ou expressões que normalmente vêm a sua mente quando se vê diante de um problema e, então, esforçar-se para pensar e usar expressões positivas toda vez que encontrar adversidades ou perceber a oportunidade de lidar com uma mudança no trabalho. Você encontra palavras e expressões usadas para desenvolver uma atitude positiva ao se deparar com problemas e aprender com eles, no Capítulo 4.

Perguntando-se se algo realmente está fora do controle

Como todos os funcionários, você tem algum controle, mas não controle total, do trabalho que realiza. Expandir sua esfera de influência exige que identifique os fatores que impactam sua capacidade de trabalhar para alcançar os resultados exigidos. Depois, precisa investir tempo e esforços para exercer uma influência maior sobre esses fatores. O exercício seguinte pode ajudá-lo:

1. **Desenhe dois círculos concêntricos grandes em uma página de seu caderno, como mostra a Figura 7-4.**
2. **Reserve um tempo para refletir e liste os fatores que o ajudam a ser altamente produtivo em seu trabalho.** Sua relação pode incluir, digamos, equipe competente, equipamento adequado etc. Questione-se se está fazendo pleno uso desses fatores. Por exemplo, você pode delegar mais tarefas para uma equipe competente, a fim de aumentar a produtividade de ambos.

Capítulo 7: Desenvolvendo o Senso de Objetivo

3. **Agora, reflita sobre e identifique os fatores que o afastam de ser altamente produtivo no trabalho.** À medida que pensa em cada um deles, use as orientações a seguir para examinar quais estão dentro e quais fora de sua alçada, e anote cada um deles dentro do círculo equivalente em seu caderno.

   - **Dentro de meu controle.** São os fatores sobre os quais tem poder de decisão – o que fazer, quando e como – sem precisar avisar ou pedir permissão ao seu superior ou a outra pessoa.

   - **Dentro da minha esfera de influência.** São os fatores não diretamente ligados ao seu controle. Entretanto, você pode influenciar alguém para executá-los se dedicar tempo reunindo e analisando informações com intuito de formar um ótimo argumento que justifique a ação dessa pessoa em seu favor.

     É possível influenciar a maior parte dos fatores, contanto que apresente uma justificativa convincente e bem fundamentada para a ação. Por exemplo, você pode influenciar sua maior frequência nas reuniões (ou a duração ou a frequência delas) ou o nível de prioridade que os outros departamentos dão ao trabalho de sua equipe.

   - **Fora de meu controle.** Esses são fatores que não podem ser influenciados, independentemente de quanto tempo ou esforço invista na tentativa de exercer influência sobre alguém. Não perca seu tempo com coisas que não pode influir ou mudar, por exemplo, como a legislação que rege o trabalho de sua equipe.

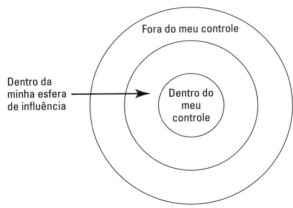

Figura 7-4: Fatores dentro e fora de sua influência e controle.

Alcançando Aqueles a Quem Deseja Influenciar

Para ser bem-sucedido na expansão de sua esfera de influência, você precisa ser capaz de persuadir pessoas, tendo em vista mudar seu modo de pensar a respeito, por exemplo, de fatores que estejam prejudicando o seu desempenho e o de seu time.

Identifique aqueles que efetivamente podem tomar as decisões de que precisa e tente uma das seguintes abordagens para influenciá-los, a fim de que cheguem ao ponto ou ajam conforme seu desejo:

- Concentre-se em construir uma relação com esses indivíduos, em vez de focar apenas naquilo que eles podem fazer por você.

- Trabalhe duro para envolver as pessoas na criação de um entendimento mútuo acerca das ações necessárias, importantes e válidas. Explique os benefícios e as consequências de se tomar ou não certas ações para o bem da organização, bem como para você.

- Procure ganhar o comprometimento das pessoas, em vez de apenas a obediência aos seus pedidos. Tente entender o que é importante para as pessoas e como pode ajudá-las a alcançar o que desejam – suas motivações – para que também elas possam ajudá-lo a conseguir o que quer. Empenhe-se em gerar um resultado no qual todos ganham.

- Construa uma rede de relacionamentos (*network*) para expandir sua esfera de influência identificando aqueles que tenham a capacidade, conhecimento e/ou contatos para fazer as coisas acontecerem (algumas dessas pessoas não estão necessariamente entre os profissionais seniores). Fique perto deles, descubra o que é importante para eles e mostre um genuíno interesse por eles.

- Argumente e mostre para as pessoas quão urgentes e importantes são seus pedidos e exigências, e os da sua equipe, para o sucesso da organização. Seja um amigo crítico, empenhando-se sempre para ser positivo na maneira como questiona e argumenta com as pessoas.

Seja cuidadoso ao usar o poder – quer esse poder seja baseado, digamos, em sua autoridade, conhecimento técnico ou conhecimento a respeito de como as coisas funcionam na empresa – para forçar pessoas a fazerem o que deseja. Você pode até ganhar uma batalha dessa forma, mas perderá a próxima: evite ações pelas quais ganha agora e perde depois!

Capítulo 8

Empregando o Poder da Liderança Engajadora

Neste Capítulo
- Desencadeando o comprometimento na sua equipe
- Engajando pessoas para irem "além"
- Entendendo o que faz um líder engajador

O engajamento de funcionários tem recebido muito destaque nos últimos anos como forma de melhorar o rendimento dos negócios e das organizações. Neste capítulo, defino *engajamento profissional* e explico por que isso é tão importante para o desempenho dos negócios e das organizações. Como líder de sua equipe, você é o maior responsável pelo nível de engajamento de seus colaboradores no que diz respeito ao sucesso da empresa como um todo.

Você descobrirá sobre os quatro alicerces fundamentais do engajamento efetivo de pessoal – as fundações que também o sustentam como líder engajador – e conhecerá os segredos que fazem com que líderes engajadores sejam brilhantes na ação de motivar todos com os quais trabalha.

Engajando Pessoas: A Chave para Destrancar o Comprometimento

Empresas de comércio e outros tipos de organizações estão sempre no encalço de achar maneiras de melhorar seu rendimento, e o engajamento profissional é visto, cada vez mais, como um dos métodos para tal. Muitas descrições sobre o termo existem, mas quase todas reconhecem que o objetivo primordial do engajamento profissional é:

Parte III: Liderando Pessoas

Incentivar os funcionários a contribuir com tudo o que são capazes de fazer para o sucesso de sua organização: colocar à disposição desta todas as habilidades, conhecimento, experiência, capacidade de raciocínio e esforço no trabalho dentro da empresa e junto a seus colegas; isto é, ir "além".

As pessoas que se reportam a você mantêm sob controle o nível de conhecimento, habilidades que aplicam na execução de seus trabalhos. Quase todos eles desejam executar bem as tarefas e, pelo menos, ser obedientes: normalmente fazem um esforço razoável na execução do que foi pedido para chegar a um nível satisfatório de desempenho, um nível que seja um pouco mais do que o suficiente, evitando assim que sejam chamados à atenção por não fazer o que foi exigido. Outros até fazem mais do que isso e executam um trabalho melhor, mas mesmo assim não usam a capacidade plena.

Você, algumas vezes, tem de usar a autoridade advinda do cargo, a fim de fazer com que indivíduos menos motivados obedeçam às suas exigências e executem o trabalho no nível que lhes é exigido. Entretanto, cada um escolhe se vai fazer um esforço extra para o alto desempenho: eles decidem se vão lhe dar seu empenho total. Se você quiser que sua equipe funcione na capacidade plena, precisará ser muito habilidoso para engajá-la de forma a destravar seu comprometimento. Descubra mais acerca do engajamento de pessoas na seção mais adiante, "Construindo as Fundações para Engajar Pessoas".

1. **Reserve alguns minutos e reflita sobre as ocasiões nas quais esteve totalmente comprometido em realizar uma tarefa ou atividade no seu trabalho atual ou no anterior:** depois, pense nas situações em que só foi obediente na realização da tarefa, e responda às seguintes perguntas:

    • Quais foram as razões que geraram seu comprometimento e como se sentiu com a realização desse trabalho?

    • Quais foram as razões que geraram sua mera obediência e como se sentiu com a realização desse trabalho?

2. **Agora, pense nas suas razões:** veja se um motivo comum existe para o fato de ter se empenhado tanto e para o fato de ter sido apenas obediente na execução da tarefa. Você consegue apontar as diferenças desses dois motivos?

Provavelmente, a diferença mais significativa é o fato de você ter desejado dar o melhor de sua capacidade no momento em que estava comprometido, mas ter executado suas atribuições apenas segundo a ordem de alguém, talvez seu chefe, somente quando estava sendo obediente.

A chave para destravar o comprometimento das pessoas a fim de que executem uma atividade em alto nível é engajá-las de forma que assumam a posse daquela tarefa e responsabilizem-se pela execução bem-sucedida: elas fazem o trabalho em um padrão ou desempenho elevado, porque estão comprometidas em fazê-lo desta forma.

Evitando o buraco negro do trabalho sem significado

O trabalho de uma pessoa é uma parte crucial de sua identidade e também algo que gera uma percepção sobre ela. Para testar esse conceito, responda à simples pergunta a seguir:

> *Quando conhece alguém pela primeira vez, qual a primeira pergunta que tende a fazer para saber um pouco mais sobre a pessoa?*

A pergunta que a maioria faz é: "Em que você trabalha?"

A resposta não só lhe dá informação sobre aquele com quem fala, como também permite que estabeleça uma opinião sobre ele – se você for como a maioria de nós –, pois a tendência é associar certas características a determinadas profissões, tais como advogado, engenheiro ou contador. Cada uma delas certamente representa algo para você. Por exemplo, é possível que ligue a profissão de advogado com alguém que ganha bem, é esperto, articulado entre outras coisas.

Da mesma forma que saber a atividade profissional de alguém gera uma percepção em você, a execução de sua atividade profissional também pode ser uma fonte geradora de percepção e significado – seu trabalho pode ser significativo ou não ter significado algum... ou algo entre os dois:

- ✓ **Trabalho significativo**: quando vê seu trabalho (seja tarefa ou atividade) como algo repleto de significado. Você o enxerga como importante e válido, e compromete-se com a sua boa execução. É possível que tenha total interesse em fazê-lo porque usa o que tem de melhor – seu conhecimento, suas habilidades, sua perícia, seu raciocínio e mais – para garantir que seja bem feito.

- ✓ **Trabalho sem significado**: quando seu trabalho parece não ter significado, você provavelmente não vê uma boa razão para fazê-lo bem, ou sequer fazê-lo. É possível que o execute de qualquer jeito, com atrasos, ou talvez nem se incomode com nada até que alguém o lembre do que precisa ser feito.

Cuidado para que sua equipe não ache que o trabalho dela seja algo sem significado. Eu descrevo alguns dos problemas da ocorrência de tal situação no quadro "Os terríveis D s".

Tornando seu trabalho significativo

O ponto de partida para fazer o trabalho se tornar significativo para sua equipe é ajudá-la a entender o que espera dela:

- ✓ Fale dos propósitos e objetivos da equipe com seus integrantes (pesquise no Capítulo 7 sobre a comunicação dos objetivos e resultados que a sua equipe deve alcançar).

Parte III: Liderando Pessoas

✔ Explique o que e como cada membro contribui para o sucesso do time (o Capítulo 2 descreve como engajar pessoas tendo em vista a melhoria do entendimento mútuo e comprometimento, para que trabalhem melhor em conjunto rumo à conquista dos objetivos fundamentais).

Os terríveis Ds

Meu primeiro emprego foi como técnico em química numa grande empresa que mantinha quase cinco mil funcionários em um complexo. Minhas responsabilidades incluíam testar quimicamente as substâncias, os componentes e os produtos finais que eram feitos e/ou associados na fabricação de produtos domésticos. Eu tinha contato com centenas de pessoas que trabalhavam nessa indústria porque minha escala de trabalho incluía turnos diurnos e noturnos.

Fui progressivamente notando, em parte porque batia papo com as pessoas com as quais lidava enquanto verificava a qualidade dos produtos, que muitas delas estavam tão desinteressadas que praticamente não ligavam para a empresa. Elas se sentiam igualmente desoladas por fazer o mesmo trabalho dia após dia e desiludidas por causa da maneira como eram tratadas por um gerenciamento disfuncional. Eu estava ciente de que o gerenciamento tinha problemas com a qualidade dos produtos, a pontualidade, a frequência, o moral, a motivação dos funcionários, dentre outros.

Comecei a pensar que deveria haver maneiras melhores de gerir pessoas do que aquela por qual passava. A percepção dos "terríveis Ds" — empregados estando desinteressados, desolados e desiludidos — como depois nomeei, plantou a semente de minha vocação para achar maneiras de engajar pessoas com o intuito de desejarem dar o melhor de suas habilidades e de se sentirem realizadas no trabalho, mesmo que eu não tenha percebido isso de maneira tão completa naquela época.

Engajar membros de sua equipe a fim de gerar o entendimento mútuo é uma ótima forma de fazer o trabalho se tornar significativo.

✔ Entendimento mútuo significa que você e os membros de sua equipe compartilham um ponto de vista comum sobre uma questão, um objetivo, uma prioridade, uma tarefa e mais: não há espaço para desentendimentos!

✔ Entendimento mútuo envolve a concordância recíproca acerca da importância e validez de um objetivo, tarefa ou atividade em particular. Quando as pessoas concordam que uma tarefa é importante, também têm o comprometimento comum de completá-la.

✔ Entendimento mútuo é criado pelo envolvimento de todos com a contribuição de ideias, pontos de vista e pensamentos, e também pela busca por esclarecimentos. É provável que você e sua equipe:

Capítulo 8: Empregando o Poder da Liderança Engajadora

- Cheguem a decisões melhores com envolvimento de pessoas relevantes na tomada de decisões, pois os indivíduos enxergam as coisas sob várias perspectivas, contribuem com ideias diversas, enfatizam diferentes possíveis problema dentre outras coisas.
- Trabalhem melhor juntos com o compartilhamento das opiniões acerca do desempenho da equipe e criem um senso de companheirismo e identidade do grupo (você descobriu na seção anterior que o trabalho é uma importante forma de identidade e significado na vida das pessoas. Você também pode descobrir muito mais sobre como construir o trabalho em equipe na Parte V: "Liderando Diferentes Tipos de Equipes").
- ✔ Entendimento mútuo significa envolver pessoas pelo genuíno interesse nelas, perguntar sobre seus pensamentos, ideias, e ouvir o que dizem. Essa aproximação reforça a conexão entre você e os colaboradores do seu grupo, e intensifica as relações relevantes.

Falar com um membro de sua equipe visando melhorar o entendimento mútuo sobre a importância de uma tarefa ou atividade não é sinônimo de gerenciar por consenso. Como líder da equipe, você é aquele que dá a palavra final no que diz respeito à tomada de decisões e ações. Às vezes, você terá de decidir sobre algo que os membros do time não concordam. Entretanto, envolver pessoas faz com que:

- ✔ Elas entendam melhor as razões de sua decisão.
- ✔ Elas apreciem o fato de que você buscou e considerou seus pontos de vista.
- ✔ Elas lhe ofereçam um nível maior de comprometimento do que se não as tivesse engajado.

Percebendo que pessoas engajadas vão além

Você descobriu no Capítulo 2 que aquela pesquisa sobre engajamento profissional mostra que os funcionários esperam que seu superior:

- ✔ Mantenha-os bem informados sobre o que acontece na empresa.
- ✔ Trate-os bem.
- ✔ Busque e ouça suas ideias e opiniões.
- ✔ Mostre interesse em seu bem-estar.

Engajar sua equipe visando estabelecer um entendimento mútuo e compartilhado sobre objetivos importantes, tarefas e atividades demonstra que você valoriza os membros de sua equipe: você quer suas opiniões e sabe o que dizem.

Engajar pessoas envolve muito mais do que apenas buscar suas opiniões: é preciso engajá-las com diálogo e estabelecer aquilo que é válido, o que exige saber e considerar fatores fundamentais para cada indivíduo, bem como para a organização. Se você estiver interessado apenas em obter o comprometimento dos colaboradores para atingir os propósitos da empresa, eles vão perceber que está colocando os interesses do negócio e os seus próprios na frente. Isso reduz o nível de comprometimento que dão a você e à empresa. Ser um líder engajador exige que tenha e demonstre interesse legítimo pelas necessidades, esperanças, aspirações e preocupações dos indivíduos com relação ao trabalho, mas também pelos objetivos e resultados exigidos pela organização. Em minha vivência, as pessoas retribuíram o interesse genuíno que depositei nelas, e provavelmente você achará que os membros da equipe serão mais comprometidos para ir além para alcançar também o que você precisa que façam.

Você é aquele que mais influencia o nível de engajamento de seus colaboradores para o sucesso da organização, estando isso diretamente relacionado à forma como os trata e com a demonstração genuína de interesse por eles.

O foco do engajamento dos colegas de trabalho deve estar no trabalho em conjunto que visa gerar excelentes resultados para todos os envolvidos. Assim, todos se unem no esforço para atingir metas em comum. Engajar pessoas exige que você descubra o que é importante para elas e ache maneiras para que satisfaçam suas necessidades por meio do trabalho que leva aos objetivos e resultados esperados.

Construindo as Bases para o Engajamento de Pessoas

Nesta seção, amplio minha descrição da liderança engajadora do Capítulo 2:

> *Líderes engajadores motivam suas equipes para aprimorarem o entendimento mútuo e o comprometimento com um trabalho melhor, o que leva ao alcance de seus objetivos.*

Engajar seus colaboradores de forma que sempre estejam altamente comprometidos em trabalhar com você para atingir as metas necessárias e esperadas é difícil pelas seguintes razões:

- **Pessoas são diferentes:** não é possível tratar a todos da mesma forma para conseguir o melhor que podem dar, mas você pode agir com integridade e de acordo com seus valores (leia o Capítulo 5 para descobrir como enxergar claramente os valores que são importantes para você e use-os no trabalho com as pessoas).
- **Pessoas mudam:** suas motivações e necessidades podem mudar dependendo de circunstâncias pessoais. Por exemplo, a chegada de um filho gera a necessidade de estar mais presente em casa.

Capítulo 8: Empregando o Poder da Liderança Engajadora   133

✓ **Pessoas podem reagir de forma diferente às mudanças no ambiente de trabalho:** é provável que indivíduos e grupos reajam de diversas formas, por exemplo, a modificações na estrutura, nos processos e no sistema organizacional.

✓ **Pessoas confundem-se:** a falta de entendimento quanto às metas, objetivos, decisões e ações pode ocorrer com facilidade, especialmente, quando as pessoas não expõem suas opiniões clara e concisamente, quando não ouvem atentamente e quando fazem suposições.

Para conquistar e manter o comprometimento da equipe, você precisa ser altamente habilidoso no engajamento de pessoas, de forma que note ou descubra os fatores que causam impacto sobre elas ou aqueles que precisam ser tratados. Nas próximas quatro seções, você descobrirá os quatro fundamentos do engajamento efetivo de pessoal (estes fatores também o sustentam como um líder engajador).

✓ **Estabelecimento de relações:** conecte-se de fato com indivíduos e grupos mostrando interesse genuíno por eles.

✓ **Proatividade:** compartilhe, busque informação e considere as opiniões dos outros, tanto as espontâneas quanto aquelas que precisa perguntar para saber.

✓ **Sensibilidade:** ligue seus sentidos para colher dados e informações sobre opiniões, emoções, necessidades e comprometimento com a ação dos colaboradores.

✓ **Interpretação coletiva:** interprete e reinterprete dados e informações, incluindo pontos de vista e opiniões, para gerar entendimento e comprometimento mútuo e agir em prol de questões e problemas de trabalho.

Esses quatro fundamentos estão intimamente ligados e são subprocessos de todo o processo de engajamento de pessoal.

Para ser um líder engajador – alguém que é efetivo no engajamento de seu pessoal e de colegas de trabalho – você precisa ter a capacidade de usar esses quatro subprocessos ao mesmo tempo.

Relacionamento entre pessoas

Muitas pessoas acham que seus relacionamentos são estáveis e duradouros, mas, na verdade, o que existe entre você e muitos colegas de trabalho é passível de mudança. É provável que mantenha uma relação real e forte, talvez, com apenas alguns indivíduos: você pode ficar sem ver ou falar com eles por anos, mas é só se encontrarem e conversarem que parecerá que não se falam há apenas alguns dias.

Entretanto, a conexão que tem com a maioria das pessoas é muito mais tênue: esses relacionamentos são instáveis, mesmo frágeis, simplesmente por causa da maneira como se relacionam. Tais ligações podem mudar muito mais rápido do que imagina em razão da forma como interpretam um ao outro (leia o Capítulo 2 para saber mais como os líderes e seu pessoal afetam e são afetados por meio do processo de liderança que acontece entre eles).

Relacionar-se com as pessoas é uma maneira mais apropriada de pensar a respeito da conexão entre você e seu pessoal (em vez pensar em *relacionamentos*), pois o termo designa mais efetivamente o nível potencial de mudança dessas relações. Aqui está minha descrição de como *estabelecer relações* (entre as pessoas):

> *Conectar-se a alguém por ter e demonstrar um interesse positivo neste indivíduo e em suas necessidades (como ser humano).*

Os benefícios de desenvolver suas habilidades para estabelecer relações como colegas de trabalho incluem:

- ✔ Você pode ficar mais consciente do efeito que causa nas pessoas e do que elas causam em você ao reconhecer que a maneira como se relacionam é um processo dinâmico e fluido.

- ✔ Você desenvolve um entendimento melhor e descobre mais sobre as pessoas quando tem um genuíno interesse por elas. É provável que estabeleça relações mais significativas e importantes por meio dessa aproximação.

- ✔ As pessoas mostram mais boa vontade e maior comprometimento em ajudá-lo a chegar onde quer quando você demonstra um interesse genuíno e positivo por elas.

- ✔ As pessoas ficam mais dispostas a entender e aceitar suas explicações sobre necessidade de mudanças desfavoráveis a elas na estrutura, nos sistemas ou nas políticas organizacionais se sabem que você tem um genuíno interesse por elas como indivíduos.

Esforce-se para desenvolver sua habilidade de estabelecer relações com pessoas para realmente se conectar com elas. Através dessa aproximação construa respeito mútuo e, assim, relacionamentos mais significativos e duradouros.

Quando conseguir estabelecer relações efetivas com seus colegas de trabalho, adote o sistema "trabalhar com" em vez do "fazer para". "Trabalhar com" alguém se baseia no respeito e no esforço para realmente compreender aqueles com quem trabalha.

Faça o próximo exercício para perceber em quais ocasiões o sistema "fazer para" é adotado em vez do sistema "trabalhar com".

1. **Pegue um caderno e divida a página em quatro colunas como mostra a Tabela 8-1.**

2. **Na primeira coluna, escreva notas rápidas que descrevam situações nas quais sentiu que um colega de trabalho estava "fazendo para" você.**

Capítulo 8: Empregando o Poder da Liderança Engajadora

3. Na segunda coluna, anote detalhes que descrevem o que seu colega de trabalho fez ou disse para que sentisse que a pessoas estava "fazendo para" em vez de "trabalhar com".

4. Na terceira coluna, descreva o efeito que o comportamento de seu colega de trabalho causou em você.

5. Descreva de que forma estabeleceu uma relação posterior com a pessoa por causa do que ela fez a você.

Eu dou exemplos, na primeira linha, para ajudá-lo a começar.

Tabela 8-1   "Fazer para" versus "Trabalhar com"

Rápido Detalhe da Situação	Rápido Comentário Acerca do Que Meu Colega Disse ou Fez	O Efeito Que me Causou	Como Passei a me Relacionar com essa Pessoa
Uma reunião na qual eu estava falava sobre o progresso de meu projeto.	Meu chefe me interrompeu e falou por mim, mas ele não expressou corretamente o que eu queria dizer.	Senti um misto de constrangimento, abalo e raiva de meu chefe — embora tenha escondido minhas emoções.	Sinto que meu chefe me prejudica toda vez que faz isso, mesmo que ache que no fundo queira me apoiar.

Você provavelmente notou que certos colegas de trabalho adotam o sistema "fazendo para" porque tentam ser prestativos. Infelizmente, essas boas intenções não são proveitosas, pois podem gerar consequências indesejáveis, como:

- Destruir a autoconfiança de alguém.
- Tirar a autonomia de uma pessoa, digamos, ao falar por ela.
- Impor a visão do "tarefeiro" às pessoas, o que pode ser particularmente prejudicial quando feito em reuniões.
- Dar a impressão de que o "tarefeiro" quer promover seus pontos de vista e a si mesmo, especialmente quando isso é feito em reuniões com muitas pessoas.
- Fazer com que as pessoas cortem relações com o "tarefeiro".

Fique atento para não adotar sem querer o sistema " fazer para" em vez do sistema "trabalhar com" seus colegas de trabalho, pois esse comportamento pode gerar consequências adversas para todos (você encontra mais sobre como "trabalhar com" pessoas, no Capítulo 9).

Agindo como o Capitão Coragem: Falando o que Pensa

Você deve estar se perguntando por que usei o termo "Capitão Coragem" nesta seção. É simples: porque você precisa ter coragem de falar o que pensa, de expressar seus pensamentos de forma aberta e honesta. Pela minha experiência, muitos profissionais, inclusive os seniores, não fazem isso em reuniões, como você vai ver no quadro "Eu ia mesmo falar isso!".

"Falar o que pensa" é mais do que ser aberto e honesto ao expressar pensamentos, pois também tem a ver com incentivar os outros a fazerem o mesmo: manifestar o que se passa em suas cabeças. Como isso inclui perguntas, pontos de vista e opiniões, o ato de "falar o que pensa" pode gerar discussões sobre as opiniões dos outros, bem como o incentivo para que discutam as suas próprias.

Eu cunhei uma nova palavra para essa combinação de atividades – *proatividade* –, pois ela se refere à condição de proativo no que diz respeito a propor e dialogar de forma esclarecedora, com o objetivo de compartilhar e de transparecer pensamentos, a fim de que se faça algo acontecer. O propósito de você e seus colegas agirem com proatividade – buscando, compartilhando e discutindo os pensamentos uns dos outros – é:

- Gerar e esclarecer informações.
- Usar essa informação para melhorar o entendimento mútuo, por exemplo, acerca de um problema ou questão no trabalho que:
    - Possa fazer com que melhores decisões sejam tomadas.
    - Gere comprometimento para uma atitude que implemente tal decisão.

Capítulo 8: Empregando o Poder da Liderança Engajadora

Eu o incentivo a ser corajoso, pois dizer o que pensa e encorajar seus colegas a discutirem seu pensamento é um risco – vocês podem se sentir embaraçados ou ameaçados porque:

- Suas opiniões sobre dada questão ou problema de trabalho podem ser completamente diferentes das de seus colegas.
- Seus colegas podem fazê-lo questionar seus pensamentos e pontos de vista.
- Ambos cenários podem acontecer em uma reunião na qual outras pessoas, até mesmo funcionários seniores, estejam observando ou envolvidos na conversa.

Você precisa desenvolver sua autoconfiança para lidar com os riscos de falar aberta e honestamente (essa autoconfiança é explorada no Capítulo 4) e para permitir que alguém questione, critique ou desafie seus pensamentos (veja a seção adiante "Obtendo força através da vulnerabilidade"). Você descobre, no Capítulo 9, como desenvolver a habilidade de ser corajoso ao conversar de forma produtiva com seus colegas de trabalho.

Seja um grande exemplo para aqueles com os quais trabalha demonstrando a vontade de expressar seus pensamentos, discutir os pensamentos dos outros e encorajar seus colegas a fazerem o mesmo com você.

Eu ia mesmo falar isso!

Em muitas reuniões com funcionários seniores, já escutei a frase: "eu ia mesmo falar isso". Aqui está apenas um exemplo:

Esta era uma reunião trimestral de revisão de desempenho. O diretor-geral, que estava visitando uma das divisões na empresa, iria conduzir o encontro junto com o gerente-geral do setor e sua equipe. O diretor era conhecido por fazer perguntas averiguadoras, o que permitia que ele entendesse bem o desempenho dos vários departamentos do setor e, acho eu, tivesse certeza de que o modo de pensar e as decisões tomadas pelos gerentes eram firmes.

Uma apresentação sobre determinada proposta de investimento em um grande projeto havia começado quando o diretor fez uma de suas famosas perguntas:

"Alguém pode me explicar, como se eu fosse uma criança, por que temos que gastar tudo isso nesta iniciativa? E quais serão os benefícios?"

Uma longa pausa se deu e os gerentes olhavam para todos os lugares na sala, exceto para o diretor. Então, um dos gerentes menos experientes deu uma explicação concisa e direta justificando o investimento proposto. Imediatamente, um coro surgiu entre seus outros colegas: "Eu ia mesmo falar isso!".

Este é apenas um exemplo de profissionais que não expressam aberta e honestamente seus pensamentos e opiniões nas reuniões... até que alguém tenha a coragem de fazer a observação que gostariam de ter feito.

Você pode descobrir como pisar fora de sua zona de conforto e como ficar mais inclinado para tratar de situações de risco no Capítulo 6.

Ligue seus sentidos

Você já esteve tão absorto em seus pensamentos que deixou de notar alguma coisa? Isso acontece, por exemplo, quando alguém fala com você e você não percebe isso até que a pessoa chame a sua atenção. Ou quando está vendo um filme dramático na televisão e depois nota que perdeu uma parte importante porque seus pensamentos voaram para um incidente que aconteceu no dia anterior.

Você não desliga conscientemente seus sentidos para deixar de perceber o que se passa ao seu redor, mas também não está tão sintonizado como poderia. Além disso, também acho que nossos sentidos vão deixando de ficar aguçados à medida que temos maior controle do que nos cerca na sociedade em que vivemos em razão de adotarmos tecnologias como ar-condicionado nos prédios e sistemas automáticos nos carros!

Pela minha experiência, uma das principais razões das pessoas não se engajarem no trabalho é porque seus chefes não lhes dão atenção suficiente, não as ouvem e não mostram o mínimo interesse pelo seu bem-estar.

Um dos maiores elogios que você pode fazer a uma pessoa é lhe dar atenção total, pois essa atitude demonstra que você a respeita e valoriza.

Para dar atenção total a um colega, você precisa ser bom em *sentir* o que está se passando ao seu redor:

- **Sintonize-se "no momento":** concentre sua atenção no aqui e agora e na pessoa com quem está trabalhando no momento.
- **Ligue seus sentidos:** traga seus sentidos a um estado maior de consciência para que fique altamente alerta e atento ao que se passa ao seu redor. Em particular, estar visual e auditivamente mais atento é crucial para notar quaisquer pequenas e sutis mudanças naqueles com quem trabalha, e também em si próprio (você pode descobrir a importância de reconhecer seus pensamentos, sentimentos, comportamentos, e a maneira que eles causam impacto em outras pessoas, no Capítulo 4). Ligar seus sentidos faz com que perceba melhor certas nuances em alguém e em você mesmo, dentre elas:
    - As emoções, especialmente por meio das expressões faciais.
    - O comportamento ou a linguagem corporal.
    - A energia em particular com relação ao entusiasmo de alguém acerca de uma questão ou tópico discutido.
    - O uso ou ênfase em certas palavras para esclarecer ou compreender plenamente o significado de dada mensagem.

O propósito de ligar seus sentidos é reunir dados e informações que você possa interpretar para melhorar seu próprio entendimento das pessoas, como:

- Suas prioridades.
- Suas perspectivas e pontos de vista acerca de uma questão.
- Seu nível de entusiasmo ou comprometimento para realizar determinada ação.

Você descobrirá mais sobre como ligar seus sentidos, isto é, melhorar sua habilidade *sensitiva*, no Capítulo 9.

Criando um significado compartilhado

Eu estive recentemente trabalhando no Brasil e tive a ajuda de um intérprete para me explicar os pontos de vista e opiniões expressados durante encontros com grupos de funcionários de uma empresa para a qual trabalhava. Sua equipe e colegas de trabalho esperam que você seja seu próprio intérprete: desejam que explique claramente o significado da informação que está dividindo com eles, tal como o motivo de decisões ou ações a serem executadas.

Como já foi falado no Capítulo 2, os funcionários esperam que seu chefe busque e ouça seus pontos de vista: eles querem contribuir para a tomada de decisões. Integrantes da equipe também têm a responsabilidade de serem seus próprios intérpretes e explicar claramente o significado das opiniões e pontos de vista deles a você e a seus colegas de trabalho.

Como você descobriu na seção anterior, "Realizando um trabalho significativo", engajar integrantes da equipe a fim de melhorar o entendimento mútuo é uma ótima maneira de fazer o trabalho se tornar significativo. Melhorar o entendimento mútuo exige que todos tenham em mente um significado compartilhado: o entendimento comum e compartilhado, por exemplo, de causas de problemas, motivos de decisões, ações a serem tomadas e assim por diante.

Criar significados compartilhados, entretanto, exige que você e sua equipe sejam mais do que seus próprios intérpretes para que possam transmitir e explicar seus pontos de vista. Criar significados compartilhados engloba uma atividade ou processo que eu descrevo como *interpretação coletiva*, que envolve o seguinte:

- **Interpretação em conjunto:** essa parte do processo é aquela na qual há uma ajuda mútua, a fim de se chegar a um entendimento melhor, em vez de haver a imposição de pensamentos, perspectivas ou interpretação de alguém a outra pessoa.
- **Esforço para adquirir o entendimento das perspectivas do outro, bem como de suas próprias perspectivas:** essa atividade é mais do que ser empático e mais do que avaliar como a outra pessoa se sente em relação à determinada questão: isso envolve abrir sua mente para perspectivas novas e diferentes.

- **Trabalho em conjunto, a fim de ajudar um ao outro no entendimento mútuo:** para melhor entender as interpretações e significados da informação que vocês compartilham uns com os outros, você e seus colegas de trabalho devem ser seus próprios intérpretes!
- **Observação de pontos sob um novo e diferente ângulo:** essa atividade ajuda a adquirir novos olhares que fazem com que você e sua equipe criem outros significados que levam a melhores entendimentos acerca de problemas complexos e melhores tomadas de decisões.

Você encontrará dicas de como ser melhor em *interpretação coletiva* no Capítulo 9.

Descobrindo os Segredos dos Líderes Engajadores

Você provavelmente conhece alguém que é brilhante no engajamento de pessoas, mas não tem ideia do porquê desse indivíduo ser tão bom. Bem, a seção anterior, "Construindo as Fundações para o Engajamento de Pessoas", pode ajudá-lo, porque oferece uma clara exposição de como engajar efetivamente colegas de trabalho e equipe.

Esta seção amplia a noção dos quatro fundamentos e oferece dois segredos dos líderes engajadores.

Estar aberto para tudo

"Estar aberto para tudo" significa ter uma mente aberta para as opiniões, pontos de vista, ideias, propostas, argumentos, entre outros, daqueles que trabalham com você. Estar aberto para os pontos de vista não significa ter que aceitá-los, porque você possui os seus próprios pontos de vista. "Estar aberto" significa manter uma cabeça aberta, e não fechada: sua mente precisa estar disponível para pelo menos considerar o que os outros têm a dizer.

Você pode desenvolver uma mente aberta fazendo o seguinte:

- Reconhecer que você não é seus pensamentos: eles são meras expressões do que se passa em sua cabeça. Você pode se ater a alguns deles, mas não necessariamente a todos!
- Valorizar perspectivas contrastantes apresentadas por seus colegas com relação a uma questão de trabalho.
- Ver os colegas de trabalho que questionam e desafiam suas decisões e pontos de vista como amigos críticos: a grande maioria age com boas intenções porque quer melhorar aspectos do trabalho.
- Dar tempo e espaço para que as pessoas se expressem.

Obtendo força através da vulnerabilidade

É possível que pense que encorajar colegas de trabalho para expressarem seus pontos de vista aberta e honestamente seja arriscado, pois eles podem colocá-lo em uma saia justa e você não ter uma resposta na ponta da língua. Mais especificamente, você pode se sentir vulnerável ao incentivar que outros questionem, critiquem ou mesmo desafiem seu posicionamento porque é possível que eles:

- Achem que você não tenha pensado por completo em uma decisão.
- Destruam seu ponto de vista.
- Provem que você está errado!

Eu sugiro que você tenha a coragem de convidar colegas para serem claros e honestos nas suas conversas porque:

- Seu papel como líder é chegar à decisão certa para um problema ou questão no trabalho, e você não precisa apresentar sempre uma solução própria!
- Apenas quando...
    - Ideias, sugestões e pontos de vista são compartilhados, você pode desprender o conhecimento e perícia deles, por exemplo, para resolver problemas complexos.
    - Compartilharem, questionarem, criticarem e desafiarem seus pensamentos, os integrantes de sua equipe conseguirão desenvolver a habilidade de aprimorar o modo como pensam. E o aperfeiçoamento da qualidade do pensamento leva a um melhor entendimento mútuo das questões de trabalho, melhores decisões, maior comprometimento e resultados superiores.
- Ao dar o exemplo de que você quer que seus pontos de vista sejam discutidos, ou até mesmo que sejam contrariados, você pode encorajar seus colegas para se arriscarem a expressar suas opiniões e tê-las discutidas.
- Você desenvolve autoconfiança e se sente mais capaz de enfrentar as "conversas difíceis" que acontecem nos momentos em que é colocado na berlinda e precisa lidar com o potencial, ou real, sentimento de embaraço.

Pensar precede a ação e pensar de forma correta precede a atitude correta. Trabalhe com seus colegas a melhoria da qualidade do pensamento, crie significados compartilhados e entendimentos mútuos acerca de questões e problemas de trabalho, para que vocês ajam na solução dos problemas e alcancem o resultado esperado por todos.

Você pode descobrir, no Capítulo 9, como estar menos vulnerável ao lidar com situações embaraçosas e ameaçadoras.

Capítulo 9

Tornando-se um Líder Engajador

Neste Capítulo
- Conecte-se efetivamente a seus colegas
- Destaque-se pelo discurso
- Concentrando todos no sucesso
- Construir comprometimento

A boa notícia é que você certamente já tem alguma habilidade no engajamento de pessoas, mas pode aprimorá-la para se tornar um líder engajador. No Capítulo 8, mostro os quatro fundamentos para o engajamento dos membros da equipe: *estabelecer relações;* agir de forma *proativa* na busca, compartilhamento e discussão dos pensamentos uns dos outros; *sentir* – ligar seus sentidos para reunir dados e informações –; e *interpretar coletivamente* – interpretar e reinterpretar em conjunto.

Neste capítulo, você descobre como melhorar e preparar efetivamente suas habilidades nesses quatro fundamentos, e como engajar pessoas de forma efetiva. Eu também mostro como o desempenho aperfeiçoado na qualidade de líder engajador está ligado a sua confiança, o que mantém o foco e a transparência dentro da equipe e também aumenta o comprometimento desta.

Tomando Consciência de Suas Habilidades

O Capítulo 8 descreve como os quatro fundamentos para engajamento de uma equipe estão intimamente ligados um ao outro. Eles são subprocessos de todo processo de engajamento de pessoal. Para fazer um trabalho brilhante nesse quesito, você precisa usar de forma habilidosa os quatro processos simultaneamente.

Parte III: Liderando Pessoas

Antes de explorar o uso dos quatro subprocessos em mais detalhes, peço que reserve alguns minutos para refletir sobre conversas com um indivíduo ou grupo de pessoas nas quais um ou mais eventos acontecem:

- Você fica totalmente absorto na conversa.
- O entendimento individual ou coletivo do assunto é significativamente melhorado.
- Alguns momentos "ah!" acontecem: quando ideias são interiorizadas em razão da discussão do assunto.
- As pessoas envolvidas experimentam uma sensação de união e companheirismo.
- Um comprometimento mútuo para realizar a ação resulta da conversa.

Agora faça o exercício a seguir.

1. **Pegue um caderno e divida sua página em três colunas como mostra a Tabela 9-1.**
2. **Escreva uma descrição breve da situação na qual essa conversa ocorreu.**
3. **Na segunda coluna, liste as ações desempenhadas por você – descreva brevemente o que fez ou disse – a fim de que contribuísse de forma valiosa e significativa para essa conversa.**
4. **Descreva o efeito que sua contribuição causou nos envolvidos, incluindo você, para o desfecho da reunião.**
5. **Repita os passos 2, 3 e 4 para outras situações similares.**

Eu dou um exemplo na primeira linha para ajudá-lo a começar.

Tabela 9-1   Exemplos de Situações nas quais Usei minhas Habilidades de Engajar Pessoas

Breve Descrição da Situação	*Breve Descrição Daquilo que eu Fiz ou Disse que Gerou uma Contribuição Significativa para a Conversa*	*O Efeito que Causou em Mim ou em Outros Envolvidos e o Resultado*
Reunião semanal na qual pensei que estávamos, como sempre, fazendo poucos progressos e perdendo tempo.	Eu mostrei que estávamos saindo dos trilhos e questionei se essa forma de fazer reuniões fazia jus ao uso efetivo de nosso tempo.	Algumas pessoas ficaram inicialmente na defensiva por terem apresentado novos tópicos, mas minha pergunta incitou a equipe para reavaliar o rendimento dessas reuniões, e discutimos mudanças visando melhoria.

Breve descrição da situação	Breve descrição daquilo que fiz ou disse que gerou uma contribuição significativa para a conversa	O efeito que causou em mim ou em outros envolvidos e o resultado

Reveja as notas escritas na segunda coluna. Esses comentários são exemplos de habilidades que você já possui no que diz respeito ao engajamento de pessoas, e também são aquelas nas quais pode se fundamentar para ser um líder engajador.

Melhorando as Relações com Pessoas

Como revelo no Capítulo 8, a maior parte das relações profissionais são mais instáveis, e algumas vezes mais frágeis, do que você e outras pessoas possam pensar. A forma como se relaciona, ou se conecta, com os outros muda de acordo com as interpretações de acontecimentos ao longo do trabalho em conjunto. Você descobrirá como melhorar sua habilidade de estabelecer relações e conectar-se com pessoas nas próximas quatro seções.

"Trabalhar com" e não "fazer para" as pessoas

Pela minha experiência, as pessoas desejam fazer uma diferença ou contribuição significativa à empresa para qual trabalham. Eu explico, no Capítulo 8, que, ao tentar fazer uma contribuição, algumas pessoas podem ser "muito prestativas" no trabalho, fazendo com que seus colegas se frustrem ou que sejam prejudicados profissionalmente. Alguns exemplos dessas ações – e as razões para que sejam freadas ao notar que indivíduos, e até você mesmo, privam outros profissionalmente – são:

- Interromper um colega e terminar as frases dele, expressando o que você acha que ele iria dizer.
- Não deixar que um colega faça uma tarefa, especialmente um menos experiente, por achar que pode fazê-la melhor. É possível que realmente complete mais rápido a tarefa, mas sua intervenção impede que a pessoa originalmente responsável por ela descubra como executá-la da forma correta e causa um dano à autoconfiança do colaborador.

Esses são exemplos involuntários do sistema "fazer para", e não do sistema "trabalhar com". Entretanto, você pode perceber que algumas pessoas impõem deliberadamente suas opiniões e ações.

Melhore sua relação de "trabalho com" colegas ao:

- Ter e demonstrar respeito total a cada indivíduo. Respeite os direitos que todos têm, tais como:
    - O direito de expressar pontos de vista e opiniões.
    - O direito de expressar seus sentimentos.
    - O direito de ouvir e ser ouvido.
    - O direito de mudar de opinião.
- Esforçar-se para conhecê-los e entendê-los de verdade (leia a próxima seção, "Manifestando um interesse genuíno pelos outros", para descobrir como fazê-lo de forma eficaz).
- Ser empático: coloque-se no lugar dos outros e tente ver as coisas da perspectiva deles.

Manifestando um interesse genuíno pelos outros

É possível que ache que mostrar um interesse genuíno pelos outros seja difícil. Por exemplo, em um ambiente profissional você tem metas e resultados para alcançar, e pode pensar que precisa concentrar toda sua atenção e esforços somente para atingi-los. Focar apenas nos seus objetivos gera um efeito parecido com olhar algo através de um telescópio: você vê claramente seu alvo, mas deixa de ver muitas coisas!

Pela minha experiência de trabalho em inúmeras organizações, o "gerenciamento privativo" – aquele no qual os departamentos só olham para seu próprio umbigo e não consideram as necessidades ou o impacto que causam em outros departamentos – tende a acontecer quando os gerentes concentram-se apenas em alcançar os propósitos do seu setor. Ao fazer isso, esses profissionais tornam-se cegos para as necessidades de seus pares em outros departamentos e não veem como tal trabalho os afeta. Eu descrevo esse efeito no quadro "Atingindo sua meta".

Capítulo 9: Tornando-se um Líder Engajador **147**

Atingindo sua meta

Um alto profissional de uma grande empresa me convidou para trabalhar dentro de sua organização em razão de melhorar a qualidade da liderança para que conseguissem aumentar o rendimento dos negócios. Eu entrevistei todos os profissionais seniores, alguns plenos e uma amostra representativa de outros funcionários para entender os fatores que afetavam a liderança e a forma como a empresa progredia.

Descobri que haviam dado muita ênfase ao uso dos indicadores-chave de desempenho — ICD (em inglês, key performance indicators, KPIs) durante os meses anteriores. O resultado foi que os gerentes só conseguiam ter em mente as metas que precisam alcançar e concentravam-se primordialmente em melhorar o nível de seus ICDs. A consequência foi que, embora melhoras no desempenho tivessem sido observadas, o rendimento não foi tão bom quanto esperavam.

Também descobri que a ênfase no uso dos ICDs, tendo em vista concentrar as atenções e esforços dos gerentes em razão de atingir o resultado esperado, teve efeitos inesperados. Os seguintes comentários feitos por alguns profissionais capturaram a expressão dessas consequências:

- "Os gerentes não estão trabalhando em conjunto da forma como costumavam fazer e seus departamentos viraram 'cercadinhos'."
- "Alguns ICDs (KPIs) conflitam com outros."
- "Não há uma responsabilidade comum dividida pelos profissionais seniores para o sucesso da empresa."

A ênfase dada ao uso dos ICDs gerou efeitos positivos e negativos nos (e entre os) gerentes.

O efeito colateral de se focar nas próprias metas pode ser comparado à colocação de antolhos nos cavalos para evitar que eles se distraiam em uma corrida: você para de perceber e demonstrar interesse por aquilo que está acontecendo ao seu redor!

Pratique o desenvolvimento de um interesse genuíno por seus colegas de trabalho ao:

- **Desafiar-se: "Eu realmente conheço bem cada pessoa?"**. Pergunte a si mesmo se conhece de fato aqueles que trabalham com você, especialmente seus colaboradores diretos. Você consegue descrever precisamente circunstâncias pessoais, interesses, *hobbies*, desejos, aspirações, preocupações profissionais e outros? Você entende o modo como agem? Se não, invista tempo para descobrir conversando com eles.

- **Perguntar aos integrantes de sua equipe se acham que você demonstra interesse por eles.** Se sua organização tiver um sistema de avaliação de funcionários, convide seus colaboradores para darem uma resposta honesta acerca do seu desempenho na liderança, no apoio e no trabalho com eles. Se a empresa não tiver tal avaliação, tome a iniciativa de conversar informalmente com cada um para perceber quais são as opiniões deles sobre você.

✓ **Avaliar seu planejamento.** Leia seu planejamento, planilha ou lista de "atividades a fazer" do mês passado e estime quanto tempo ou atividades tiveram como foco as pessoas: o tempo que reservou para conhecê-las e entendê-las melhor, treiná-las, desenvolver suas capacidades, orientá-las, apoiá-las, entre outros. Que descobertas essas anotações podem lhe revelar acerca do genuíno interesse que demonstra pelas pessoas?

Reflita sobre os benefícios e consequências de demonstrar um interesse genuíno pelas pessoas, especialmente se suas avaliações iniciais indicarem que você pensa em menos de 20% do tempo nas questões de seus colaboradores – dependendo do tamanho de sua equipe.

Construindo conexões mais fortes

Ao construir conexões fortes com seus colegas de trabalho, você também cria laços mais firmes e relações mais estáveis com cada um e entre a equipe.

1. **Pegue um caderno para desenhar um esquema de conexão entre você e seus colaboradores. Tome a Figura 9-1 como exemplo.**

2. **Desenhe um círculo pequeno no centro da página e escreva seu nome nele.**

3. **Desenhe círculos pequenos representando cada colaborador (escreva os nomes deles dentro) em volta de seu círculo central. A posição dos círculos dos colaboradores (mais perto ou mais longe do seu) deve ser baseada na sua conexão com a pessoa.**

4. **Para cada círculo perto do seu, pergunte-se:**

    - Quais são as razões dessa conexão?
    - O que eu fiz para criar essa conexão?
    - Como trato essa pessoa?
    - Quanto tempo passo com essa pessoa?

5. **Repita o passo 4 para todos os outros círculos longe de você.**

Liste as ações que você toma para construir conexões próximas com as pessoas e planeje ações a serem tomadas em razão de mostrar um interesse genuíno por seus colaboradores e que servirão para construir conexões fortes com eles. Repita esse exercício para outras pessoas que trabalham com você.

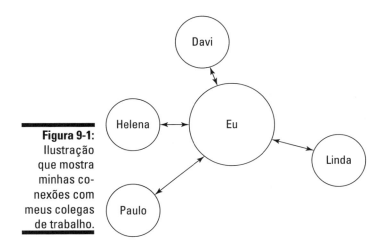

Figura 9-1: Ilustração que mostra minhas conexões com meus colegas de trabalho.

Você estreita sua ligação com seus colegas quando eles sentem que você se preocupa e interessa por eles de forma genuína. Além disso, quando demonstra esse tipo de interesse, seus colaboradores retribuem, interessando-se por você, pelos objetivos e resultados que devem ser alcançados.

Sendo imparcial

Você pode não perceber, mas ter um espírito partidário – nesse contexto significa ter formado a opinião de que alguém é bom ou ruim – é muito fácil, bem como permitir que essa opinião afete adversa e injustamente o modo como trata determinada pessoa.

Eu normalmente uso o exercício a seguir em programas de gerenciamento de liderança para explorar a facilidade de ter uma posição partidária no que diz respeito ao relacionamento com pessoas:

1. **Reserve alguns momentos para pensar na pessoa com quem mais gosta de trabalhar: é provável que essa pessoa faça um ótimo trabalho, que seja prestativa, confiável, que tome a iniciativa, entre outros.** O rosto dessa pessoa aparece em sua mente?

2. **Agora, pense naquele com quem menos gosta de trabalhar: essa pessoa provavelmente causa muitos problemas, tem um temperamento difícil, faz com que se preocupe com o andamento do trabalho e com que evite encontrá-la etc.** Consegue enxergar o rosto dessa pessoa?

3. **Agora reflita sobre a forma como trabalha com cada uma delas e pergunte-se se sempre é justo na maneira como trata as duas**.

Pela minha experiência, quase todas as pessoas com quem faço esse exercício rapidamente dizem que veem as diferentes formas de tratamento dispensadas a essas duas categorias de indivíduos. Minha preocupação é que você, também enxergando as pessoas assim, possa estar inconscientemente levando a bagagem dos indivíduos consigo: seus conceitos agem automaticamente para tratar pessoas de determinada forma.

Por exemplo, se acha que é difícil trabalhar com certa pessoa, você já começa a conversar com ela, digamos, sobre um problema no trabalho esperando ter um diálogo penoso: sua opinião de que a pessoa vai ser difícil está formada! Ao fazer isso, é possível que você mesmo contribua para causar a situação árdua, pois não manteve a mente aberta, e tende a ser menos objetivo nas perguntas sobre a situação problemática e ao ouvir o que o indivíduo tem a dizer.

Pratique a imparcialidade ao:

- Reconhecer e apreciar que todas as pessoas são únicas e, portanto, diferentes. As melhores equipes, pela minha experiência, são aquelas nas quais os integrantes têm diferentes perspectivas, estilos e formas de pensar, porque tal diversidade faz com que haja uma grande variedade de contribuições para a solução dos problemas complexos (você descobre mais sobre como lidar com a diversidade nas equipes nos Capítulos 15 e 17).

- Aumentar sua própria conscientização ao se dar conta dos pensamentos e opiniões que carrega consigo, ou suposições que faz, sobre indivíduos, e as consequências de seus conceitos na maneira como trata as pessoas (descubra como aumentar sua própria conscientização mais adiante, na seção "Vivendo o momento").

- Ser empático com todas as pessoas. Tente se colocar no lugar do outro para ver e entender as coisas da perspectiva desse indivíduo. Para fazer isso, você precisará tentar enxergar suas razões de ser, sua cultura etc. Conhecer mais do que está por trás da razão de ser de um colega pode fazer com que veja seu comportamento de forma diferente, sem precisar baixar seus padrões acerca de trabalho ou modo de agir.

Desenvolvendo a Coragem de Falar o Que Pensa

Eu ocasionalmente sou chamado para trabalhar com grupos muito disfuncionais e percebi que a principal razão dessa condição é a incapacidade das pessoas "falarem o que pensam" para resolverem problemas entre os membros do grupo. Numa situação dessas, eu me esforço bastante para achar a abordagem certa que crie atmosfera adequada para que as pessoas se abram e compartilhem seus pensamentos umas com as outras.

Embora o ambiente físico seja importante, o fator determinante para que as pessoas se abram e falem o que pensam é a atmosfera criada pelos membros do grupo. Você descobriu na seção anterior, "Melhorando as Relações com Pessoas", que ter e manter um interesse genuíno por seus colaboradores ajuda a entendê-los: esse método é um bom ponto de partida para encorajar os integrantes da equipe, especialmente uma que seja disfuncional, para que trabalhem melhor juntos.

Nesta seção, eu mostro como desenvolver a coragem de falar o que pensa, o que complementa sua demonstração de interesse genuíno pelas pessoas e melhora sua habilidade de engajamento individual e coletivo.

Levantando-se na multidão

Você provavelmente notou, se alguma vez já caminhou pelo campo, como as ovelhas tendem a seguir umas às outras: parece que uma delas decide ir em certa direção e as outras a acompanham em uma longa fila. Algumas vezes, eu experimento uma condição similar trabalhando com grupos de gerenciamento: alguém, normalmente o profissional mais experiente ou aquele de personalidade mais forte, propõe uma decisão e todos os outros o seguem. Esse comportamento normalmente leva a uma condição chamada de *pensamento de grupo*.

Cuidado com o pensamento de grupo, no qual o pensamento corrente por trás das decisões simplesmente é "jogado" no grupo, o que leva a tomadas de decisões de pouca qualidade.

Superar o pensamento de grupo exige que alguém tenha a coragem de se levantar na multidão e falar o que pensa em razão de propor uma solução alternativa ou desafiar a opinião corrente.

Tome a liderança e fale o que pensa nas situações em que perceber o fenômeno do pensamento de grupo acontecendo, pois ao fazer isso você:

- Ajuda o grupo a tomar uma decisão de maior qualidade, porque:
  - Oferece uma alternativa e uma perspectiva, opinião e solução contrastantes.
  - Questiona a validade das propostas já feitas.
  - Encoraja seus colegas a criticarem construtivamente em vez de aceitarem automaticamente suas sugestões e propostas.
- Mostra liderança servindo de modelo e tenta influenciar o resto do grupo para que siga sua liderança, pois compartilha com ele opiniões e critica a qualidade do pensamento e da tomada de decisão corrente.
- Desafia o padrão de comportamento do grupo por não ter questionado as opiniões alheias e encoraja seus integrantes no empenho para melhorar progressivamente o trabalho em conjunto.

O Capítulo 7 demonstra que seus colaboradores esperam que você seja enfático e lidere com convicção. E é mais provável que eles enxerguem isso quando você fala o que pensa, tem confiança em si mesmo, e na relevância e validade dos pensamentos que quer expressar.

Ter o propósito de seu trabalho bem claro, além dos objetivos e resultados que seus superiores esperam que você e sua equipe alcancem, e também o nítido entendimento das metas de seu departamento e/ou organização, faz com que seja mais enfático e fale o que pensa. Esse esclarecimento ajuda a gerar confiança na relevância dos pontos que deseja expressar e das perguntas que deseja fazer.

Você provavelmente entende que "se levantar na multidão" e expressar seus pensamentos – especialmente se eles forem diferentes dos do grupo ou envolverem críticas ao ponto de vista de um profissional sênior ou de personalidade forte – pode colocá-lo em uma situação difícil. Reveja o Capítulo 6 para descobrir uma técnica que faz com que fique mais confortável diante de algo desconfortável e tenha confiança para enfrentar situações difíceis.

Tendo consciência da insinceridade

Sei que você não tem nenhuma intenção de ser insincero, pois entendo que também possa passar por dificuldades por ser sempre honesto e dizer o que realmente pensa! Faça o exercício a seguir para ver se algumas vezes você recua e não age tão sinceramente.

Reserve alguns minutos para refletir sobre situações nas quais você segurou a vontade de exprimir honestamente seus pontos de vista e opiniões com uma pessoa ou em um grupo. Pense numa situação desse tipo que viveu no trabalho ou na vida pessoal.

1. **Divida uma página de seu caderno em três colunas como mostra a Tabela 9-2.**

2. **Escreva uma rápida descrição da situação na qual se segurou e não expressou seu pensamento verdadeiro.**

3. **Na segunda coluna, descreva os pensamentos que teve na época.**

4. **Na terceira coluna, comente os motivos para não ter dito o que pensava.**

5. **Repita os passos 2, 3 e 4 para outras situações similares que tenha relembrado.**

Eu forneço um exemplo na primeira linha para ajudá-lo a começar.

Capítulo 9: Tornando-se um Líder Engajador 153

Tabela 9-2	Exemplos de Situações nas quais Não Exprimi Minhas Opiniões Verdadeiras	
Breve Descrição da Situação	*Descrição do Que Eu Quis Dizer, mas Não Disse*	*Razões para Não Ter Expressado Meus Pensamentos ou Opiniões com um Indivíduo ou em Grupo*
Um dos meus colaboradores chegou novamente atrasado ao trabalho.	Pensei que esse indivíduo não deveria chegar atrasado tão frequentemente ao trabalho e deveria organizar seus horários melhor.	Não quis criar uma situação na qual a pessoa pudesse reagir mal e com a qual eu não conseguisse lidar.

As pessoas se esquivam de dizer o que pensam por duas razões principais: não querem sentir-se ou fazer com que outras pessoas sintam-se embaraçadas ou ameaçadas.

Eu imagino que muitas pessoas não desejam pôr outra numa situação embaraçosa, porque têm consideração por ela. Leia a história real no quadro, "Você está atrasado!", como exemplo de um grupo que não se sentia capaz de criticar o comportamento de um colega do qual gostavam.

Você se sente ameaçado em uma situação quando diz o que realmente pensa sobre o desempenho, o comportamento ou a atitude profissional de um colega e essa pessoa reage de forma agressiva, verbal ou fisicamente, com relação a você. É possível que seus colegas se sintam ameaçados quando você expõe que eles deveriam fazer algo que não desejam, se seus comentários gerarem um efeito ruim sobre eles ou se sentirem que seus empregos estão em risco.

"Você está atrasado!"

Um grupo de médicos desejava melhorar o esquema de seus atendimentos diários para poder atender a uma alta demanda de serviços em uma comunidade local. Os médicos combinaram que cada um atenderia uma média de 12 pacientes por hora para dar conta dos atendimentos no período de pico.

Um desses médicos gostava de dar consultas minuciosas a seus pacientes e demorava mais com cada um deles. Como consequência, ele não conseguia seguir a regra dos horários. Assim, seus colegas tinham que atender a todos os pacientes excedentes em um dia normal na clínica.

Os outros médicos começaram a achar essa situação injusta e entendiam que ele precisava fazer atendimentos mais rápidos, a fim de conseguir dar conta de sua cota diária de pacientes na emergência. Entretanto, não tinham coragem de falar isso porque ele era um médico atencioso — mesmo que o problema causasse desconforto entre os outros profissionais.

Eu conduzi uma reunião entre os médicos para discutir abertamente as diferenças das médias de atendimento de pacientes e estabeleci um protocolo para consultas com o qual todos eles concordaram. Os médicos passaram a usar esse protocolo na orientação do modo como fariam os atendimentos e como ponto de referência para poderem levantar quaisquer questões sobre o não cumprimento deste nas reuniões médicas.

Embora existam ocasiões nas quais dizer o que pensa não é apropriado nem válido – quando um colega comete um erro menor em uma tarefa, por exemplo –, você não deve permitir que o padrão de trabalho saia de controle por não ter coragem de falar nada. Veja as dicas que podem ajudá-lo na seção adiante "Lidando com o embaraço e a ameaça".

Fazendo perguntas averiguadoras

É possível que, como eu, você já tenha ficado sem coragem de fazer perguntas averiguadoras às pessoas, especialmente aquelas de conteúdo pessoal, porque seus pais ou responsáveis lhe disseram lá na infância que isso era falta de educação. Talvez tenha dificuldade de mudar esse modo de agir adquirido quando criança. O fato é, entretanto, que na condição de líder de uma equipe, você certamente terá que fazer perguntas difíceis.

No geral, você terá um dos três propósitos principais descritos abaixo para fazer perguntas averiguadoras a colegas de trabalho:

> ✔ Engajar pessoas em seus próprios modos de pensar, questionando-as acerca dos significados de palavras, expressões ou linguagem que usam, a fim de:

- Capacitá-las para a reflexão.
- Entender a maneira como pensam sobre determinado assunto ou tópico discutido.
- Induzi-las a questionar ou pôr à prova as suposições que sustentam seus pontos de vista.

✔ Reunir mais informações para:
- Que você entenda as opiniões dos colaboradores.
- Que você e a equipe melhorem o entendimento do tópico, conteúdo ou problema que está sendo discutido.

✔ Incentivar e promover o questionamento averiguador como uma atividade útil para a tomada de decisões.

Aperfeiçoe sua habilidade de fazer perguntas averiguadoras ao:

✔ **Ser curioso.** Reacenda sua fome de saber e busque a verdade como uma criança pequena. Pergunte sempre "Por quê?".

✔ **Continue a conversa.** Boas expressões para manter a conversação são "Fale mais sobre..." ou "O que quer dizer com...".

✔ **Faça perguntas abertas.** As pessoas se sentem na obrigação de lhe dar mais informações sobre o assunto ou questão discutida quando faz perguntas começando com *o que, qual, por que, onde, quando, como ou quem.*

✔ **Sentir-se confortável com o silêncio.** A maioria das pessoas com as quais trabalhei não gosta do silêncio como resposta quando faz uma pergunta. Elas normalmente perguntam de novo ou respondem a própria pergunta 20 a 30 segundos depois de a terem feito. Pratique ficar em silêncio por até 90 segundos depois de ter feito aquela pergunta ótima.

✔ **Construir, e não destruir.** Tenha sempre uma intenção positiva ao fazer a pergunta, e nunca o propósito de ridicularizar, arruinar ou fazer com que seus colaboradores pareçam bobos. As pessoas o respeitam quando age com integridade.

✔ **Ter em mente de forma clara seus valores e princípios.** Você fica numa posição mais vantajosa para questionar ou desafiar os pontos de vista dos outros e até mesmo comportamentos inaceitáveis em um grupo se tiver em mente de forma clara o que é importante para você (veja o Capítulo 5 para entender como ter claros seus valores).

✔ **Levantar um grande desafio.** Você pode ser o tipo de pessoa que prefere enfrentar um grande desafio imediatamente. Entretanto, se é um daqueles que levanta as questões menores ou aborda pessoas progressivamente para criar confiança, comece fazendo perguntas averiguadoras a alguém que seja mais receptivo a questionamentos ou que tenha mudado a forma de pensar, a fim de moldar o cenário e levantar o grande desafio.

✔ **Melhorar sua habilidade de lidar com um potencial embaraço.**
É possível que algumas vezes faça perguntas inapropriadas ou para as quais já deveria saber a resposta. Veja adiante a seção "Lidando com o embaraço e a ameaça", para descobrir como tratar essas questões.

Convidando ao desafio

Uma das melhores maneiras de encorajar colegas de trabalho a se acostumarem com as perguntas difíceis e as discussões acerca de seus pontos de vista é dar o exemplo e convidar os outros a questionarem e desafiarem suas próprias opiniões.

Seja um bom exemplo para a chamada ao desafio ao:

✔ Manter a mente aberta para encontrar a melhor solução de um problema. Você pode demonstrar esse método ao admitir que pode não ter a melhor sugestão ou saída para o problema discutido, mas que deseja a melhor solução.

✔ Manter uma postura calma e aberta para ter seus pontos de vista ou decisões questionados ou desafiados. Você desencoraja seus colegas a compartilhar seus pensamentos quando os critica por tomar a iniciativa de fazer isso.

✔ Elogiar aqueles que efetivamente questionam e desafiam seus pontos de vista e opiniões.

Lidando com o constrangimento e a ameaça

O Capítulo 8 diz que expressar seus pensamentos e encorajar seus colegas a discutirem o que disse é arriscado, porque você pode se sentir constrangido ou ameaçado. É possível desenvolver a coragem de falar o que pensa quando souber lidar com situações percebidas como constrangedoras ou ameaçadoras.

Aqui estão algumas maneiras de se trabalhar a habilidade de lidar com o constrangimento e ameaça:

✔ **Perceba que o constrangimento quase sempre passa com o tempo.** Pense nas situações nas quais se sentiu constrangido e perceba que essa emoção normalmente passa depois de uma ou duas horas, ou um ou dois dias. Raramente acontecem situações tão constrangedoras a ponto de deixarem uma cicatriz emocional.

✔ **Nutra uma mentalidade que diz: "Eu vou sobreviver".** É mais provável que se coloque em situações potencialmente constrangedoras se acreditar que não pode lidar com elas. Use uma linguagem positiva interna que diz "Eu posso...", "Eu sou bom..." ou "Eu vou sobreviver" para aumentar sua autoestima, ou ouça músicas que o motivem ou inspirem a se sentir mais positivo.

- **Avalie o risco.** Se você é do tipo de pessoa que tende a se preocupar quando comete um erro, digamos, como ter feito uma pergunta inapropriada ou uma declaração inconveniente durante uma reunião, avalie o risco real de sua atitude. Por exemplo, quantas pessoas você conhece que foram punidas ou demitidas por terem feito perguntas? O Capítulo 6 fornece perguntas simples para a avaliação de riscos reais.
- **Entenda que "não há mal que não venha para o bem".** E isso é aprendido com a exposição a situações difíceis. É claro que você não vai criar situações embaraçosas para si mesmo, mas certamente vai poder lucrar com elas! (Veja o Capítulo 4 para entender as maneiras de se beneficiar com as adversidades).

Sensibilidade para o Sucesso

O Capítulo 8 descreve a importância de ligar seus sentidos – especialmente o visual e auditivo –, a fim de que note mudanças súbitas ou nuances de outras pessoas ou suas, como:

- Emoções.
- Comportamento ou linguagem corporal.
- Energia ou entusiasmo acerca de uma questão ou tópico discutido.
- Ênfase em palavras que reflitam determinados significados.

Você pode reunir informações coletadas dessa forma para melhorar o entendimento dos colegas de trabalho, especialmente o comprometimento deles em relação à tomada de determinada ação ou execução de uma tarefa que precise ser feita em razão de um objetivo. Nesta seção, você descobrirá técnicas para usar seus sentidos mais efetivamente.

Ligue-se ao momento

Reserve alguns momentos para relaxar. Ao se sentir relaxado, volte a atenção para sua mente. Perceba como ela se acalma e todos os pensamentos que vêm à tona...

É, provavelmente você notou que sua mente fica tranquila por um tempinho e segundos depois é invadida por um monte de pensamentos! A mente ativa mantém-se prendendo sua atenção: é possível que algumas vezes isso aconteça de forma tão extensa que colegas de trabalho ocasionalmente notem que não estão recebendo sua atenção. Isso os deixa inclinados a perguntar se você está ouvindo ou se está sonhando acordado! Você mesmo pode perceber que, às vezes, sua concentração está em outro lugar – isto é, não no momento. Esse fato acontece quando, por exemplo, encontra-se em uma reunião e não ouve o que é dito.

"Ligar-se ao momento" é o ato de trazer sua atenção de volta ao aqui e agora. Isso faz com que se concentre totalmente naquele com quem trabalha no momento.

Use as seguintes técnicas para melhorar a forma como você traz a si mesmo para o momento:

- **Acalme sua mente.** Deixe os pensamentos que tumultuam e perturbam sua atenção irem embora. E não permita que novas lembranças se manifestem novamente. Você pode querer achar um lugar calmo para pôr em prática essa técnica, mas é possível fazê-la em lugares movimentados, como o transporte público.

- **Concentre-se em um objeto.** Escolha um objeto em seu campo de visão e concentre-se nele, mas não pense necessariamente sobre esse objeto. Por exemplo, eu agora posso ver o formato de uma maçã no computador que estou usando: aumento minha atenção nos detalhes dessa figura, mas sem associar muitos pensamentos a ela. Tente se concentrar em um objeto, mas não permita que muitos pensamentos entrem em sua mente.

- **Relaxe seu corpo.** Respire lentamente e relaxe seu corpo. Deixe que o excesso de energia que faz com que seus músculos – e você – fiquem tensos saia de seu corpo à medida que expira vagarosamente. Você provavelmente já ouviu o ditado "mente sã, corpo são"; agora vai conhecer mais um: "corpo calmo, mente calma".

Vendo o que os outros ignoram

"São os detalhes que contam!". Esse comentário normalmente é feito para descrever algo, por exemplo, como a qualidade do serviço oferecido por um restaurante, hotel e afins. Digo que o mesmo deve se aplicar ao engajamento efetivo de pessoas: seus colegas de trabalho raramente vão lhe contar como se sentem; perceber mudanças súbitas nos outros, especialmente pela expressão facial, é crucial para se tornar um líder engajador.

Tente as seguintes técnicas para melhorar a habilidade de ver o que os outros ignoram:

- **Mantenha alerta seus sentidos.** É impossível notar mudanças repentinas nas expressões faciais das pessoas sem que seu radar esteja apontando para a direção certa! Olhar nos olhos (sem ser tão intenso para que o indivíduo em questão não se sinta desconfortável) faz com que você se conecte e se relacione especificamente com uma pessoa.

    Pela minha experiência, as pessoas evitam contato visual direto quando não querem se comprometer intensamente com algo.

    Observe as mudanças repentinas das expressões faciais de um indivíduo, especialmente na área ao redor dos olhos, para que perceba vestígios do que a pessoa realmente está pensando. Use essas impressões do comportamento de uma pessoa, tal como um levantar de sobrancelhas, como uma chance de perguntar à pessoa acerca de suas opiniões, digamos, sobre uma frase que tenha falado e que causou determinada reação nesse ouvinte. Pergunte o que significa a reação percebida, em vez de fazer suposições.

- **Trabalhe sua visão periférica.** Pratique a habilidade de ver o que se passa nos cantos de sua visão, especialmente ao trabalhar com grupos. É possível que detecte mudanças súbitas na linguagem corporal das pessoas e em outros comportamentos que de outra forma não perceberia.
- **Faça uma varredura visual.** Pratique focar-se tanto em um campo visual próximo quanto num distante. Você pode, por exemplo, concentrar-se em alguém e perceber o que se passa em sua visão periférica quase simultaneamente.

Escutando e compreendendo: Notando o que está por trás da linguagem

Você provavelmente sabe que tende a ignorar o barulho de uma equipe trabalhando, bem como os pingos do ar-condicionado. Sua mente aparentemente desliga esses ruídos para que consiga executar suas tarefas. Embora essa habilidade seja essencial para a concentração, é preciso desenvolver sua habilidade de escutar ao falar diretamente com as pessoas.

Tente escutar detalhes e significados sintonizando sua audição e atenção às palavras e expressões que seus colegas usam durante uma conversa direta:

- "Ouça sua mente" concentrando-se na tentativa de compreender o que a pessoa quer dizer em vez de focar-se primordialmente em seus próprios pensamentos.
- Prenda sua atenção em dois estágios; esteja "no momento" e atento à pessoa, enquanto mantém lá no fundo de sua mente uma visão geral do bom resultado que esse diálogo precisa gerar.
- Perceba mudanças súbitas no tom de voz do colaborador. Isso indica que ele quer enfatizar certas palavras ou expressões: a ênfase sugere que tais termos têm um significado importante para aquele que fala.
- Perceba se um colega usar repetidamente certas palavras ou expressões durante uma conversa. O uso repetido de termos pode indicar que o falante acha que você não discutiu ou considerou por completo dada questão. Por exemplo, se ele fala várias vezes que "não houve tempo suficiente" ao justificar por que uma determinada tarefa não foi feita a tempo, eu sugiro que isso provavelmente significa que esse colaborador acha que você não considerou essa questão de "falta de tempo" satisfatoriamente.
- Não julgue precipitadamente. Quando você interrompe alguém, provavelmente já decidiu que sabe o que o colega vai dizer ou que discorda dele.
- Ouça a maneira *como* as pessoas dizem as coisas; especialmente se usam expressões como "eu não penso assim", "estou aberto a outras coisas" ou "vejo potencial". Certifique-se de que você não perderá a oportunidade de pedir para que expliquem o que realmente querem dizer num contexto ou situação em particular.

✔ Ouça o que as pessoas *não* dizem. Esteja alerta para potenciais diferenças na compreensão ao escutar certas frases ou expressões usadas por seus colegas. Por exemplo, um colaborador diz a seguinte frase para explicar o problema que está passando, digamos, ao tentar obter informações de outro departamento: "Eu falo, mas eles não fazem!". Será que ele quer dizer:

- "As pessoas dos outros departamentos me ignoram deliberadamente."

- "Não sou bom para influenciar pessoas."

- Ou ele tem outra interpretação a respeito da frase?

Fazendo um Trabalho Brilhante na Construção do Comprometimento

A chave para destravar o comprometimento de colegas de trabalho a fim de que eles realizem as tarefas com alto desempenho é engajá-los (veja o Capítulo 8 para mais detalhes). Quando engajados, os colaboradores assumem para si as tarefas e sentem-se responsáveis pela sua execução de forma bem-sucedida.

Quando colegas de trabalho tomam a responsabilidade da execução da tarefa para si é o que faz a diferença entre estar comprometido na realização do trabalho fazendo o melhor que puder e realizar as tarefas de forma apenas satisfatória para simplesmente obedecer a pedidos ou instruções. Colaboradores que fazem as atividades apenas porque têm de fazer, não trabalham tão bem quanto poderiam – a menos que tenham um excelente relacionamento com você e queiram agradá-lo.

Nesta seção, você descobre como construir e manter o comprometimento dos colegas de trabalho para que realizem as tarefas usando toda sua habilidade.

Começando na pole position

Mesmo que eu tenha usado uma expressão de corridas de carro, isso não significa que você precisa competir com colegas em razão de conseguir o que deseja! Na condição de líder da equipe, entretanto, é possível que sinta que deva estar (ou os outros esperam que esteja) na pole position: ocupando a primeira posição no direcionamento da equipe, e ela que naturalmente fique atrás de você. Você também pode até pensar que sabe o que exigir de seu grupo ou de indivíduos para que contribuam para o alcance do objetivo em comum. Embora você tenha mesmo que ter esses objetivos claros, esta seção mostra algumas das dificuldades de adotar o método de estar sempre na pole position.

Capítulo 9: Tornando-se um Líder Engajador

(Você pode descobrir como esclarecer os objetivos e resultados que espera que seu time atinja – e compartilhar esses propósitos e desígnios com a equipe, a fim de haver uma orientação em comum – no Capítulo 7.)

Eu já observei centenas de profissionais conversando com colegas de trabalho – combinando ações para realização de uma tarefa ou mudanças de atitude quando não há um bom desempenho – em situações reais de trabalho ou em programas de desenvolvimento de liderança. Pela minha experiência, quase todos eles adotam uma estratégia que eu descrevo como "ter o fim em mente", na qual:

- ✔ Concentram-se na ação que desejam que o colaborador execute ou mude em sua atitude.
- ✔ Tentam influenciar o indivíduo a fim de que aja ou modifique seu comportamento usando o que ele, o chefe, acredita ser um argumento lógico ou uma evidência apropriada da necessidade da mudança do seu colaborador.

Esse método pode sair pela culatra e não alcançar seus objetivos. Ao adotar tal estratégia, você se concentra no fim ou no resultado que deseja atingir com esse diálogo. Sua atenção encontra-se primordialmente em seus próprios pensamentos de gerar um efeito pessoal através da conversa. Dessa forma, há chances de ignorar ou perder informações importantes que seu colega queira transmitir!

Ao usar esse método, a resposta típica a qualquer comentário que discorde dos seus é o reforço de suas próprias opiniões – você normalmente reafirma a necessidade de mudança de atitude por parte do colaborador – utilizando (ainda mais) as evidências que considera apropriadas. Você se concentra em sua própria interpretação, por exemplo, do baixo rendimento do indivíduo e em seu entendimento pessoal das razões de tal desempenho inferior.

Assim, é impossível oferecer razões e motivos suficientes para uma tomada de ação ou mudança com as quais seu colaborador concorde. Além disso, se já há duas interpretações diferentes, continuará havendo dois entendimentos da necessidade de tomada de ação ou mudança. E se não houver um ajuste entre as partes, seu colaborador provavelmente vai se comprometer menos para agir ou mudar aquilo que você quer.

Os métodos de diálogos com colaboradores que já iniciam com você na pole position resultam apenas na obediência, por parte da equipe, da execução do que deseja. Dessa forma, não é possível que faça com que seus colaboradores se comprometam genuinamente para agir ou mudar um comportamento. A próxima seção apresenta uma estratégia mais efetiva.

Largando em outras posições do grid

Em vez de iniciar na pole position (veja a seção anterior), uma posição mais apropriada para largar a fim de ser bem-sucedido nas conversas para angariar comprometimento em ações e mudanças de comportamento de colegas é o *grid*. Isto é, partir dos pontos de vista dos próprios colaboradores acerca das necessidades de modificação de suas ações ou atitudes, em vez de focar apenas no resultado que você quer que alcancem.

Você estará mais apto a ganhar o comprometimento de colegas na ação ou mudança de atitude quando compreender plenamente as razões pelas quais eles fazem (ou não fazem) ou comportam-se de determinada maneira.

Abaixo, você encontra a forma de largar junto de seus colegas no *grid*:

- ✔ Descubra e concentre-se nas opiniões ou posições de seus colegas acerca do assunto, padrão ou rendimento em questão. Esforce-se para saber como, ou quão importante e válida, é a percepção de necessidade de mudança de comportamento ou atitude por parte dos colaboradores.

- ✔ Esteja alerta e atento para perceber palavras ou expressões que pareçam significativas para seus colegas (reveja a seção anterior "Escutando e compreendendo: notando o que está por trás da linguagem").

- ✔ Explore o significado que seus colegas de trabalho dão a essas palavras em razão de melhorar seu entendimento dos pontos de vista ou perspectivas deles usando expressões como:
    - "Você mencionou [repita as palavras dele]... O que exatamente significa?"
    - "Você aparentemente está colocando muita ênfase em [repita as palavras dele]."
    - "Parece que [repita ou parafraseie as palavras dele] é muito importante para você."

Enfocando o ganho em conjunto

Seu objetivo ao engajar colaboradores é fazer com que possam "ir além" no trabalho em conjunto e que tenham o comprometimento comum de atingir resultados excelentes para todos (como eu descrevo no Capítulo 8). Ao fazer isso, todo o grupo se une rumo ao alcance das metas que beneficiam, direta ou fundamentalmente, a organização, você e os próprios colaboradores.

Concentrar-se em seu trabalho junto a um membro da equipe, visando atingir um objetivo comum, exige que você e ele cheguem a um entendimento mútuo acerca da importância desse propósito e, dependendo da dificuldade de alcançá-lo, das tarefas e atividades que precisam ser realizadas para tal fim. Você *e* seu colega de trabalho estão *ambos* igualmente comprometidos com o desígnio em comum, ou com a execução da tarefa ou atividade, quando concordarem que tal fato é importante e válido, porque o objetivo ou tarefa

Capítulo 9: Tornando-se um Líder Engajador

é significativo (no Capítulo 8, você encontra mais informações acerca dos perigos de um trabalho não significativo para as pessoas).

Para trabalhar na obtenção de comprometimento de um de seus colegas e concordarem que o objetivo, tarefa ou atividade – ou talvez que a mudança de atitude por parte dele, caso apresente desempenho inferior – é importante e válida, observe os seguintes fatores:

- Comece em outra posição do *grid*, e não na pole position (veja a seção anterior para mais detalhes).
- Explique os benefícios, por exemplo, de alcançar um objetivo ou realizar dada tarefa, e as consequências de não fazê-lo.
- Entenda melhor as opiniões do colaborador e faça com que ele compreenda as suas.
- Perceba outros pontos do problema ou da questão e identifique novos cursos de ação por meio da interpretação e reinterpretação das opiniões, ideias e informação que estejam compartilhando.
- Note quaisquer mudanças na linguagem usada por seu colega durante a conversa que indiquem sua aceitação da ação ou mudança de atitude. Além disso, veja se o colaborador assume para si a responsabilidade e se ele se compromete em agir ou mudar.

  Normalmente, isso inclui a mudança de expressões negativas, como "não posso..." ou "não vou...", para positivas, tal qual "seria possível...", "como eu posso...?" ou "eu vou...".
- Estabeleça algumas ações a serem tomadas para trabalhar em conjunto com mais sucesso (leia a próxima seção para maiores detalhes).

Empenhe-se no engajamento de seus colegas para que alcancem seus propósitos e metas trabalhando em conjunto para conquistar o objetivo geral da equipe.

Ações conjuntas levam ao sucesso

Ter uma conversa esclarecedora com um colega em razão de ganhar seu comprometimento na ação ou na mudança de atitude é inútil, se vocês não acordarem a tomada de ação e seu prazo. Algumas vezes, dependendo da situação, os dois precisam agir para demonstrar comprometimento em relação à conquista de um objetivo ou de um melhor trabalho juntos.

Tente ser bastante claro acerca das ações a serem tomadas ao:

- Descrever cada uma delas de forma transparente e concisa.
- Indicar quem vai fazer o quê.
- Acordar prazos (datas precisas) para a tomada de ação. Não deixe espaço para mal-entendidos.

✔ Estabelecer um método e uma data para revisar o progresso feito ou desempenho.

Evitando a linguagem imprecisa

Evite o uso de uma linguagem vaga ou incógnita em quaisquer conversas nas quais decisões são tomadas acerca do comprometimento de um colaborador. Tal linguagem pode causar mal-entendidos e, possivelmente, discórdias e/ou mal-estares caso seu colega de trabalho não aja da forma esperada.

Seja cauteloso na permissão do uso de uma linguagem vaga por parte de seus colegas (veja a Tabela 9-3), pois determinadas expressões podem gerar implicações no que diz respeito à tomada de decisões.

Tabela 9-3	Exemplos de Linguagem Imprecisa
Linguagem Imprecisa	*Implicação*
Eu espero que...	Eu espero, mas não estou bem certo disso!
Eu vou tentar...	Tentar é o suficiente?
Vou fazer no mês que vem...	Considerando os 30 dias do mês, em qual deles você vai fazer?
Eu pretendo ...	Isso lhe soa como um comprometimento?

Mantendo-se nos trilhos

Uma das melhores formas de manter o comprometimento de colegas na tomada de ações previamente combinadas é avaliar o progresso e as conquistas feitas por eles.

Mantenha os colegas de trabalho nos trilhos ao:

✔ Fazer revisões periódicas nas datas estabelecidas. Coloque essas datas na sua agenda para que organize e faça o que combinou.

✔ Pedir a seus colegas, durante as reuniões de revisão, que descrevam o progresso feito, as conquistas, as dificuldades experimentadas, a forma como contornaram (ou vão contornar) as adversidades e afins.

✔ Dizer o nome do colaborador ao elogiá-lo para construir sua autoestima. Assim, ele ouve sucesso e elogio associados ao seu nome.

✔ Desafiar construtivamente seu colega, caso ache que este não manteve seu comprometimento. Ofereça o apoio do qual ele precisa para que seja bem-sucedido.

Capítulo 10

Modificando Seu Estilo de Liderança

....

Neste Capítulo
▶ Entenda por que liderar pessoas é difícil
▶ Escolha um estilo apropriado para as diferentes situações
▶ Aja com integridade ao mudar seu estilo

....

Como profissional responsável por uma equipe, você encontra pela frente diversos tipos de situações e problemas. É preciso, assim, ser capaz de modificar seu estilo preferido de liderança para se adequar a cada circunstância. Neste capítulo, você descobre as principais dificuldades de se liderar pessoas e como diferentes estilos de liderança afetam o comportamento, as atitudes e o desempenho de um grupo. Além disso, ofereço técnicas para mudar a maneira de exercer a liderança – levando em consideração diferentes situações – a fim de que seu método funcione para todos, incluindo você.

Tendo aceitado a necessidade de adaptação do método de liderança, surge então uma questão: como manter-se autêntico, agir com integridade e ao mesmo tempo mudar o estilo de liderança para que este se ajuste às diferentes exigências e situações? Esse dilema me confundiu durante os primeiros anos de carreira, quando tive problemas com pessoas, e neste capítulo eu o ajudo a descobrir a solução.

Reconhecendo a Necessidade da Utilização de Estilos Variados

Muitos fatores causam impacto nas atitudes, comportamentos e desempenho de seus colaboradores. Isso tudo pode ser resultado da escolha de um determinado tipo de liderança. Dentre esses fatores estão:

- **As próprias pessoas:** cada indivíduo é único, tem personalidade própria e preferências no que diz respeito à forma de trabalho, às necessidades, aos desejos, às preocupações, ao âmbito de competências entre outros.
- **Natureza do trabalho:** o trabalho que sua equipe realiza, digamos, pode ser extremamente variado ou repetitivo por natureza. Pode também exigir que todo o time trabalhe bem próximo ou longe de você.
- **Cultura da sua organização:** cultura é normalmente entendida como "a maneira como as coisas são feitas por aqui". Entretanto, pode-se dizer que é, essencialmente, os valores prevalentes, as convicções e os comportamentos das pessoas dentro da organização.
- **Seu chefe:** o estilo de liderança de seu chefe e como isso causa impacto em você e na sua equipe.
- **Você:** o modo como se sente (isto é, seu estado emocional em dado momento), sua atitude em relação a cada colaborador e a maneira como os tratou no passado.

Embora possa ter uma maneira preferida ou estilo natural de liderança, você precisa desenvolver a consciência desse estilo e exibir flexibilidade em sua aplicação:

- Esteja atento ao impacto causado pelo seu método de liderança na atitude, no comportamento e no desempenho de seus colegas de trabalho.
- Trabalhe para desenvolver um estilo de liderança engajador que lhe dê condições de modificar sua aplicação no trabalho com seus colaboradores. Faça isso em razão de conquistar o comprometimento deles no trabalho em conjunto para que alcancem os objetivos.
- Quando realmente achar que precisa mudar seu estilo, certifique-se de que esse processo não comprometerá sua integridade ou a qualidade das relações profissionais.

Imaginando por que aparentemente você sempre é atraído até as pessoas problemáticas

Você aceitou aquele emprego e agora descobre que está trabalhando com muito mais do que a cota justa de pessoas indisciplinadas e de baixo rendimento. Tal situação provavelmente reflete a falta de liderança ou gerenciamento do passado: o estilo de seu predecessor era inadequado! É possível também que se veja em uma situação na qual os colaboradores achem que o desempenho deles seja bom porque ninguém nunca lhes disse o contrário.

É possível que herde problemas causados pelo antigo ocupante do seu atual cargo no que diz respeito à falta de gerenciamento de pessoal. Isso normalmente acontece por não ter havido uma definição de bons padrões para o trabalho da equipe ou pela avaliação de desempenho inadequada (isto é, fazer com que as pessoas acreditem que realizam um bom trabalho quando não o fazem).

Capítulo 10: Modificando Seu Estilo de Liderança

Se você já estiver no comando de um grupo por vários meses e as pessoas ainda não estiverem agindo conforme os padrões esperados, pergunte-se o seguinte:

> *O que estou fazendo (ou não estou fazendo) que contribui para os problemas de baixo rendimento ou comportamento inadequado?*

(O Capítulo 11 discute os perigos de uma tomada de decisão tardia acerca dos problemas comportamentais e de rendimento vividos com sua equipe).

No rumo e em prumo

Você já passou por uma situação na qual tratou duas pessoas da mesma forma e recebeu reações diferentes delas? O mesmo método ou estilo de liderança pode funcionar com um funcionário, mas não com outro – o que é mais um motivo pelo qual liderar pessoas pode ser bem difícil!

Modifique seu estilo de liderança ao trabalhar com duas pessoas diferentes, levando em consideração interesses, necessidades, motivos, preferências de trabalho e habilidades individuais: todos esses atributos podem afetar a vontade e o desempenho de alguém ao executar uma tarefa. Hersey e Blanchard, gurus em matéria de liderança, descrevem esse método como *liderança situacional* (no livro *Management of Organizational Behavior, Utilizing Human Resources*). Eles explicam que os líderes precisam modificar seus estilos diretivos e aprobativos de liderança de forma que reflitam o comprometimento de cada colaborador que trabalhe sob sua supervisão na realização de dada tarefa.

Além das razões fornecidas anteriormente nesta seção, outros fatores também podem afetar a escolha de seu estilo de liderança:

- O modo como está se sentindo em dado momento, sua atitude em relação ao trabalho e às pessoas que trabalham para você (volte ao Capítulo 9 para descobrir sobre os problemas de se prejulgar pessoas e como se tornar imparcial).

- O estilo de seu próprio chefe. Você pode ter um estilo semelhante ou diferente de seu chefe, mas quaisquer diferenças significativas podem causar tensão ou mesmo conflito entre vocês e na forma como lidera sua equipe. É possível que algumas vezes escolha modificar seu estilo de liderança para somar forças, tal quando você e seu chefe desejam propor entusiasticamente uma mudança na estrutura ou no processo organizacional aos profissionais seniores.

De que forma os indivíduos podem mudar?

Andy era um contador jovem e ambicioso que trabalhou duro para alavancar sua carreira e conseguir diversas promoções. Ele se casou com uma mulher adorável que conhecera quando ainda era um iniciante na profissão e, logo após, tornou-se pai pela primeira vez. As prioridades profissionais de Andy mudaram e, naquele momento, ele queria passar mais tempo com a família. Embora continuasse a executar bem seu trabalho, Andy estava menos interessado em assumir projetos maiores que exigissem que passasse grandes períodos fora de casa. Andy explicou essa situação ao seu superior, especialmente em relação à mudança de curto prazo nas suas aspirações profissionais. Juntos concordaram que ele trabalharia menos em projetos que envolviam períodos fora de casa, contanto que ajudasse naquilo que fosse de maior importância.

Joan é uma gerente de vendas experiente e comprometida, que incentiva sua equipe a oferecer um serviço de alto padrão aos clientes. Um dos subordinados de Joan sofreu uma mudança rápida, e sem razão aparente — ele deixou de ser uma pessoa entusiasmada para se tornar alguém muito crítico do trabalho e da forma de gerenciar de Joan. Tais críticas não coincidiam com a opinião dos outros integrantes da equipe, mas eram tão intensas que afetaram significativamente a confiança da gerente para encorajar e desafiar qualquer outro membro do grupo na manutenção dos altos padrões, até que sua confiança foi restabelecida em sessões de consultoria que teve comigo. Incentivei a gerente a revisar as evidências da forma como trabalhava com todos os seus subordinados e de como eles estavam se saindo. Joan percebeu que agia de maneira justa e consistente, de acordo com os valores de sua empresa. A gerente recuperou sua capacidade de conquista de metas e de incentivo à equipe. Nesse meio tempo, o empregado que fazia críticas severas a ela decidiu deixar a empresa.

Ao passar por tensões ou conflitos com seu chefe por causa de diferenças de estilo, tente influenciá-lo, por exemplo, para aceitar seu método de liderança de equipe ou mesmo modificar o estilo dele em razão de trabalharem melhor juntos. Veja o Capítulo 9 para saber como melhorar sua habilidade de engajar pessoas, o que inclui o desenvolvimento de coragem para falar o que pensa. Leia, também, o Capítulo 7 para conseguir aumentar sua esfera de influência.

Trabalhando com pessoas instáveis

Você não vai apenas liderar indivíduos muitos diferentes entre si, mas também pode topar com aqueles que mudam de comportamento com o tempo – felizmente, não tão rápido quanto um camaleão troca de cor. As circunstâncias pessoais da vida de uma pessoa mudam, o que pode afetar direta e indiretamente seu comportamento no trabalho, suas necessidades, motivações, desempenho entre outras coisas.

Entendendo os Diferentes Estilos de Liderança

Nesta seção, analiso dois métodos básicos de liderança – um desafiador e focado em metas e outro aprobativo no que se refere a indivíduos – e a necessidade de ser flexível na condição de superior.

Modificar seu estilo de liderança o ajuda a engajar sua equipe. Engajar de forma bem-sucedida seus colaboradores faz com que:

- Você conquiste o comprometimento deles no trabalho em conjunto, rumo ao alcance dos objetivos que contribuem com o sucesso da organização.
- Eles tenham suas necessidades satisfeitas no rumo ao alcance desses objetivos.

Para ser brilhante ao engajar pessoas, é preciso ser habilidoso nos seguintes quesitos:

- Estabelecer relações e ligações com as pessoas ao demonstrar um genuíno interesse por elas e por suas necessidades.
- Falar o que pensa e fazer perguntas averiguadoras.
- Notar as nuances das suas próprias emoções e das emoções de seus colaboradores. Perceber atitudes, entusiasmo e ênfase em determinadas palavras.
- Interpretar informações em conjunto, para criar entendimento mútuo, respeito e comprometimento em alcançar objetivos, solucionar problemas e assim por diante.

Leia os Capítulos 8 e 9 para saber mais sobre essas habilidades.

Ser habilidoso no engajamento de pessoas pode modificar seu estilo de liderança sem destruir sua integridade, pois você simultaneamente enfoca a conquista dos objetivos da equipe, faz-se sensível e responsivo às necessidades dos seus colaboradores e age de forma consistente e conforme seus valores.

Explorando os estilos de liderança

No trabalho que faço desenvolvendo culturas de alto rendimento em organizações, entrevisto todos os tipos de profissionais, a fim de identificar os fatores que afetam o desempenho da empresa. Embora cada indivíduo em posição de chefia tenha seu estilo próprio, o estilo prevalecente de liderança é um dos maiores fatores que afetam atitudes, comportamentos e desempenho dos funcionários em diversas organizações.

Os estilos prevalecentes de liderança podem variar: há líderes que são altamente desafiadores enquanto outros são bastante aprobativos com relação aos seus colaboradores. O comportamento daqueles que usam o método do desafio tem como características:

- Estabelecer objetivos e metas que se estendam aos colaboradores.
- Instituir de forma clara e consistente a responsabilidade para a conquista dos objetivos e resultados.
- Desafiar o comportamento, a linguagem ou o desempenho inaceitável no momento em que ocorrem.

O comportamento daqueles que usam o método aprobativo tem como características:

- Reservar tempo para conhecer individualmente as pessoas e construir uma relação profissional próxima com cada uma delas.
- Elogiar aqueles que fizeram um bom trabalho.
- Identificar problemas pelos quais as pessoas passam no decorrer da execução de seu trabalho e ajudar a resolvê-los.

As descrições de estilos de liderança acima também refletem a ênfase dada pelos líderes à conquista dos objetivos e resultados por si próprios e suas equipes comparada à ênfase dada às pessoas e suas necessidades (se quiser saber mais sobre a maneira como o comportamento dos líderes é afetado pela sua preocupação acerca da conquista de resultados comparada à sua preocupação pelas pessoas, leia *Leadership Dilemmas – Grid Solutions*, de Robert R. Blake e Anne Adams McCanse).

Durante um típico dia de trabalho, é possível que passe por situações nas quais precise modificar seu estilo ou método de liderança a fim de:

- Enfatizar a conquista dos resultados e as necessidades das pessoas.
- Enfatizar a conquista dos objetivos.
- Enfatizar as pessoas como indivíduos e suas necessidades diante de uma circunstância.

A Figura 10-1 oferece exemplos de como modificar seu método de liderança a fim de enfatizar a conquista dos objetivos ou seus colaboradores em diferentes situações.

Capítulo 10: Modificando Seu Estilo de Liderança

	Baixa ÊNFASE NAS PESSOAS Alta
ÊNFASE NA CONQUISTA DOS OBJETIVOS Alta	**Estilo:** Seu foco nessa situação está na conquista de um objetivo importante cujo prazo é, tipicamente, curto. Você pode ser mais diretivo e dar instruções em vez de conquistar as pessoas sobre o que fazer, mas tratando-as sempre com respeito.	**Estilo:** Você está focado na conquista dos objetivos por meio de envolvimento de seus colaboradores e de seus colegas de trabalho. Você faz com que eles tenham suas necessidades satisfeitas através do trabalho que visa a conquista dos objetivos de sua equipe.
Baixa	**Estilo:** Evite demonstrar pouco interesse na conquista dos objetivos e nas necessidades das pessoas que trabalham com você, pois seu desinteresse levará a nada e desmotivará a maioria das pessoas.	**Estilo:** Seu foco nessa situação está mais nas necessidades de seus colaboradores ou de sua equipe e nem tanto no progresso rumo à conquista dos objetivos profissionais, não que seja menos importante. Aqui, você pode construir a autoconfiança de uma pessoa, desenvolver suas habilidades, discutir suas preocupações acerca de mudanças na política ou nos procedimentos organizacionais e outros.

Figura 10-1: Exemplos de como você pode modificar seus estilos em diferentes situações.

Adaptado do livro *Leadership Dilemmas – Grid Solutions*, de Robert R. Blake e Anne Adams McCanse.

Percebendo como os estilos adotados causam impacto nas pessoas e no desempenho

Escolher um estilo de liderança para cada situação pode ser difícil. Por exemplo, para corrigir um relatório é preciso saber quando dar mais ou menos ênfase no alcance da meta e/ou na necessidade dos indivíduos envolvidos na situação, além de saber até quando desafiar ou assistir esses indivíduos!

Seja qual for o estilo de liderança que escolher, ele causará um impacto na sua equipe e nos seus colegas de trabalho.

Aqui está um exercício que o ajuda a descobrir o equilíbrio correto nessas situações.

1. **Pegue um caderno e divida sua página em três colunas, como mostra a Tabela 10-1.**

2. **Na primeira coluna, escreva uma descrição breve da situação na qual colocou muita ou pouca ênfase na conquista de um objetivo.**

3. Na segunda coluna, escreva rapidamente a ação tomada ou que deveria ter sido tomada por você, ou a maneira como agiu.

4. Descreva o efeito de sua ação, da falta de ação ou comportamento.

5. Repita os passos 2, 3 e 4 para situações similares.

6. Repita os passos 2, 3, 4 e 5 para as situações nas quais colocou muita ou pouca ênfase em seu colaborador e nas necessidades deste.

7. **Reflita sobre o conteúdo das últimas duas colunas.** Registre como deseja melhorar sua habilidade de trabalhar com seus colegas a fim de atingir objetivos ou encorajá-los e assisti-los no alcance de padrões e na satisfação de suas necessidades (no Capítulo 11, você descobre como liderar pessoas em razão de atingir os padrões de comportamento e desempenho que você deseja).

Eu forneço um exemplo na primeira linha para ajudá-lo.

Tabela 10-1 Quantidade de Ênfase Dada à Conquista de Objetivos e/ou Satisfação de Necessidades Individuais

Breve Descrição da Situação	Ação Tomada ou não Tomada	O Efeito de Meu Comportamento sobre a Equipe e/ou sobre Mim Mesmo
Eu precisava que Jim ficasse até mais tarde para terminar um trabalho importante para um cliente. Pedi que ficasse, mas ele disse que já tinha outros compromissos.	Não expliquei a importância do trabalho e não fui persuasivo o bastante ao pedir que ele ficasse.	Tive que dar um jeito rápido para cumprir o prazo e o trabalho não foi realizado dentro do padrão correto. Senti-me frustrado e também que havia decepcionado o cliente.

Capítulo 10: Modificando Seu Estilo de Liderança **173**

Consequências indesejadas!

Aqui estão alguns exemplos de líderes que não dosaram a ênfase dada à conquista de resultados e à satisfação das necessidades de seus colaboradores.

Bill é o tipo de pessoa que gosta de acabar as coisas. Estabeleceu metas difíceis para si mesmo e para sua equipe e concentrou-se totalmente nos resultados. Ele tem a tendência de ignorar os sentimentos dos outros porque foca demais no cumprimento de seus propósitos e, às vezes, pressiona algumas pessoas — especialmente aquelas que se preocupam muito com a forma como são tratadas — da maneira errada. Essas pessoas obedecem às exigências de Bill, mas não se comprometem com ele. Os indivíduos manipuláveis e aqueles que não se preocupam tanto com o tratamento que recebem respondem bem à orientação para resultados de Bill e não se sentem afetados pelas exigências e o jeito rude dele.

Jane é uma pessoa atenciosa que gosta de manter um bom relacionamento com todos os seus colaboradores. Ela lhes dá muita autonomia e fica muito grata quando qualquer trabalho é executado. Jane tem a tendência de agradecer exageradamente às pessoas, mesmo quando a tarefa realizada não apresentava nenhuma dificuldade ou exigência. Embora todos achem que ela tem boas intenções, algumas pessoas de sua equipe gostariam que Jane estabelecesse alvos mais desafiadores e que agradecesse apenas quando desenvolvessem algo realmente excepcional.

Muitas pessoas da equipe de Jane também acham que ela não desafia determinadas pessoas o suficiente, e que tais indivíduos se aproveitam de seu jeito atencioso. Eles percebem que os padrões caíram, porque Jane permite que certos colaboradores apresentem um trabalho de nível insuficiente, e ressentem-se por ter que trabalhar mais porque ela não cobra de determinadas pessoas.

Modificando Seu Estilo de Liderança a Fim de que Este Funcione para Você e para os Outros

Nesta seção, você vai descobrir como escolher um estilo de liderança apropriado que funcione para você e para seus colegas.

Seja verdadeiro consigo mesmo

Seus colegas de trabalho esperam que aja com integridade! As pessoas normalmente têm dificuldade de lidar com um líder que age de forma inconsistente e exibe, digamos, mudanças enormes, e aparentemente sem motivo, de comportamento. Por exemplo, se os integrantes de sua equipe geralmente o veem como alguém acessível, mas você modifica sua atitude quando se sente sob pressão, eles ficam sem saber como responder às suas mudanças de comportamento.

Você confunde as pessoas ao agir de forma inconsistente, exibindo mudanças de atitude sem explicação, e ao mudar de opinião acerca de prioridades profissionais, padrões de trabalho etc.

Tome uma decisão consciente para modificar seu estilo ou método de liderança tendo como base as necessidades de cada situação, mas também certifique-se de que continuará exibindo consistência, sendo autêntico e concentrando-se no propósito de seu trabalho (o Capítulo 4 discute a importância da autenticidade em um líder). Transparência é um fator vital, e o Capítulo 5 ajuda você a tornar claros seus valores; o Capítulo 7 o auxilia no esclarecimento do propósito de seu trabalho.

Mantenha sua integridade certificando-se de que a forma como age e se comporta com os colegas de trabalho seja sempre consistente com seus valores. Modifique seu estilo de liderança para refletir prioridades profissionais, satisfazer necessidades, estabelecer razões, destacar comprometimentos, habilidades, dentre outros, em cada indivíduo.

Avaliar primeiro, escolher depois

Seu estilo natural ou escolhido de liderança faz com que você adote tipicamente determinado método de trabalho com seus colegas, tendendo a ser, talvez, mas aprobativo ou desafiador. Ao decidir quando modificar o estilo que vem usando para lidar com diferentes situações, leve em consideração as necessidades ou exigências de cada circunstância antes de optar por determinada forma.

O primeiro passo para avaliar a forma como lida com as situações é avaliar a si próprio. Por exemplo, como a demanda de trabalho, seu estado emocional, entre outros, afetam sua maneira de conduzir os acontecimentos e/ou as pessoas envolvidas.

Outras necessidades ou exigências que você talvez deva considerar são:

- As prioridades em um trabalho como, por exemplo, a importância das tarefas e a urgência em completá-las.
- As necessidades das pessoas envolvidas como, por exemplo, suas carências pessoais, o sentimento de falta de compreensão, o modo como preferem ser conduzidas ou gerenciadas etc.

Foque nos resultados

Foque na elucidação dos resultados que quer conquistar ao avaliar seu método em dada situação. As perguntas listadas a seguir podem ser relevantes para que se questione acerca dos resultados que necessariamente o guiarão na modificação de seu estilo de liderança e na adoção de um método apropriado para cada circunstância. Você não precisa responder a todas, ou até mesmo à maior parte delas, a menos que a situação seja algo extremamente importante, como o reconhecimento do trabalho de sua equipe:

- **"Qual objetivo profissional ou resultado quero conquistar?"** Tenho absolutamente transparente em minha mente o que quero alcançar, e consigo expressar esse objetivo de forma clara?
- **"Até que ponto eu preciso entusiasmar pessoas?"** Eu realmente devo mostrar entusiasmo e otimismo ou devo manter uma linha mais quieta para explicar a importância desse trabalho?
- **"Quais são as necessidades individuais ou coletivas dos integrantes de minha equipe a serem satisfeitas com relação à questão que precisa ser discutida?"** Quão claro me faço acerca dos interesses, das necessidades e das preferências de cada pessoa, e como vou abordá-los?
- **"Eu preciso manter sempre níveis de entusiasmo e comprometimento?"** Como as notícias a serem dadas afetarão cada indivíduo?
- **"Até que ponto eu devo elevar os níveis de exigência acerca dos padrões de desempenho e comportamento?"** Eu preciso ser mais desafiador ou aprobativo no trabalho com cada indivíduo para que este consiga dar seu melhor em determinada situação?
- **"Quais são as consequências de adotar o método errado em dada situação?"** Eu posso fazer as coisas ficarem piores se seguir a linha errada?

Aprimore-se pela tentativa e pelo erro

Você precisa trabalhar continuamente a melhoria da habilidade de modificação do estilo de liderança em razão de satisfazer as necessidades das diferentes situações, e tratar cada circunstância como uma oportunidade de expandir seu conhecimento e experiência. Use as seguintes técnicas para aprender com as tentativas e os erros:

- Pise fora da área de conforto e sinta-se mais confortável com situações desconfortáveis de desafio ou assistência a seus colaboradores – dependendo de seu estilo natural (leia o Capítulo 6 para descobrir mais sobre ficar confortável estando desconfortável).

- ✔ Torne-se mais consciente e sensível, a fim de notar como causa impacto em seus colegas de trabalho ligando seus sentidos (veja o Capítulo 9 para descobrir sobre a importância de usar seus sentidos).
- ✔ Reflita sobre suas experiências usando seus registros de aprendizagem (o Capítulo 4 fala mais sobre fazer registros úteis de aprendizagem).
- ✔ Busque respostas de seus colegas sobre como seu estilo os afeta usando a janela Johari (descrita no Capítulo 4).

Empenhe-se no desenvolvimento de um estilo no qual normalmente dá ênfase a:

- ✔ Atingir os objetivos que você e sua equipe precisam *e* também satisfazer as necessidades de seus colaboradores por meio do trabalho para a conquista desses propósitos.
- ✔ Desafiar *e* assistir todos na equipe em razão de atingir e manter altos padrões de trabalho em conjunto e comportamento.
- ✔ Ser enfático em liderar com convicção *e* ser sensível na apreciação do impacto que gera nas atitudes e no rendimento de cada membro do grupo.

E certifique-se de que modifica sua forma de abordagem adequadamente.

Capítulo 11

Liderar Pessoas na Conquista de Seu Melhor Desempenho

Neste Capítulo

▶ Dê um bom exemplo
▶ Aja rapidamente quando os colaboradores não satisfizerem seus padrões
▶ Garanta que o trabalho satisfaça seus padrões
▶ Conduza colegas para que atinjam o melhor nível de desempenho deles

Algumas vezes, você vai ver que liderar pessoas é uma alegria: é admirável perceber como todos trabalham juntos para atingir novos patamares de desempenho e espírito de equipe. Outras vezes, entretanto, liderar pessoas pode ser como uma batalha morro acima, o que acontece no momento em que elas hesitam e falham em gerar o rendimento que você espera.

Ao longo deste capítulo, emprego a metáfora de uma escalada para ajudá-lo a descobrir como encorajar sua equipe a obter o melhor desempenho possível. Isso acontece por meio do estabelecimento de padrões e da rápida ação quando se percebe falhas no alcance de tais patamares. Você saberá como resolver questões espinhosas de comportamento e rendimentos inaceitáveis, bem como conduzir a liderança até que as pessoas alcancem seus melhores desempenhos.

Seja um Grande Exemplo

Tenho certeza de que você olha em volta e admira certos líderes, aqueles indivíduos com quem quer aprender e, talvez, se parecer. Reserve alguns minutos para visualizá-los: é possível que já tenha passado pela experiência de trabalhar com alguns deles ou conheça outros de livros, revistas, televisão e outros meios.

Pegue um caderno e reserve alguns minutos para relembrar os pensamentos que teve sobre cada um dos líderes que admira, usando as linhas seguintes como guia:

- O nome do líder e a sua posição.
- As características, atributos, princípios, conhecimentos, habilidades e atitudes que admira nesse líder.
- O efeito que esse líder causou em você.

Esse simples exercício permite que identifique o impacto que um exemplo de liderança causou em você e o faz ver se você também influencia sua equipe de maneira similar. Você vai descobrir a importância de se estabelecer e manter padrões nas duas próximas seções.

Coloque sua bandeira no topo

Você é o responsável pelo estabelecimento e manutenção dos padrões de trabalho, do comportamento e do desempenho de toda sua equipe e de cada membro desta: é você quem carrega a bandeira de seu time! Você quer que sua equipe se reúna em volta de seus padrões, mantenha-os de pé e os proteja, da mesma forma que as forças armadas fazem com a bandeira do país numa batalha... até o último homem que restar!

Como o porta-estandarte de sua equipe, você também:

- Promove e mantém de pé seus valores, os valores de sua equipe e de sua empresa.
- Representa, promove e sustenta o propósito, os objetivos e as exigências de sua equipe dentro da organização, a fim de fazer com que as pessoas alcancem os próprios objetivos e resultados esperados.
- Cria a identidade da equipe, o que faz com que esta se sinta parte de algo especial (você vai saber mais acerca da importância da identidade de uma equipe no Capítulo 15).

Seja um porta-estandarte confiante e carregue-o até o alto: "balance-o no topo" para que aquilo que você e sua equipe defendem, em termos de propósito, objetivos, valores e padrões, possa ser visto por todos os integrantes da equipe e por todas as pessoas com quem eles trabalham.

Ser líder pode ser extremamente difícil! Você precisa estabelecer os padrões que os outros devem seguir: é preciso ser o espelho daquilo que quer que as pessoas se transformem, em termos de valores de equipe e padrões profissionais, e servir de modelo para mostrar como os membros da equipe devem trabalhar juntos, com colegas de outros departamentos, entre outras coisas.

Capítulo 11: Liderar Pessoas na Conquista de Seu Melhor Desempenho 179

Faça o que eu digo, não o que eu faço!

Brian é um profissional muito atarefado, sempre indo de uma reunião à outra, pulando de uma tarefa à outra. Sua equipe também é muitíssimo ocupada e o tempo é precioso para todos os seus integrantes. Eles reconhecem que Brian sempre está batalhando para manter os prazos em dia e que ele é o tipo de pessoa que não gosta de esperar. Na verdade, Brian censura enfaticamente todos os colaboradores que chegam atrasados a qualquer reunião. Infelizmente, ele mesmo está sempre chegando atrasado!

Os atrasos de Brian fazem com que sua equipe não dê bola para sua repreensão: os colaboradores continuam a chegar depois do início das reuniões!

Estabelecer um padrão não significa que você tenha de ser capaz de executar todas as tarefas desempenhadas pelos seus colaboradores. À medida que as pessoas realizam dada atividade todos os dias, elas se tornam especialistas. O âmbito de responsabilidades e o tamanho de sua equipe crescem conforme você sobe na estrutura organizacional e quando seus talentos profissionais e de liderança são reconhecidos e apreciados. Dessa forma, é impossível você ser especialista em cada uma das atividades.

Seus colegas de trabalho estão sempre observando você: sua equipe e outros colaboradores veem mais – e tendem a copiar – o que você faz do que prestam atenção no que diz. Inspire os membros de seu time na conquista dos objetivos comuns repassando entusiasmo e comprometimento com o sucesso (você pode encontrar mais acerca da importância de inspirar pessoas no Capítulo 1).

Evite estabelecer dois pesos e duas medidas

Você não pode esperar que seus colaboradores mantenham ou trabalhem em prol de padrões que você mesmo não respeita. Portanto, é preciso evitar dois pesos e duas medidas! Estabelecer dois pesos e duas medidas sem perceber é muito fácil, exatamente como o título do quadro que expõe o exemplo de Brian: "Faça o que eu digo, não o que eu faço!".

Tome cuidado para não estabelecer sem querer dois pesos e duas medidas:

> ✔ Não faça concessões a alguém que não trabalha conforme os padrões ao executar determinada atividade só porque essa pessoa é altamente habilidosa em outras áreas. Alguns indivíduos são naturalmente mais hábeis do que outros ao realizar certas tarefas. Você precisa organizar o trabalho de forma que use as melhores habilidades de cada integrante de sua equipe, e não deixe que ninguém apresente rendimento inferior ao esperado.

> ✓ Não mostre favoritismo em relação a determinados colaboradores. Tome cuidado para não "deixar de ver" falhas na execução do trabalho de certas pessoas só porque você gosta delas.

Notar que o padrão de trabalho e o comportamento de sua equipe estão em declínio pode ser difícil algumas vezes. Mantenha-se sempre alerta para os sinais de perda de padrão porque, assim como o montanhista descuidado pode cair em uma rachadura coberta de neve, você precisa descobrir os problemas com antecedência, e não tardiamente.

Aja Antes da Avalanche

Quando uma avalanche acontece, carrega e cobre de neve tudo que há pelo caminho. Você pode descobrir que as coisas ao seu redor foram levadas por uma avalanche se não notar que os padrões caíram no trabalho e no comportamento de sua equipe. Sair de um problema como esse pode ser difícil e demorado. Nas duas próximas seções, exploro por que e como você pode evitar avalanches profissionais.

Perceba o perigo da demora

Adiar uma conversa sobre determinado trabalho ou comportamento profissionalmente inaceitável pode se tornar uma saída fácil, especialmente se você:

> ✓ É uma pessoa atarefada. É possível que até tenha boa vontade para discutir o assunto com o "culpado", mas nunca consegue agir.
> ✓ Não gosta de conversas difíceis – e muitas pessoas não gostam.
> ✓ Tiver que pisar fora de sua zona de conforto para abordar esse assunto com alguém.

Saiba quais são os perigos de adiar uma tomada de ação desse tipo:

> ✓ **Você estará aceitando um padrão inferior.** Quando as pessoas mostram um desempenho baixo e você não age prontamente, elas começam a pensar que é permitido que isso aconteça. Por exemplo, se alguém chega atrasado para o trabalho e você não levanta a questão da pontualidade, esse indivíduo vai achar que chegar atrasado é tolerável. Caso não perceba que o padrão está sendo desrespeitado, o efeito é o mesmo: a pessoa vai assumir que você não liga para o fato de ela chegar atrasada.

- ✓ **Você estará correndo o risco da "maçã podre" estragar as outras.** Se permitir que alguém trabalhe ou se comporte abaixo dos padrões, outros colaboradores notarão sua inatividade e começarão a se questionar por que devem manter um alto padrão se é permitido a um colega agir de forma diferente. Por exemplo, é possível que venha a ter problemas de atrasos com vários membros da equipe, se não agir rapidamente em relação ao primeiro "atrasadinho".

- ✓ **Você estará danificando sua credibilidade.** Os integrantes de sua equipe que se esforçam para manter altos padrões começam a se perguntar por que você não age: nessa hora, sua credibilidade pode ser danificada, pois permite que um colaborador não cumpra com o que deveria.

- ✓ **Você estará tornando seu trabalho mais difícil.** Lidar com problemas de desempenho ou rendimento profissionais inaceitáveis começa a ficar mais difícil porque:
    - O problema cresce em razão das "maçãs podres" mencionadas anteriormente.
    - Talvez você precise explicar por que não tomou uma atitude antes. É possível que um superior pergunte: "Por que você não me comunicou essa questão mais cedo?".

Aplique a regra de ouro: "Agora"

Uma regra de ouro a ser adotada para saber a hora de agir diante de algo profissionalmente inaceitável é: *aja agora!*

Ao agir logo que detectar o problema, você evita os perigos mencionados na seção anterior e aumenta sua autoconfiança pelo fato de conseguir atacar e resolver quaisquer problemas com as pessoas – ou das pessoas!

Outra boa regra no que diz respeito à liderança de pessoas é elogiá-las em público e criticá-las (construtivamente) em particular. A seguir estão os grandes benefícios de adotar tal princípio:

- ✓ Elogiar colaboradores em público por cumprir bem seu trabalho gera:
    - O reconhecimento público que eles merecem.
    - O reforço dos altos padrões. Você torna público o reconhecimento a alguém que os atingiu.
    - A percepção, por parte dos outros colaboradores, de que eles também precisam atingir um desempenho superior para também serem reconhecidos pelo bom trabalho.

- Criticar construtivamente alguém com baixo desempenho em particular indica:
  - Que você está tratando essa pessoa com respeito.
  - Que você não a embaraça em público.

Questões profissionalmente inaceitáveis devem ser levantadas o mais rápido possível, mas tudo depende da severidade do problema ou do contexto no trabalho. É possível:

- Levantar a questão no minuto que a percebe, em uma reunião privada ou conversa com a pessoa.
- Levantar a questão em uma hora conveniente, mas no mesmo dia. Por exemplo, você pode decidir adiar a questão por algumas horas se precisar cumprir antes uma tarefa ou prazo urgente.
- Adiar a questão até a hora mais próxima que tiver para conversar em particular com a pessoa.
- Adiar a questão até quando tiver reunido todas as evidências ou fatos relevantes, diante de um problema mais sério.

Há duas exceções para se levantar questões profissionais inaceitáveis em particular. É preciso abordar o problema o mais rápido possível em uma reunião envolvendo outros colaboradores quando o comportamento tiver sido:

- Tão sério que você não pode ignorá-lo nem por um minuto. Podemos citar como exemplo o uso de palavras ofensivas por parte do colaborador.
- Algo típico de vários integrantes do grupo. Nesse caso, você precisa discutir as atitudes no grupo porque a situação gera um resultado ruim para o todo. Em tais circunstâncias, você pode descrever e abordar o tipo de comportamento adotado por alguns sem dar nome às pessoas. Um exemplo banal acontece quando determinadas pessoas interrompem e atropelam as declarações de outros, o que demonstra que os colaboradores não estão ouvindo o que seus colegas têm a dizer.

Conduzindo ao Topo Colaboradores com Desempenho Inferior

Você viu na seção anterior, "Colocando sua bandeira no topo", que, na condição de porta-estandarte, você é o responsável por estabelecer e manter os padrões de trabalho, comportamento e desempenho de toda a equipe. Fazer com que todos do grupo assumam para si e trabalhem conforme seus padrões pode ser um desafio. As próximas quatro seções descrevem como conduzir aqueles cujo desempenho ou comportamento profissional é inaceitável segundo o que fora estabelecido.

Trabalhando em prol do comprometimento e da capacidade

Seu método de trabalho com alguém de desempenho ou comportamento inferior é afetado pela sua avaliação da(o):

- ✔ Capacidade da pessoa de alcançar o padrão.
- ✔ Comprometimento da pessoa na realização da tarefa dentro do que é exigido segundo seus valores ou padrões.

A capacidade de alguém para realizar dada tarefa dentro de um padrão em particular depende de vários fatores, inclusive de seu conhecimento, habilidade, experiência, potencial de raciocínio diante de tarefas complexas, problemas e entre outras coisas. O comprometimento de uma pessoa na realização de uma tarefa em particular depende da importância que ela dá à tarefa, da predileção pelo que realiza, pelo nível de facilidade ou dificuldade do que precisa fazer, entre outros.

Em algumas situações, você pode ficar tentado a tolerar o desempenho inferior de alguém simplesmente porque essa pessoa obedeceu àquilo que pediu que fizesse. Entretanto, eu o incentivo a sempre se empenhar para conquistar o comprometimento do colaborador, a fim de que este atinja o nível estabelecido porque:

- ✔ Pessoas comprometidas tendem a atingir o nível exigido.
- ✔ Pessoas comprometidas lhe transmitem a confiança de que vão atingir o padrão e mantê-lo.
- ✔ Pessoas comprometidas são mais fáceis de lidar: você não precisa monitorar tanto o que fazem, quanto o faz com os não comprometidos.

Veja o Capítulo 8 para mais informações acerca da importância do engajamento de pessoas em razão de assumirem para si (e se comprometerem com) a tarefa e tornarem-se responsáveis pela sua boa execução. O Capítulo 9 mostra como conversar com seus colaboradores para que você se torne um brilhante construtor de comprometimento.

A Figura 11-1 resume quatro métodos diferentes para a liderança de pessoas cujo desempenho ou comportamento profissional seja inaceitável. Esses métodos levam tais colaboradores a atingirem seu pico de rendimento e são baseados na sua avaliação da capacidade e do comprometimento deles para a realização das tarefas.

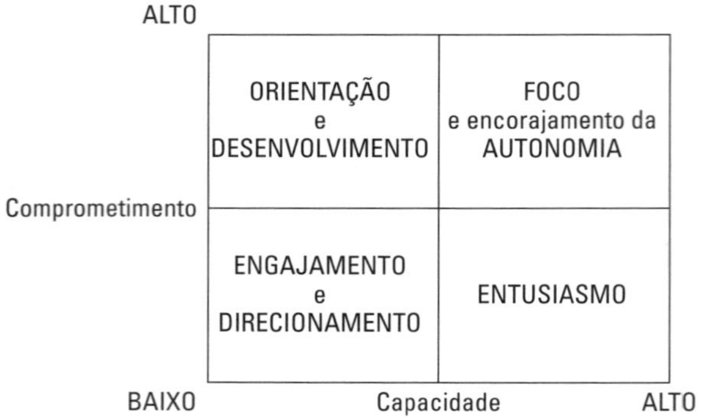

Figura 11-1:
Abordagens para trabalhar com pessoas tendo por base o grau de compromisso e a capacidade delas.

ALTO	ORIENTAÇÃO e DESENVOLVIMENTO	FOCO e encorajamento da AUTONOMIA
Comprometimento	ENGAJAMENTO e DIRECIONAMENTO	ENTUSIASMO
	BAIXO — Capacidade — ALTO	

(Esse modelo é baseado no trabalho original e pioneiro de Hersey e Blanchard sobre liderança situacional. Para mais informações acerca de como a liderança situacional pode ser aplicada no treinamento executivo leia o capítulo Situational Leadership and Executive Coaching, escrito por Hersey e Chevalier, na obra Coaching for Leadership).

Você pode aplicar quatro métodos diferentes na liderança de pessoas. Eles são:

- **Entusiasmo** (Quando alguém é capaz, mas seu comprometimento para a realização da tarefa é baixo). Entusiasme seu colaborador ao:
    - Entender os motivos pelos quais ele não está comprometido, explorando as expectativas ou carências que impedem a boa realização do trabalho.
    - Explicar a importância da tarefa e as razões pelas quais ele deve realizá-la.
    - Reconhecer o conhecimento, as habilidades e outras qualidades da pessoa que sejam particularmente relevantes para a execução do trabalho.
    - Ajudá-lo a entender que realizar a tarefa dentro do padrão necessário fará com que ele progrida rumo à satisfação de quaisquer necessidades ou expectativas que tenha acerca de seu trabalho ou papel na organização.
    - Concordar ações e prazos, e a forma como o progresso será medido.
    - Agradecer a pessoa por usar suas habilidades.
- **Engajamento e direcionamento** (Quando tanto o comprometimento, quanto a capacidade de realizar a tarefa estão comprometidos). Engaje e direcione seu colaborador ao:
    - Explorar por que nenhuma das exigências está sendo cumprida.
    - Entender como a pessoa está se sentindo acerca da realização da tarefa, mostrando interesse pela sua autoestima e pelos motivos de seus pensamentos.

__ Capítulo 11: Liderar Pessoas na Conquista de Seu Melhor Desempenho *185*

- Procurar maneiras de melhorar sua autoestima, estabelecendo pequenos passos e ações que aumentem progressivamente sua habilidade, e os quais ele seja capaz de fazer bem – com ajuda, se necessário. Você deve reconhecer e elogiar cada progresso feito.
- Acordar ações ou tarefas que aumentem progressivamente a capacidade dele, conforme vá adquirindo mais confiança.
- Fornecer suporte contínuo para desenvolver a habilidade dele e oferecer respostas que enfatizem os avanços por ele alcançados (use o nome da pessoa ao elogiá-la).

✓ **Orientação e desenvolvimento** (Quando uma pessoa está altamente comprometida, mas tem menor capacidade de fazer a tarefa.) Oriente e desenvolva o colaborador ao:

- Explicar os passos principais da realização da tarefa.
- Encorajá-lo a fazer perguntas (faça também suas próprias perguntas) para garantir que ele tenha entendido claramente o que é exigido.
- Acordar prazos e etapas nas quais quer que ele venha até você para discutir seus progressos.
- Estar disponível para consultas.
- Elogiá-lo pelas conquistas e usar os problemas como oportunidades para que a pessoa desenvolva suas habilidades.

✓ **Foco e encorajamento da autonomia** (quando uma pessoa está comprometida e é capaz de realizar uma tarefa). Foque e encoraje a autonomia de um colaborador ao:

- Acordar o objetivo ou resultado a ser alcançado, sem discutir o método para tal.
- Ofereça autonomia bastante para que ele tome suas próprias decisões e aja para alcançar o objetivo.

Tome cuidado para não subestimar colaboradores altamente comprometidos e capazes: lembre-se de reconhecer e agradecer por terem mostrado um nível superior de comprometimento durante a boa execução de seu trabalho.

Conduzindo conversas "clímax"

A maior parte dos líderes não gosta de conduzir conversas com colaboradores que mostram desempenho e comportamento inaceitáveis. Eu chamo isso de conversa "clímax" porque você:

✓ Fica preocupado em falhar e perder o controle das emoções.

✓ Teme dar uma "escorregada" nas palavras e dizer a coisa errada, não conseguindo, então, atingir seu objetivo.

- Já espera que a conversa seja como a sensação de ter uma espada sobre a cabeça: tensa e desconfortável.
- Acha que se a conversa não der certo as consequências serão enormes – e de longo prazo.

Aqui estão as orientações que vão ajudá-lo a planejar uma conversa útil e proveitosa com o colaborador de rendimento e comportamento inadequados.

- Prepare-se:
  - Seja transparente acerca dos padrões que deseja que seu colega alcance.
  - Seja objetivo, mas imparcial (o Capítulo 9 mostra que ao preconceber algo, você pode fazer com que a conversa seja difícil, porque você já espera que ela seja difícil).
  - Ligue seus sentidos para dar à pessoa sua atenção total (você descobre os benefícios e a maneira de "ligar seus sentidos" nos Capítulos 8 e 9).
- Prepare seu "kit":
  - Reúna todos os fatos relevantes e evidências, mas mantenha a mente aberta porque outros fatos podem ser transmitidos a você durante a conversa.
  - Esclareça as brechas entre o padrão apresentado e o padrão esperado de desempenho e comportamento indicadas pelas evidências, mas analise os fatores compartilhados com você durante a conversa.
  - Leve em consideração a maneira como a pessoa gosta de ser tratada. Por exemplo, algumas preferem conversas que vão direto ao ponto, enquanto outras gostam que o assunto vá se prolongando até a questão principal.
  - Seja claro acerca dos resultados que espera que surjam da conversa. Isso inclui quaisquer ações que mostrem que a pessoa é capaz de fazer e de se comprometer com a tarefa.
- Seja cuidadoso com a opinião de terceiros:
  - Algumas vezes, você terá de buscar a opinião de outros colegas para reunir fatos e evidências do desempenho e comportamento de um colaborador. Isso acontece quando, digamos, esse colaborador faz parte de um grupo de trabalho no qual você não convive diretamente. Verifique se os colegas de trabalho estão lhe dando opiniões subjetivas ou fato sólidos: as opiniões podem mudar muito mais facilmente do que os fatos.

Capítulo 11: Liderar Pessoas na Conquista de Seu Melhor Desempenho

- Peça permissão a seus colegas para revelar, se for necessário durante a conversa, que eles são a fonte da informação. Caso não permitam, tome cuidado ao usar a informação transmitida por eles. Se achar que precisa usá-la, a confiabilidade desta pode ser questionada ou destruída se não conseguir justificá-la.

Orientando pessoas rumo ao aperfeiçoamento

Reserve tempo e trabalhe junto àqueles que não estão alcançando o nível desejado, a fim de que eles identifiquem e compreendam a brecha entre seu padrão atual de trabalho e comportamento e o ideal. Encoraje-os a sugerir ações necessárias para construir essa ponte. Isso faz com que eles assumam as melhorias para si, e comprometam-se com elas (vá para o Capítulo 9 para descobrir como fazer perguntas averiguadoras, ouvir e interpretar cuidadosamente as informações ao entrar em acordo acerca da importância de um objetivo ou tarefa em particular).

Fique esperto e acorde melhorias que sejam:

- **Específicas.** O resultado ou as ações acordadas precisam ser tão claras e concisas que só haja uma forma de interpretação.
- **Mensuráveis.** É preciso que haja uma forma clara de medir o progresso. Isso pode ser feito por meio de observação, geração de dados, revisões etc.
- **Alcançáveis.** Acorde qualquer suporte que precise ser dado, incluindo treinamento "dentro e fora do trabalho", consultoria etc.
- **Relevantes.** Todas as melhorias devem contribuir para o bom desempenho do indivíduo e/ou da equipe, e até mesmo da organização. Se não contribuírem, por que então você quer estabelecer melhorias?
- **Baseadas em prazos.** Acorde datas e prazos para fazer revisões do progresso do trabalho em vez de dizer que "as revisões serão feitas em uma ou duas semanas". Esse prazo é muito vago e deixa brechas para interpretações dúbias.

As pessoas tendem a terminar tarefas quando você estabelece prazos. O contrário não ocorre de forma eficaz, ou seja, quando você deixa os prazos em aberto.

Mapeando o progresso feito com relação ao pico de desempenho

Ao trabalhar com pessoas que não alcançam os padrões, você precisa demonstrar seu comprometimento para encorajá-las a conquistarem o nível exigido de desempenho. Desafie-as e ajude-as, após a conversa inicial de discussão de rendimento.

Sempre coloque a data e a hora da revisão de progresso de desempenho em sua agenda; isto é, durante ou imediatamente após a conversa com os respectivos colaboradores. Esse hábito o ajuda a fazer as revisões e força você a pensar nas consequências, caso tenha de haver uma mudança de data ou remoção da atividade da agenda.

Considere os seguintes pontos ao tomar decisões acerca do tipo e da frequência das revisões de progresso de desempenho, a fim de mapear bem o avanço rumo ao padrão exigido:

- Reconhecer e reforçar o progresso dos colaboradores ajuda a manter seu comprometimento.
- Dar espaço para as pessoas aprenderem com seus próprios erros pode ser arriscado, mas "tentativa e erro" também é um método efetivo de descobrir como fazer um trabalho melhor. Considerar certos riscos é válido porque dá a oportunidade de capacitar as pessoas comprometidas a aprenderem por meio de suas próprias decisões e tomadas de ação.
- Decidir quais prazos e datas são essenciais para completar a tarefa e de que maneira garantir que sejam cumpridos.

Fazendo o Bom se Tornar Excelente

Ao tentar melhorar o desempenho e o comportamento de uma equipe, muitos líderes cometem o erro de dizer às pessoas o que fazer: a mensagem normalmente entra por um ouvido e sai pelo outro! Os colaboradores precisam assumir *para si* a necessidade de mudança e comprometerem-se em fazer o melhor para manter a mudança em seu desempenho ou comportamento.

Seu desafio no treinamento dos colaboradores é conduzir conversas significativas com eles para que assumam sua tarefa e comprometam-se em fazer tal mudança e, de forma ideal, gerenciar a si próprios na conquista e manutenção de tal melhoria.

Minha descrição do papel do treinador é:

> *Engajar pessoas em seus próprios pensamentos, a fim de que consigam ter percepções e concepções novas que aumentem a confiança e que levem a melhores decisões, ações, comportamentos e desempenhos.*

Você vai descobrir dicas úteis sobre como treinar melhor indivíduos no trabalho, e também toda sua equipe, nas próximas três seções.

Reservando tempo para treinar

No basquete, os treinadores podem pedir tempo para discutir suas táticas. Você pode fazer o mesmo e nem vai precisar parar o jogo! É possível treinar indivíduos, ou todo o time, incluindo tal treinamento nas suas atividades diárias. Talvez, você esteja pensando que não tem tempo de fazer isso, mas eu garanto que sim, pois só leva alguns minutos!

Procure as oportunidades de treinar individualmente os colaboradores ou a equipe todos os dias.

Aqui estão alguns exemplos das muitas oportunidades que você tem para treinar os integrantes de sua equipe rumo à excelência:

- Diga à equipe que aquele que levar um problema a você, que também leve uma sugestão para resolvê-lo. Considere a proposta de seu colaborador e elogie-o, caso concorde com ela. Se não concordar, faça perguntas relevantes para orientar a pessoa no caminho da ação que decidiu tomar (veja o Capítulo 9 para descobrir mais acerca de perguntas averiguadoras).

  Depois de fazer esse processo algumas vezes e de concordar com a maioria das recomendações propostas, ajude o colaborador a enxergar que ele está solucionando problemas e que só precisa vir até você se houver um problema excepcional ou se as consequências de ter agido de forma errada forem importantes.

- Quando perceber que uma tarefa não foi executada da forma adequada, peça à pessoa em questão para olhar o que foi feito, avaliar e dizer se o padrão foi atingido. Faça perguntas de forma a ajudar o colaborador a enxergar onde ou como a tarefa não satisfez às exigências, entender o que foi realizado de maneira incorreta e descrever as ações a serem tomadas para que seja corrigida agora e no futuro.

- Veja as pessoas fazendo seu trabalho dando uma volta pelo departamento e falando com elas sobre o que estão realizando. Elogiá-las em público aumenta sua autoestima e reforça os padrões que quer que sejam alcançados.

- Estabeleça uma revisão breve do andamento de uma reunião de equipe ao final desta para verificar pontos fortes e ações de melhoria no que diz respeito a(o):
  - Preparação dos colaboradores para a reunião.
  - Uso do tempo.
  - Incentivo para que todos contribuíssem.
  - Atenção ao que os outros disseram.
  - Clareza nas decisões tomadas e ações acordadas.
  - A responsabilidade mútua para a prática das ações acordadas após a reunião.

Seja um grande treinador sempre ajudando as pessoas a pensarem por si mesmas.

Escolhendo o papel certo

Eu adoto e represento diferentes papéis como consultor/treinador em meu trabalho com grandes executivos, diretores e profissionais seniores, normalmente durante os encontros com eles. Meus clientes em geral não notam que troco de papel subitamente porque isso acontece em resposta às emoções e questões por eles levantadas.

Descrevo alguns papéis assumidos pelos treinadores e as situações nas quais você deve optar por usá-los.

Tabela 11-1	Os Papéis de um Treinador e a Hora de Usá-los
Conselheiro	Você tem mais conhecimento e experiência do que seus colaboradores em certos aspectos do trabalho. Aconselhar diz respeito a orientar uma pessoa em direção à maneira certa de fazer as coisas, quando houver uma forma melhor.
Parceiro	Diz respeito a trabalhar em conjunto para resolver um problema, compartilhar experiências e ideias em razão de melhorar o entendimento mútuo do problema, além de chegar a uma decisão com a qual ambos se comprometam a executar.
Espelho	Diz respeito a ouvir cuidadosamente o que os colaboradores têm a dizer e refletir sobre sua interpretação do fato para que estes verifiquem e esclareçam o que querem transmitir. Isso às vezes significa agir como um portador das propostas deles e/ou proponente de diferentes interpretações. Use esse papel para ajudar seus colaboradores a refinar o pensamento sobre determinado assunto e para que estes adquiram novas percepções como, por exemplo, a forma de construir uma relação de trabalho mais produtiva com outros colegas.
Catalisador	Diz respeito a incitar e induzir o pensamento das pessoas fazendo perguntas averiguadoras e ouvindo com atenção as palavras ou expressões que possuam significados importantes para elas. Assim, é possível melhorar o entendimento delas sobre determinada questão ou problema, além de estabelecer as ações que serão tomadas. Esse método é útil para ajudar colegas de trabalho a superarem o que, para eles, é particularmente difícil ou complexo.
Amigo crítico	Diz respeito a desafiar alguém em seu pensamento e comportamento, mas mantendo por trás o interesse genuíno por essa pessoa, oferecendo apoio moral e agindo com integridade. Esse papel é poderoso para que o indivíduo melhore sua autocrítica, adquira novas percepções de sua motivação e de seu comportamento. Além disso, ele começa a enxergar como seu comportamento causa impacto nos outros e como pode aumentar sua própria responsabilidade.

Capítulo 11: Liderar Pessoas na Conquista de Seu Melhor Desempenho

Você precisa ser altamente habilidoso como treinador ou ter uma relação firme com um colaborador para exercer o papel de amigo crítico. E lembre-se de sempre procurar seu próprio amigo crítico – eles têm alto valor no desenvolvimento de sua carreira.

Praticando o que um excelente treinador faz

Seja um grande treinador ao:

- Manter um genuíno interesse ao ajudar as pessoas a crescerem e prosperarem.
- Dispensar total atenção às pessoas quando estiver com elas.
- Encorajar as pessoas a atingirem seu potencial em todas as ocasiões.
- Manter sua mente aberta a todas as possibilidades e evitar ser crítico.
- Fazer perguntas averiguadoras e difíceis em razão de melhorar a qualidade de pensamento das pessoas, explorar as razões de seu modo de agir e mais.
- Entender a linguagem utilizada pelas pessoas e perceber palavras e expressões que tenham significados importantes para elas.
- Sentir se as pessoas estão mostrando comprometimento real em fazer o que é certo ou necessário.
- Falar o que pensa; isto é, ter a coragem de dizer o que deve ser dito em vez de ficar mergulhado em problemas ou tentar evitar conflitos. Tenha disposição para discutir as razões e o comportamento dos colaboradores.
- Reinterpretar as informações compartilhadas entre você e os colaboradores em razão de criar novas percepções e contextos em relação aos problemas, à autocrítica e ao autoconhecimento.
- Colocar-se em posição acessível para que também possa ter seu ponto de vista questionado e discutido, e também para perceber e dizer que você estava errado.
- Ter humildade: você não é o foco da conversa!

Seja um excelente treinador ao desenvolver e usar essas habilidades no engajamento de pessoas (você encontra mais sobre os processos vitais do engajamento de pessoas e como melhorar suas habilidades nos Capítulos 8 e 9).

Parte IV
Liderando Pessoas por Meio da Mudança

"Certo – Aqui está o plano de negócios. Anderson fica encarregado do marketing; Tristão, das vendas; Augusto, da contabilidade, e Lelé vai garantir que os clientes paguem em dia."

Nesta parte...

Você vai descobrir como liderar de forma eficaz e como implementar mudanças no ambiente de trabalho. Vai explorar profundamente a maneira de transformar a cultura de sua equipe, departamento ou organização. Começando pela revelação das objeções, passando pela mudança e indo até a descoberta do poder do diálogo para o reforço de uma nova cultura, esta parte oferece muitas dicas de como prevenir e superar os problemas típicos de uma transformação no local de trabalho.

Capítulo 12
Mergulhando em um Mar de Mudanças

Neste Capítulo
- Entenda as dificuldades de introduzir mudanças em um grupo de trabalho
- Torne-se um agente, e não uma vítima, da mudança
- Entenda por que as pessoas reagem de forma diferente à mudança

A vida dentro das empresas pode ser como navegar: às vezes, o mar está calmo, outras, agitado e, esparsamente, furioso! Mudanças que chegam podem ser intensas e rápidas, e os grandes executivos sempre querem fazer todo o possível para melhorar o desempenho. E a velocidade da execução de tudo isso normalmente aumenta a cada dia.

Avanços na tecnologia, por exemplo, estão mudando a forma de trabalho e a expectativa dos colaboradores porque fazem com que acessem informações (e também se comuniquem) a velocidades existentes apenas em sonhos há alguns anos. Se conhecimento é poder, qualquer um que acesse a internet torna-se mais poderoso à medida que obtém informação instantânea para ajudar numa tomada de decisão que antes só era obtida depois de alguns dias de trabalho. A crescente competição em um mundo globalizado está fazendo com que muitas empresas queiram conquistar "mais com menos". A ideia de um emprego para a vida toda está morta e enterrada para muitos empregados, ao passo que proporcionalmente aumentam as fusões, aquisições, terceirizações, reestruturações e outros.

Como líder, você precisa ser competente e confiante para implementar transformações, e este capítulo pode ajudá-lo nessa questão. Eu revelo por que alguns fatos sobre mudanças nunca mudam e analiso as preocupações e expectativas dos colaboradores no que diz respeito às modificações implantadas em seu ambiente de trabalho. Além disso, exploro certos dilemas encontrados pelo caminho quando você exerce o papel de agente da mudança, o responsável por introduzir e fazer as transformações em sua equipe ou departamento.

Lidando com Novas Mudanças e Velhos Problemas

Embora certas causas de mudanças sejam novas, tal como os recentes avanços na tecnologia, muitos problemas que as acompanham já acontecem dentro das empresas há décadas, pois estão associados à natureza humana. Aqui estão relacionados os problemas e preocupações mais comuns que afligem as pessoas nas transformações dentro do ambiente de trabalho. Você precisa saber aquilo que normalmente está no ar:

- **Continuidade.** Muitas pessoas são escravos de hábitos. É possível que tenha notado, por exemplo, que os indivíduos tendem a sentar nas mesmas cadeiras durante as reuniões. Mudança, por definição, quebra a continuidade porque as pessoas precisam se adaptar a novas estruturas, processos entre outras coisas.
- **Controle.** Muitas pessoas gostam de ter certo nível de controle de suas vidas. Mudanças fazem com que os indivíduos se sintam menos no controle. Eles também se preocupam se vão conseguir lidar com uma carga maior de trabalho, com a exigência de novas habilidades e afins.
- **Conveniência.** As pessoas tendem a organizar suas vidas dentro de rotinas que as permitam lidar com as complexidades e demandas do trabalho no mundo moderno. Tais hábitos incluem horários de sair e chegar, de almoçar etc.
- **Segurança.** As pessoas naturalmente se preocupam em como honrarão seus compromissos financeiros e, também, com as consequências de não fazer isso para si mesmas e para suas famílias.
- **Social.** As mudanças podem resultar na perda da condição social e em alterações nas relações profissionais, pessoais, hierárquicas e outras.

É possível que também passe por outros dois potenciais problemas que resultam da introdução de novas tecnologias ao liderar uma equipe:

- **Acesso imediato.** O *e-mail* e os telefones celulares permitem que as pessoas mantenham contato, mas o acesso à tecnologia cria a expectativa entre os colegas – especialmente em seu chefe – de que você está sempre acessível, independente do lugar onde estiver. Eu conheço vários profissionais que registram reuniões fictícias (com eles mesmos) em suas agendas eletrônicas para evitar que seus colegas de trabalho "roubem" seu tempo agendando reuniões sem pedir suas permissões.
- **Invisibilidade.** *E-mails*, computadores portáteis e telefones celulares possibilitam cada vez mais que as pessoas trabalhem em casa, pelo menos em parte do tempo. Embora o uso efetivo da tecnologia ofereça ganhos de produtividade por causa, digamos, da economia de tempo gasto em viagens ou na execução de trabalhos, entre outros, é possível que você também fique preocupado em confiar na boa produtividade das pessoas que trabalham fora de suas vistas.

Ao liderar pessoas que estejam longe de suas vistas, tenha confiança na produtividade delas em vez de suspeitar da execução do trabalho – até que se prove o contrário!

Se você não confia na produtividade do trabalho dos que estão longe, é melhor analisar o que fazem e pedir que justifiquem seu trabalho. Quando as pessoas percebem desconfiança em relação a elas, tal percepção pode afetar adversamente o desenvolvimento de um bom trabalho para você. Um método melhor é acordar objetivos e resultados que o colaborador precisa atingir no trabalho remoto em vez de dizer em detalhes o que este precisa fazer. Dessa forma, você tanto se faz claro sobre o que deve ser executado, como também dá autonomia ao colaborador para que organize e ajuste a forma como usa seu tempo.

Enxergue o que incomoda as pessoas

É possível que já tenha passado por mudanças no ambiente de trabalho em seu atual emprego ou no anterior. Reserve alguns minutos para refletir sobre essas experiências e ver claramente quais eram suas expectativas em relação à maneira como gostaria de ser tratado no momento em que as mudanças foram introduzidas, e como estas afetaram você e a execução de seu trabalho.

Os principais incômodos dos colaboradores em relação às mudanças são:

- **Falta de informação.** As pessoas querem saber:
  - As razões da mudança e, em particular, os benefícios desta e as suas consequências (caso ficasse tudo como está).
  - Por que a mudança está sendo feita nesse momento.
  - Como a mudança pode afetá-los, especialmente no que concerne à posição e responsabilidades, manutenção do emprego, relações profissionais etc.
- **Pouco ou nenhum envolvimento.** As pessoas querem contribuir para o sucesso da sua empresa. Normalmente colaboram com ideias valiosas e sugestões, mesmo que estas venham a afetá-las. Por exemplo, há funcionários que se voluntariam para receber cortes ou congelamento no salário em razão de ajudar a empresa a atravessar um período econômico ruim.
- **Velocidade imprópria para a mudança.** Algumas mudanças podem ser introduzidas tão rápido que os colaboradores não consigam internalizá-las e lidar com elas, ou tão devagar que causem preocupação e aflição desnecessárias. Insira a mudança o mais rápido que puder, mas faça uma intensa análise da necessidade da transformação, tome as decisões necessárias e formule seu plano considerando como as pessoas afetadas vão conseguir lidar com a transformação proposta.

- **Não serem tratados como adultos.** Diga a verdade; as pessoas podem lidar com ela e respeitá-lo por ter sido honesto.
- **Suspense.** Não há nada de errado em usar o tempo necessário para chegar à decisão correta. Entretanto, as pessoas melindram-se quando ouvem coisas como "está a caminho" ou "vai acontecer". Evite essa forma de comunicação sempre que possível.

Nadando com tubarões – e sobrevivendo!

Quando se está envolvido na introdução de mudanças no ambiente de trabalho, é possível ter a sensação de estar nadando com tubarões: parece que todos em volta querem caçá-lo! As pessoas normalmente são dominadas pela emoção quando a empresa passa por problemas que precisam ser resolvidos com uma transformação radical, tal como a reorganização da estrutura, a eliminação das horas extras e bônus, dos excessos, entre outros.

Quando os colaboradores passam por tais situações, normalmente, sentem a necessidade de:

- Expressar suas opiniões de forma intensa.
- Fazer perguntas – que podem ser difíceis de responder!
- Criticar os superiores.

Distribuindo o peso nos ombros

Uma grande empresa me contratou para trabalhar com um grupo de profissionais seniores em razão de liderarem uma reorganização radical na qual equipes autogerenciadas seriam introduzidas e estabelecidas na organização. Eu conversei com diversos grupos de funcionários de todos os departamentos para entender seus pontos de vista. Isso me faria identificar as questões que afetavam o desempenho da organização.

Diante das respostas às minhas perguntas, fiquei chocado com os fortes sentimentos expressados pelas pessoas: elas criticavam duramente os executivos e a forma como a empresa era dirigida. Eu saía de cada reunião com o crescente sentimento de ser consumido pela responsabilidade de resolver o problema, de melhorar a vida profissional dos colaboradores e também de aprimorar o desempenho dos negócios.

Para poder lidar com tal responsabilidade, lembrei-me de que não estava sozinho e de que não precisava aguentar o tranco de resolver os problemas sem nenhum auxílio: os profissionais seniores também tinham o dever coletivo de melhorar o negócio e os outros funcionários eram igualmente responsáveis por contribuir com melhorias, não apenas culpar a diretoria. Decidi que faria o melhor que pudesse, mas também precisaria que todos fizessem o mesmo.

Se os altos profissionais não se colocarem à disposição, os integrantes da sua equipe voltarão sua atenção para aquele que, na visão deles, representa a empresa e também os altos funcionários: você!

Quando todos estiverem jogando suas frustrações, ou mesmo seu ódio, sobre você, não caia na armadilha de carregar o peso do mundo em suas costas. Tente, de toda forma, continuar comprometido com a reversão da situação, mas não se deixe abater, nem se sinta devastado.

Embora seguir esse conselho pareça difícil, para ajudá-lo eu descrevo como lidei com uma experiência de ansiedade, frustração e agressividade por parte dos funcionários de uma empresa, a seguir.

Pegando a onda certa

As pessoas reagem de modo diferente a mudanças no ambiente de trabalho. Aqui você vê os papéis que elas podem assumir em uma situação de mudança:

- **À deriva.** Não assumem nenhuma posição diante das mudanças propostas e "vão com a correnteza". Eles não apresentam resistência aos novos rumos, mas também não os apoiam. É possível que passem por algumas situações que os "navegantes" (abaixo) passam, mas de forma mais leve.

- **Surfistas.** Veem a mudança proposta como uma oportunidade; já estavam observando e esperando por ela. Os surfistas querem acompanhar a "nova onda" e tirar proveito do que ela apresenta. Esses indivíduos normalmente ficam entusiasmados com o novo cenário e tornam-se voluntários para fazer com que a transformação seja bem-sucedida. Tudo o que você tem de fazer é lhes dar as ferramentas.

- **"Navegantes".** Essas pessoas preocupam-se com as mudanças propostas. É possível que vivam uma série de conflitos internos e experimentem mudanças na autoestima por pensarem da forma que pensam. Suas frases mais comuns refletem o tamanho das ondas que veem à frente:

  - *Não, não está acontecendo!* As emoções aparecem – o mar começa a se agitar – quando as pessoas ficam cientes da mudança, olham e dizem umas para as outras que o chefe não pode estar falando sério. É possível que funcionários com os mesmos pontos de vista se agrupem durante esse período.

  - *Caramba, eles estão falando sério!* Quando finalmente notam que o assunto não é brincadeira, ficam estarrecidos – o mar realmente ficou bravio.

  - *Ah, não!* Há resistência à mudança, normalmente externada por meio de críticas às transformações e pelo trabalho moroso, não pela sabotagem efetiva.

- *Não ficou tão ruim!* As pessoas começam a ficar mais confortáveis e aceitam a mudança. Nesse ponto, sua atenção volta para o futuro – a calmaria começa a vir depois do agito das ondas.
- *Vamos fazer funcionar!* A autoestima – a entrada na água – aumenta quando as pessoas começam a ver as coisas de forma positiva e trabalham em prol da mudança, fazendo com que a transformação funcione.
- *Não fizemos bem?!* As pessoas agora curtem as ondas e sentem-se bem consigo mesmas por terem contribuído com o sucesso da mudança e optado por abraçar o novo rumo do trabalho.

(A expressão "navegantes" é adaptada do termo em inglês *waver*, que a autora Elisabeth Kubler-Ross usou para descrever os estágios do luto no livro *On Death and Dying*.)

Esteja atento e seja sensível às diferentes formas como as pessoas podem reagir a mudanças no ambiente de trabalho.

Sendo um Agente da Mudança

Todos nós ocasionalmente nos vemos em situações que não escolhemos. Algumas podem ser agradáveis, como conhecer alguém com o qual estabelecemos uma relação valiosa; outras podem ser desagradáveis, tal como um acidente que nos cause um dano.

Você pode responder a situações desagradáveis de duas formas diferentes:

- ✔ Colocar-se no papel de vítima; isto é sentir-se mal, pensar e reagir negativamente diante do fato.
- ✔ Ser positivo e fazer o melhor diante de uma situação ruim.

Embora não seja sempre possível controlar a circunstância na qual se encontra, você pode sim escolher a forma de resposta a tal situação.

Torne-se um *agente da mudança* bem-sucedido na condução da sua equipe ao adotar uma atitude positiva:

- ✔ Mantenha-se confiante, especialmente em face da adversidade (veja o Capítulo 4 para saber mais sobre a importância de transformar pensamentos e atitudes negativas em positivas e, assim, aprender com a adversidade).
- ✔ Tenha sempre sua finalidade em mente.:

- Quando buscar oportunidades de aprimorar processos, sistemas e formas de trabalhar que melhorem o desempenho de sua equipe.
- Quando explicar as razões da mudança e suas possíveis consequências.

✔ Encoraje as pessoas a expressarem seus pontos de vista e sentimentos; ouça e considere o que falam.

✔ Sinta o comprometimento dos colaboradores com a mudança (você pode melhorar suas habilidades de fazer perguntas averiguadoras, ouvir e sentir o comprometimento no Capítulo 9).

✔ Permaneça realista; esteja preparado para ser flexível, modificar seus planos e, se necessário, estabelecer um resultado mais plausível e uma velocidade de transição mais razoável a fim de sustentar o comprometimento das pessoas com a mudança.

Navegando com sua tripulação

Engaje os integrantes da sua equipe para que busquem continuamente maneiras de aprimorar o desempenho de todos. Lembre-se de que, dessa forma, você e eles:

✔ Acostumam-se e tornam-se mais receptivos às mudanças que ocorrem na empresa.

✔ Podem se orgulhar das melhorias feitas.

✔ Constroem um sentimento de identificação e de espírito de equipe ao trabalharem melhor juntos.

Veja o Capítulo 15 para saber mais sobre a construção de espírito de equipe.

Realize reuniões regulares com sua equipe para fazer e responder perguntas como:

✔ **O que está funcionando bem?** Identifique os pontos fortes, reforce as boas práticas e reconheça as contribuições e conquistas dos indivíduos e de toda a equipe.

✔ **O que não está funcionando bem?** Peça aos seus colaboradores para:
  - Descreverem suas frustrações e/ou o que os incomoda na execução do trabalho.
  - Buscarem o que falta para alcançarem os alvos e os objetivos que devem alcançar.
  - Identificarem quais e onde os processos e sistemas estão funcionando mal.
  - Sugerirem ações para resolver os problemas identificados.

✔ **E se pudéssemos melhorar... 10%?** Encoraje os integrantes da equipe a questionarem e discutirem as formas atuais de trabalho, a pensarem diferente e até mesmo a mudarem os paradigmas que limitam o pensamento sobre a capacidade de conquista da equipe.

Sua equipe é capaz de alcançar melhoras significativas de desempenho se juntos seus integrantes esforçarem-se continuamente para identificar oportunidades e resolver problemas. Dessa forma, eles podem fazer pequenos progressos a cada dia.

Colocando em prática decisões que não são suas

Líderes em todos os níveis organizacionais, desde o diretor-geral ou CEO até o supervisor de equipes, precisam ocasionalmente implementar decisões que não são suas. Todos esses profissionais, de empresas transnacionais a familiares, passam por dilemas ao colocar em prática caprichos de seus superiores, e os altos funcionários do setor público precisam lidar com decisões governamentais e mudanças na política pública. Sendo assim, você também deve se acostumar a lidar com dilemas causados pela execução de mudanças que são o resultado da decisão de outra pessoa!

Aja como o agente da mudança descrito anteriormente e também:

✔ Faça perguntas ao seu superior para descobrir:
- As razões da mudança, incluindo os benefícios e as consequências de se permanecer como estava.
- Por que a mudança tem de acontecer agora e não em outra hora. Os integrantes de sua equipe provavelmente vão perguntar isso a você.
- Se você terá algum controle ou influência na maneira como a mudança será introduzida.

✔ Represente a equipe ao falar com seu superior transmitindo suas sugestões, desejos, aspirações, preocupações e medo acerca da mudança apresentada.

✔ Tente repassar as questões apontadas pelos membros da sua equipe ao seu superior em vez de apenas mencioná-las por alto.

Evite "tirar o corpo fora" e tentar passar a mensagem de que não tem nada a ver com a decisão de terceiros quando você mesmo é o responsável por introduzir as mudanças. Não use expressões como:

✔ "Só estou fazendo o que mandaram!"

Capítulo 12: Mergulhando em um Mar de Mudanças

- "Não me atire pedras; sou só o mensageiro!"
- "Não é culpa minha!"

Aqui estão alternativas de conotação positiva:

- "Temos algo aqui que deve ser administrado."
- "Como podemos executar isso de forma mais efetiva?"
- "Temos um problema para resolver."

Você agora tem a base para fazer com que todos se engajem em vez de ficar transparecendo ressentimento.

Conduzindo uma mudança da qual discorda

Alguns anos atrás, um grande profissional me passou uma pérola de sabedoria no que diz respeito a introduzir mudanças no ambiente de trabalho: "Nem sempre você pode ter o dinheiro e o aplauso."

Na condição de líder, você vai passar por situações em que precisa fazer o que é certo para o negócio ou para a empresa mesmo que não goste (e mesmo que sua equipe também não goste) do que deve ser executado. Algumas vezes, precisará implementar mudanças que afetam adversamente você e/ou os membros de seu grupo (para descobrir mais sobre os problemas comuns ou preocupações que as pessoas têm com relação a mudanças, vá para a seção anterior "Lidando com novas mudanças e velhos problemas").

Você também vai se deparar com implementações de mudanças das quais discorda. Conduzir tal processo é uma daquelas situações em que é preciso coragem e habilidade para discutir com seu chefe parâmetros aceitáveis ou, pelo menos, entender as razões pelas quais deve executar tal determinação.

Aja como um agente da mudança ao introduzir o processo do qual discorda e também:

- Esteja disposto a contestar uma decisão se realmente acredita que esta afetará adversamente a produtividade ou o sucesso de toda organização, não só os membros de sua equipe. Proponha uma solução alternativa ou uma tomada de ação que enfatize benefícios e justifique-a com fatos e evidências. Exponha também quaisquer desvantagens da sua proposta para demonstrar que você está sendo objetivo na análise da situação. Pode ser que não consiga o que quer, mas tem o direito de tentar.

- Apoie decisões que sejam benéficas para a organização e para a maior parte dos funcionários. Algumas decisões difíceis precisam ser tomadas porque beneficiam a empresa como um todo, mesmo que possam afetar adversamente alguns funcionários.

✔ "Fique de olho" em todos os indivíduos da sua equipe e observe como eles reagem à mudança. Ajude-os nesse processo (você descobre como ser brilhante na construção do comprometimento no Capítulo 9).

✔ Peça a seu superior para ajudá-lo com o suporte aos membros da sua equipe afetados adversamente pela mudança. Isso inclui:

- Treinamento e desenvolvimento para o aprendizado de novas habilidades.
- Esclarecimento dos novos papéis e responsabilidades.
- Aconselhamento para superação de dilemas pessoais.

Você tem uma influência poderosa na maneira como sua equipe reage à mudança exatamente pela maneira como você mesmo reage a esta: seus colaboradores estão sempre o observando e são conduzidos por você na forma como respondem à transformação introduzida no ambiente de trabalho.

Conduzindo a Mudança, Transformando a Cultura

Pela minha experiência, a maior parte dos profissionais seniores deseja que a mudança nas estruturas, nos sistemas e nos processos aconteça rapidamente para que os benefícios gerados por ela possam ser obtidos o mais rápido possível. Embora tais transformações possam ser colocadas em prática de forma relativamente rápida, modificações na cultura organizacional levam muito mais tempo, especialmente se houver um grande número de funcionários envolvidos.

Em meus programas sobre liderança e mudança organizacional, os profissionais com os quais trabalho normalmente descrevem a cultura de uma empresa como "a maneira que fazemos as coisas por aqui". Tenho certeza de que você consegue enxergar a forma como tal atitude pode inibir a implementação de uma mudança. Eu prefiro ser mais preciso ao descrever cultura, mas antes de saber minha definição, reserve algum tempo para pensar o que cultura organizacional significa para você. Use as seguintes perguntas como guia:

✔ Quais palavras você usaria para descrever a cultura da organização na qual atualmente trabalha?

✔ Quais são as principais diferenças nas culturas das empresas para as quais trabalhou ou nas escolas onde estudou?

✔ O que há de diferente na cultura de seu país comparado à cultura de outros países?

✔ Como você descreveria sua noção de "cultura" a um colega de trabalho?

Nas próximas três seções, eu apresento minha descrição de cultura organizacional e outros pontos-chave e dicas para transformá-la (você descobre mais acerca da abordagem para a transformação de uma cultura no Capítulo 13).

Procurando os icebergs

Se você já navegou pelo Atlântico Norte, sabe que o capitão da embarcação precisa tomar cuidado com os *icebergs* para que ela permaneça inteira. De forma similar, eu sugiro que você faça o mesmo ao tentar transformar a cultura de sua própria equipe, de um grupo maior ou da empresa inteira! Especialistas em mudança organizacional normalmente usam a metáfora do *iceberg* (veja a Figura 12-1) para transmitir os aspectos cruciais da cultura de forma efetiva:

- O que você vê é apenas a ponta da cultura organizacional (como a ponta visível do *iceberg*): o comportamento dos funcionários e os efeitos desse comportamento, tal como a ordenação das coisas no local de trabalho.

- Você não consegue enxergar a maior parte dos aspectos de uma cultura: as atitudes, os valores e as crenças das pessoas.

- É possível que ache extremamente difícil mudar a cultura organizacional. Esta é sólida e firmemente estruturada, da mesma forma que a massa de um iceberg. A cultura de um grupo ou organização pode parecer tão congelada quanto um iceberg.

Aqui está minha definição de cultura organizacional: *cultura* é atitudes, valores, crenças e comportamentos prevalecentes de um grupo, de um departamento e/ou de toda a organização que causam um efeito significativo no desempenho desses grupos em particular.

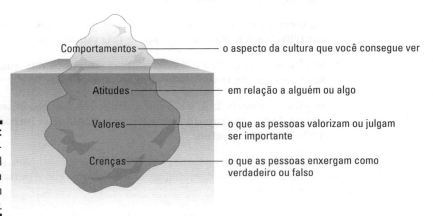

Figura 12-1: A cultura organizacional comparada à forma de um *iceberg*.

Tenha cuidado ao tentar inserir muito rápido uma mudança no sistema organizacional porque você pode se chocar contra um *iceberg*: os aspectos "não visíveis" da cultura que fazem com que os funcionários resistam, passiva ou ativamente, à transformação.

Mergulhando profundamente para revelar a cultura

Se você quer que seus colaboradores abracem a mudança no sistema ou processo de trabalho, não há opção a não ser "mergulhar profundamente" para revelar a cultura de um grupo. De outra forma, você não vai entender as questões ou os fatores que precisam ser administrados para se ganhar o comprometimento do grupo na adoção da transformação.

Para fazer o próximo exercício, reflita sobre as experiências de mudança pelas quais passou em empresas anteriores. Esse processo o ajuda a ganhar percepções práticas das quais precisa para revelar a cultura quando estiver planejando introduzir suas próprias mudanças no ambiente de trabalho.

1. **Divida a página do seu caderno em 3 colunas, como na Tabela 12-1.**

2. **Na primeira coluna, escreva uma breve descrição da situação na qual uma mudança foi feita no ambiente de trabalho e a forma como você e/ou seus colegas de trabalho aceitaram ativamente a situação.** Essa transformação pode ser um novo ou diferente sistema de trabalho, procedimento, método ou responsabilidades.

3. **Na segunda coluna, descreva brevemente as razões pelas quais você e/ou seus colegas de trabalho aceitaram a mudança.** Essas razões podem incluir a descrição de como você foi tratado (ou se sentiu tratado) durante a transformação.

4. **Na terceira coluna, descreva as ações gerenciais tomadas que contribuíram para a aceitação de tais mudanças.**

5. **Repita os passos 2, 3 e 4 para outras situações nas quais você e/ou seus colegas de trabalho aceitaram mudanças.**

6. **Repita os passos 2, 3, 4 e 5 para situações nas quais você e/ou seus colegas de trabalho resistiram a mudanças introduzidas no ambiente de trabalho.**

Para ajudá-lo a começar, eu forneço na Tabela 1 dois exemplos de mudanças introduzidas no ambiente de trabalho, uma que foi aceita e outra a qual as pessoas resistiram.

Na segunda coluna, normalmente, constará aquilo que é importante para as pessoas na realização de seu trabalho; o que elas valorizam e, talvez, no que acreditam.

Na última coluna comumente estarão exemplos de gerenciamentos bons ou ruins no que diz respeito à introdução das mudanças no ambiente de trabalho.

Tabela 12-1   Exemplos de aceitação ou resistência a mudanças no ambiente de trabalho

Breve Descrição da Situação	Razões Pelas Quais Eu e/ou Meus Colegas de Trabalho Aceitamos a (ou resistimos à) Mudança	Ações Gerenciais Tomadas que Contribuíram para a Aceitação da (ou resistência à) Mudança:
Introdução de um novo processo de avaliação de desempenho trimestral.	Nós queríamos mais clareza acerca do que esperavam de nós e saber se estávamos fazendo bem nosso trabalho.	Nosso chefe explicou claramente o processo e os benefícios que nós e a empresa teríamos.
Introdução de um sistema de horários de trabalho menos flexível.	Alguns poucos abusavam da flexibilidade, mas todos foram "punidos". Isso foi injusto.	Dissemos que aqueles que abusavam da flexibilidade deveriam ser cobrados, e não que houvesse uma mudança em todo sistema. Isso foi ignorado.

"Mergulhe profundamente" na questão ao dialogar de forma produtiva com indivíduos e/ou grupos afetados pela potencial mudança. Tente descobrir o que é importante para eles, o que você precisa considerar, ao tomar as decisões acerca da mudança proposta.

Descubra mais acerca da revelação e fundamentação cultural no Capítulo 13.

Agarrando-se na corda de segurança do mergulho: Pare, pense, respire!

Mergulhadores têm um lema: pare, pense (e então) respire! Se você estiver mergulhando e passar por problemas com equipamento de respiração, sua reação natural – e potencialmente automática – é dividir o ar com um colega; mas ao fazer isso, você pode colocar os dois em perigo.

Desenvolver o hábito de parar antes de reagir também é útil para os líderes. Afinal, as pessoas se esforçam bastante para promover e proteger aquilo que lhes é importante, incluindo seus valores, e elas podem se tornar bastante sentimentais – ansiosas, frustradas, retraídas, furiosas e mais – quando encaram mudanças no ambiente de trabalho. Na condição de líder responsável pela mudança, você não vai querer subestimar ou minimizar as respostas das pessoas ao reagir de forma ríspida ou com repúdio quando encontrar resistência.

Não se surpreenda se encontrar pessoas reagindo muito emocionalmente às mudanças que você quer implementar; elas só querem que saiba como algo é importante para elas. Essa reação é também seu alarme para fazer um "mergulho profundo" e descobrir as preocupações encobertas e medos das transformações propostas.

Use o lema dos mergulhadores (pare, pense, respire) quando passar por problemas de má reação ou resistência a mudanças propostas para garantir que você não vá falar ou dizer algo de que possa se arrepender mais tarde.

Capítulo 13

Transformando a Cultura no Local de Trabalho: uma Abordagem de Líder

. . . .

Neste Capítulo

▶ Começando do ponto certo ao fazer mudanças

▶ Elaborando seu plano de mudança

▶ Conquistando comprometimento e contornando resistências a mudanças

. . . .

Como líder ou gerente de sucesso, você precisa tomar a liderança ao introduzir mudanças no ambiente de trabalho, sendo a decisão pela transformação sua ou não.

Neste capítulo, você descobre por que normalmente é preciso transformar a cultura do local de trabalho ao se introduzir mudanças. Eu ofereço um leque de ações que podem ajudá-lo. Além disso, você descobre por onde começar a mudança e a transformação da cultura, os perigos das "iniciativites", como escolher o ritmo certo e como lidar com problemas que surgem ao longo do caminho.

Sabendo por Onde e Como Começar

A maioria das mudanças começa em uma empresa porque alguém, normalmente um diretor, percebe determinado problema que precisa ser consertado ou uma oportunidade de melhorar o desempenho ou cortar despesas.

Em vez de esperar uma ordem para mudar, sempre fique à espreita de oportunidades para aperfeiçoar o desempenho e a produtividade de sua equipe. Incentive também seu grupo a buscar melhorias similares e formas de se trabalhar mais eficientemente com outras equipes e departamentos.

Localizando a oportunidade de mudança

Você pode utilizar diversos pontos de partida para fazer mudanças que melhorem certo aspecto do desempenho no ambiente de trabalho. Por exemplo, reúna os membros da sua equipe para discutir o rendimento do grupo (leia o Capítulo 12 para descobrir como envolvê-los em uma busca contínua de aperfeiçoamento de desempenho).

Dependendo do tipo de trabalho que sua equipe realiza, os pontos de partida podem ser:

- Reconhecer um fator insatisfatório nas atitudes ou comportamentos dos membros da equipe e/ou a importância que eles colocam, digamos, em dado padrão, sistema, processo ou forma de trabalho com outro grupo de trabalho ou clientes.
- A descoberta de que o indicador-chave de desempenho (KPI/ICD) usado para medir o desempenho de sua equipe não está sendo alcançado ou pode ser melhorado (veja o Capítulo 7 para mais acerca dos KPIs/ICDs).
- Perceber ou detectar que outra equipe ou departamento na sua organização, ou um cliente externo, não está satisfeito com o padrão de serviços ou produtos que sua equipe está oferecendo.
- A descoberta de que determinada mudança proposta em um sistema de informação ou processo de trabalho afetará o modo como sua equipe trabalha, pois é preciso garantir que as necessidades ou exigências do grupo sejam completamente consideradas nessa mudança.

Não parta do princípio de que sua equipe ou colegas vão acolher e abraçar automaticamente sua proposta de mudança (o Capítulo 12 descreve os problemas e preocupações mais comuns que as pessoas têm acerca de transformações no ambiente de trabalho). Não é possível fazer as melhorias esperadas no desempenho ou gerar benefícios, se os envolvidos não as abraçarem por completo e não desejarem colocá-las em prática.

Sempre pense nas implicações culturais da mudança proposta: "mergulhe fundo" para descobrir os efeitos culturais de uma transformação perguntando a si mesmo, e às pessoas envolvidas, as seguintes questões:

- Qual é a posição das pessoas no que diz respeito à mudança proposta?
- Como elas vão reagir ou se comportar diante da mudança proposta?
- Até que ponto elas veem as mudanças propostas como importantes ou necessárias?
- Elas vão acreditar e se comprometer com aquilo que estou tentando fazer ou alcançar?
- Elas aceitarão ou resistirão à mudança proposta?

Capítulo 13: Transformando a Cultura no Local de Trabalho: ...

Leia o quadro "Não vou me envolver" para descobrir por que um diretor decidiu investir na transformação da cultura de sua própria empresa.

"Não vou me envolver!"

Um de meus clientes investiu uma grande quantia e fez com que seus gerentes dedicassem muitas horas de trabalho para aprenderem como introduzir novos sistemas e processos na melhoria de seu negócio. Esse diretor percebeu, entretanto, que os aperfeiçoamentos que desejava alcançar com as mudanças não aconteciam porque os gerentes não conseguiam fazer com que os funcionários "adotassem" os novos sistemas. Quando as pessoas não "adotam" uma transformação, elas normalmente não assumem para si a execução bem sucedida da mudança, continuam fazendo as coisas da mesma maneira que estavam acostumadas e, naturalmente, criticam, aberta ou secretamente, o novo sistema.

Ele me pediu para trabalhar com os gerentes encarregados da mudança para descobrir como engajar todos os funcionários na construção de uma cultura de alto desempenho. Eu conversei com todos os profissionais incumbidos da tarefa e também com 10% dos outros funcionários para colher suas opiniões acerca dos gerentes e de outras questões que possivelmente estariam afetando o desempenho da empresa. Eu analisei a informação obtida e compartilhei os resultados dessa análise com o grupo de gerentes, tanto individual como coletivamente, a fim de construir uma equipe de alto desempenho. Depois, auxiliei os gerentes no engajamento dos outros funcionários para que transformassem progressivamente a cultura dentro da empresa.

Ao transformar a cultura organizacional, a empresa conseguiu implantar as melhorias planejadas e construir relações de trabalho mais fortes entre os próprios gerentes e entre os gerentes e seus funcionários.

Começando do ponto em que está

Quando vou às reuniões prévias com clientes em potencial, normalmente ouço profissionais seniores dizerem "agora não é a hora certa" para trabalhar a melhoria ou construção de uma cultura de alto desempenho – aquela na qual todos se esforçam para atingir níveis excelentes de rendimento. As razões mais comuns para isso incluem:

- **Temos muito trabalho a fazer.** Empresas nessa situação têm uma demanda saudável, mas os gerentes acham que precisam voltar toda sua atenção, e colocar todo esforço possível, para executar o trabalho em vez de pensar em como melhorar a execução deste.
- **Temos pouco trabalho.** Os gerentes acham que precisam enfocar ganhos cada vez maiores e, talvez, não tenham dinheiro para investir na construção de uma cultura de alto desempenho.

Parte IV: Liderando Pessoas Por Meio da Mudança

> ✓ **Estamos sentindo falta de disposição na empresa.** O moral pode estar baixo por causa do desempenho inferior da empresa, o que gera o corte de horas extras, demissão por excesso de pessoal, ruptura nas negociações de maiores salários entre outras coisas.
>
> ✓ **Nós temos relações pobres entre funcionários e gerentes.** As relações podem ter sido arruinadas em razão de situações ocorridas entre gerentes e funcionários que levaram à falta de confiança entre esses dois grupos. É possível que tais circunstâncias tenham se dado por causa de reorganizações antigas e atuais, falta de comunicação, estilo autoritário da gerência e mais.

Alguns gerentes preferem esperar que as coisas fiquem melhores antes de investir tempo e esforço na transformação da cultura, mas o objetivo da transformação de uma cultura organizacional é justamente fazer as mudanças que geram as melhorias na produtividade e no desempenho... e, naturalmente, reconstruir relações problemáticas e levantar o moral dos funcionários!

A hora certa de começar a transformação da cultura é tão logo note evidências e sintomas que indiquem que o desempenho, as atitudes ou o comportamento seja inferior ao esperado. Esse conselho se aplica tanto ao trabalho com um grupo pequeno quanto ao trabalho com um grande departamento ou toda a empresa.

Elaborando um Plano para a Mudança

Quando você enxerga a oportunidade para certa melhoria e cria uma ideia de transformação, é preciso planejar uma abordagem cuidadosa – por exemplo, decidindo quais os pontos de partida e chegada – e levar em consideração todos os possíveis problemas.

Vivendo a fadiga da iniciativa!

Você já ouviu colegas de trabalho respondendo à intenção de mudanças com comentários como: "Lá vamos nós de novo!" ou "Ah, não! Mais uma iniciativa"?

Se sim, sua empresa provavelmente está sofrendo de "iniciativite".

"Iniciativite" é a doença que afeta a organização que tem muitas iniciativas acontecendo ao mesmo tempo. Além de ter comentários mordazes como um de seus efeitos, a "iniciativite" também está associada a uma ou mais características:

> ✓ Recursos limitados, tal como tempo dos funcionários, são aplicados em doses homeopáticas em muitas iniciativas.
>
> ✓ Funcionários congratulando-se a cada nova iniciativa com certo nível de sarcasmo.

- As iniciativas existentes ou projetos não progridem como esperado, e algumas até ficam incompletas pelo caminho, por causa das amarras frouxas.
- Funcionários enxergam as iniciativas como algo a mais que precisa ser feito além do trabalho normal de uma equipe, departamento ou organização. Eles podem até mesmo chegar a achar que as iniciativas de mudança sejam opcionais – algo que devem fazer apenas quando tiverem tempo.

Ao se deparar com tais atitudes, você precisa pensar cuidadosamente sobre como apresentar e caracterizar a mudança. Tenha cuidado para que sua proposta não seja tratada apenas como outra iniciativa ou que os outros a percebam como tal. A equipe não deve ver a transformação como algo opcional, algo de prioridade inferior ou algo que só precise ser feito depois da execução do trabalho normal de um grupo ou departamento.

Administre a transformação no ambiente de trabalho tendo como base: "É assim que nós vamos conduzir e gerenciar o time de forma diferente". Insira a nova forma de trabalho na maneira como o trabalho já é executado em vez de fazer com que esta nova forma seja vista como algo opcional.

Celebrando o passado e o presente

Concentrar-se no futuro e na maneira como deseja que as coisas sejam feitas diante da nova forma de trabalho é natural. Afinal, você está interessado nas melhorias ou benefícios que pretende inserir e sua atenção provavelmente visa o comportamento futuro de sua equipe, como por exemplo:

- As novas tarefas que quer que eles façam.
- As habilidades que quer que eles adquiram.
- A transformação de seus modos de agir e se comportar.

Tenha cuidado, entretanto, para não enfocar apenas o futuro e esquecer o que há no passado e no presente.

Reconheça as contribuições de seus colaboradores no passado e aquelas que eles continuam a realizar pelo bom desempenho do time ou do departamento porque, de outra forma, você pode involuntariamente fazer com que as pessoas se sintam pouco apreciada e desvalorizadas.

Enxergando os pontos de partida e chegada

A extensão da mudança introduzida no ambiente de trabalho – e a transformação cultural que a acompanha – pode ser pequena ou enorme. Sua mudança pode apenas envolver a alteração de um procedimento pequeno dentro da equipe ou englobar a transformação de toda a organização junto com a modificação da cultura organizacional. Seja lá qual for o tamanho, entretanto, sua abordagem ao esclarecer os pontos de partida e chegada deve ser rigorosamente a mesma; a variável, no caso, é apenas o número de pessoas envolvidas e/ou afetadas pela mudança.

Nas duas listas a seguir, sugiro perguntas para que você visualize os pontos de partida e chegada da mudança. Deixe claro para si o ponto de partida ao conduzir uma análise da situação atual respondendo a perguntas como as seguintes:

- **Qual o nível atual de desempenho com relação a esse processo (ou sistema)?** Examine quantitativamente (numericamente) e colete dados qualitativos (informações) da efetividade do processo ou sistema perguntado a pessoas que os usam ou são afetadas por eles.

- **Como esse processo é atualmente usado?** Envolva os integrantes de sua equipe na elaboração de um mapa do processo que descreva cada passo deste e identifique quaisquer nós e falhas no processo e o que faz com que os problemas ocorram.

- **Quais são as atitudes dos colaboradores em relação a esse processo (ou sistema)? Qual a importância que eles dão a sua execução?** As pessoas fatalmente não seguem um processo se não compreendem o porquê e os benefícios de fazê-lo, e as consequências de não executá-lo.

- **O que há nesse processo (sistema) que torna a vida das pessoas mais fácil ou mais difícil?** Pela minha experiência, a maioria das pessoas tende a seguir processos que sejam mais fáceis – normalmente tomam atalhos para facilitar suas vidas.

- **O que as pessoas gostam ou desgostam nesse processo (sistema)?**

Use as respostas dessas e outras perguntas para coletar informações que o ajudem a entender as questões práticas e culturais sobre situações ou problemas pelos quais você e sua equipe estejam passando.

Aqui estão algumas perguntas que você pode fazer para visualizar o ponto de chegada da ação proposta:

- **O que no processo (ou sistema) atual é válido e o que deve ser mantido?**

- **Quais são as melhorias de desempenho ou resultados que desejo alcançar com relação a esse processo (ou sistema)?** (Você pode descobrir como visualizar os aperfeiçoamentos no Capítulo 11).

- **Como seria o novo processo (sistema) para trabalhar efetivamente? Como ele operaria e como mudaria o que as pessoas fazem ou a forma como trabalham?**

> ✔ O que precisa ser diferente, se houver algo, no que diz respeito às atitudes dos colaboradores, ao valor ou à importância que dão ao processo (ou sistema)?
>
> ✔ O que será alcançado que não é feito com o processo (ou sistema) atual?

Use as respostas às questões anteriores para gerar a especificação do novo processo ou sistema e a descrição das atitudes, valores e comportamentos que deseja estabelecer com relação a ele.

Sempre considere as opiniões, expectativas e preocupações das pessoas afetadas pelo processo quando analisar as questões dessas listas. Dessa forma, elas podem lhe comunicar suas preocupações e você consegue envolvê-las na elaboração e implantação da mudança. Além disso, é possível conseguir que os colaboradores tomem a ação para si e adotem-na. Uma conversa desse tipo também reforça o que as pessoas pensam de sua capacidade e de seu interesse nelas.

Fazer perguntas como as de cima e outras igualmente relevantes faz com que envolva seu time na adoção da mudança porque:

> ✔ Você tem acesso ao conhecimento, experiência e perícia de seus colaboradores com relação ao processo a ser mudado.
>
> ✔ Faz com que seus colaboradores se sintam valorizados (você buscou seus pontos de vista e opiniões).
>
> ✔ Ajuda seus colaboradores a tomarem para si e comprometerem-se mais com a efetiva implementação da mudança (eles contribuem e moldam o novo processo).

Construindo a ponte entre o velho e o novo

Quando você conseguir visualizar o ponto de partida e o ponto de chegada, que é a delineação de toda mudança (como descrevi na seção anterior), você descobre a brecha que existe entre:

> ✔ O processo atual ou modo de trabalhar e o processo proposto.
>
> ✔ As atitudes dominantes e as atitudes, comportamentos e valores exigidos das pessoas com relação a tal processo.

Para construir a ponte entre essas brechas, você precisa gerar e implantar um plano de ação que remeta aos aspectos práticos e culturais da mudança. Certifique-se de que esse plano de ação contenha cada uma das etapas ou passos a serem executados na construção da ponte sobre a brecha, os prazos para que estes sejam finalizados e o nome da pessoa que ficará responsável por realizar cada ação. Um exemplo de tal plano é dado na Tabela 13-1. A última coluna na tabela é usada para receber informação atualizada do progresso feito na implantação do plano.

Considere perguntas como as abaixo ao elaborar seu plano:

- Quais são as várias opções para a construção da ponte sobre a brecha?
- Quais ações precisam ser tomadas e que prioridade para construção da ponte?
- Qual critério eu vou usar para medir e avaliar o sucesso da mudança (evidências numéricas e qualitativas)?
- Quais opções ou ações que melhor satisfazem o critério do sucesso?
- As ações propostas são aceitáveis para as pessoas afetadas por elas?
- O que pode dar errado durante a mudança e como consigo reconhecer os sinais prévios de alguma falha?
- Como posso garantir que a mudança será mantida?

Tabela 13-1   O plano de mudança

Ação	Prazo	Pessoa Responsável	Progresso
Apresentar à equipe as exigências específicas do novo projeto	30 de maio	eu	
Gerar o primeiro rascunho do fluxograma que descreve todos os passos do processo	15 de junho	o líder do projeto	

Adotando Abordagens para Minimizar Resistências à Mudança

Esta seção aborda alguns dos problemas e objeções que podem surgir após a decisão de implantar certa mudança no ambiente de trabalho. Mesmo estando preparado e tendo um bom plano, você ainda corre o risco de passar por problemas, se não tiver feito aquele "mergulho profundo" para entender as objeções dos colaboradores.

Escolhendo o ritmo certo para a mudança

Ao entender que um novo processo ou sistema precisa ser introduzido, pense cuidadosamente sobre o melhor ritmo para implantar a mudança a fim de conquistar o comprometimento da equipe na execução e manutenção.

Você pode ter tomado a decisão correta acerca da necessidade da mudança, mas também pode descobrir que sua equipe não a está abraçando (ou mesmo a rejeitando) porque a transformação está sendo introduzida muito rápido. Seus colaboradores precisam de tempo para aceitar a maneira como a mudança os afeta. Por outro lado, se você levar muito tempo para tomar uma decisão e introduzir a mudança, isso pode fazer com que os membros de sua equipe passem por uma ansiedade desnecessária e prolongada por pensarem como a possível transformação pode afetá-los.

"Pare! Recomece!"

A empresa desta história produz e comercializa produtos de alta qualidade usados em ambientes extremos. O projeto e a produção de seus produtos são bastante complexos. Um dos desafios da empresa era saber como melhor usar seu conhecimento técnico: seria melhor investir o tempo e os esforços dos engenheiros em contratos já estabelecidos, projetos e produção ou em atividades de pesquisa e desenvolvimento (P&D) para melhorar a qualidade dos serviços e dos produtos e oferecê-los também a novos clientes?

Esse era o dilema constante dos diretores, pois os engenheiros estavam sempre tendo que atender a seus pedidos para mudar periodicamente o foco das atividades de produção para as de P&D, e vice- versa. Os projetos de P&D começavam e depois eram parados porque os profissionais tinham que atender às necessidades da produção. Os engenheiros não só ficavam confusos com as mudanças, mas também começaram a questionar a credibilidade das decisões tomadas, pois ouviam constantemente que os projetos de P&D eram importantes e, logo em seguida, precisavam pausá--los. O moral estava sendo afetado porque os funcionários eram incapazes de fazer progressos no trabalho pelo qual se interessavam e que era importante para eles.

No programa de desenvolvimento de liderança, um profissional sênior percebeu que a melhor abordagem para manter o comprometimento e também o andamento do trabalho dos engenheiros era planejar o avanço dos projetos de P&D em um ritmo no qual o processo de produção também tivesse suas necessidades atendidas. A analogia com a troca das marchas de um carro foi usada para descrever a variação de embalo com que deviam se dedicar aos processos em vez de parar totalmente um dos processos e, depois, recomeçá-lo.

Evite ser inconsistente ao mudar de opinião com relação às mudanças que deseja implantar: a inconsistência confunde as pessoas. Leia o quadro "Pare! Recomece!" como exemplo.

Entendendo as objeções das pessoas

A vontade de discutir preocupações acerca de mudanças propostas difere entre pessoas. Algumas delas são mordazes na comunicação de suas objeções enquanto outras têm a tendência de relutar para falar sobre o assunto. Você precisa aprender a contornar tal relutância se quiser entender (e, portanto, falar sobre) as preocupações delas. Essa reticência pode estar acontecendo por causa dos seguintes temores:

- Compartilhar objeções com você em uma situação de grupo, pois elas se sentem constrangidas pelos colegas saberem de sua dificuldade com a mudança em pauta.
- Revelar uma objeção que é particularmente importante para elas. É possível que venha a saber que algumas pessoas dividem suas dificuldades com todos menos com você.

Esteja preparado para perguntar "...e o que mais o preocupa ou perturba na mudança em pauta?" em razão de revelar todas as objeções que uma pessoa possa ter acerca do assunto.

As pessoas podem se opor à maneira como a mudança é implantada bem como à forma que esta as afeta (no Capítulo 12 você pode ler mais sobre o que incomoda os colaboradores nas transformações feitas no ambiente de trabalho).

Conseguindo a adoção de todos

Poucas expressões são tão relevantes diante do dilema de introduzir mudanças em um ambiente de trabalho quanto: "você não pode agradar a todos sempre!". Algumas pessoas acharão boa a modificação proposta, enquanto outras ficarão preocupadas com as mesmas (e, é claro, os diferentes) aspectos da mudança.

É possível que pense que conseguir a adoção total e o comprometimento pleno de todos os envolvidos no processo seja quase impossível, não importando quanto tempo e esforço venha investir na explicação e no tratamento das preocupações dos colaboradores.

Adote abordagens ligeiramente diferentes para conseguir a adoção das pessoas, dependendo do nível de aceitação ou resistência à mudança:

- **O entusiasta.** Aproveite o entusiasmo daqueles que desejam que a mudança aconteça, tornando-os, talvez, responsáveis por uma tarefa específica.
- **O ambivalente.** Reforce os benefícios e explique as consequências de não se colocar em prática a transformação proposta àqueles que não se mostram entusiastas nem pessimistas. Detalhe como o avanço será monitorado e avaliado.
- **O resistente.** Ouça atentamente e aborde as preocupações daqueles que resistem à mudança em pauta (veja a seção adiante "Lidando com a resistência à mudança" para descobrir como trabalhar com essas pessoas).

Peça aos colaboradores incomodados com a mudança para que descrevam ou expliquem os fatores que ajudariam ou impediriam a adoção da mudança. Você pode usar esses dados para introduzir o processo de forma mais fácil para essas pessoas e, ao mesmo tempo, contornar os impedimentos.

Fazendo a tentativa de mudança

Os líderes de sucesso se utilizam de uma variedade de características. Eles precisam ser autênticos como líderes (como descrevo no Capítulo 4) e agir de forma decisiva, com ênfase e convicção. Eles também devem conquistar o comprometimento de seus colaboradores na execução do trabalho engajando-os para que a tarefa se torne significativa, importante e válida para os envolvidos.

Você pode até pensar que ser enfático, decisivo e simultaneamente engajador é uma contradição. Bem, não é: você pode dizer o que pensa às pessoas e ouvi-las atentamente, e também trabalhar com elas para criar novos significados e percepções para a resolução de problemas e fazer as mudanças no ambiente de trabalho. Se você manejar a mudança com tato e de forma ensaiada, é possível alcançar as seguintes condições em conjunto:

- Ser arrojado ao transmitir seu propósito – o que deseja alcançar – e seus valores – o que é importante para você.
- Engajar pessoas para que auxiliem na resolução de problema e no molde das mudanças.
- Ser capaz de tomar decisões difíceis que sejam certas para a organização, mas que podem afetar adversamente alguns colaboradores.

Para fazer a tentativa de mudança, implante sua decisão e, ao mesmo tempo, esteja aberto para modificar seu plano – incluindo as ações e a regulagem de tempo – à luz das reações de seus colaboradores. Considere a mudança de plano se, ao fazer isso, as pessoas vierem a adotar, executar e, efetivamente, manter o novo processo.

Ao introduzir uma mudança no ambiente de trabalho, evite os seguintes extremos:

- Ser tão direto que as pessoas achem que você está impondo a mudança. Lembre-se das consequências dos comentários indevidos – especialmente pelas suas costas –, tal como "É inútil falar com ele, porque ele (pensa que) está sempre certo".
- Fazer tantas experiências que passe a imagem de que você não está certo ou convencido de que a mudança é a coisa certa a fazer.

Lidando com a resistência à mudança

As pessoas se esforçam bastante para promover e proteger aquilo que lhes é importante. Essa é a razão pela qual algumas resistem à mudança proposta no ambiente de trabalho, especialmente se forem afetadas pelo processo ou se tiverem prejuízos ao longo deste.

Não se surpreenda se alguns colaboradores cravarem seus pés no chão e não se moverem se você tentar empurrá-los para aceitarem uma mudança que relutam em aceitar.

Seja positivo, empático e ajude os colaboradores que estejam relutantes ou resistentes ao processo de mudança. A Tabela 13-2 oferece sugestões para ajudar pessoas a lidarem com os fatores que as fazem resistir e fazer com que adotem a transformação por vir.

Tabela 13-2 Fatores típicos da resistência a mudanças e a forma de lidar com eles

Fatores que Fazem as Pessoas Resistirem a Mudanças	Ações que Contornam a Resistência e Encorajam as Pessoas a Aceitarem a Mudança
Medo de ser visto como inadequado ou incompetente	Discuta quaisquer preocupações e medos que essas pessoas tenham da mudança em pauta.
	Construa a confiança ao enfatizar as conquistas e a competência de seus colaboradores, especialmente em relação a outras mudanças pelas quais passaram.
	Providencie treinamento para o novo sistema ou procedimento.
Medo do desconhecido	Forneça todas as informações que puder.
	Admita quando não tiver todas as respostas e comprometa-se em manter as pessoas atualizadas à medida que as informações surjam.

(continua)

Tabela 13-2 Fatores típicos da resistência a mudanças e a forma de lidar com eles (continuação)

Fatores que Fazem as Pessoas Resistirem a Mudanças	Ações que Contornam a Resistência e Encorajam as Pessoas a Aceitarem a Mudança
Perda de *status* ou controle	Discuta por que as pessoas têm tal opinião e avalie suas preocupações.
	Tente dar novas responsabilidades aos colaboradores, especialmente se conseguir usar seus talentos de outras formas.
	Seja honesto e franco se a posição das pessoas dentro da organização tiver que mudar, incluindo mudanças hierárquicas — e explique claramente as razões para tal.
Circunstâncias pessoais ficam mais difíceis, tal como viagens constantes, impacto na vida familiar etc.	Avalie se outros arranjos podem ser feitos, pelo menos temporariamente, para compensar dificuldades e ajudar o colaborador a fazer a transição para os novos parâmetros do trabalho.
Atitudes e resistência que não apresentam razões ou críticas ao processo de mudança	Desafie as pessoas que estão agindo fora do propósito e explique as consequências de continuar a se comportar de tal maneira.

Ouça atentamente aqueles que desejam compartilhar objeções com você. É possível que não queira escutá-las porque representam problemas que terá de resolver, mas é preciso saber quais são esses obstáculos, pois eles afetarão a forma como os colaboradores adotarão e executarão a mudança vindoura.

Capítulo 14

Reforçando a Nova Cultura: Mantendo as Mudanças Feitas no Ambiente de Trabalho

Neste Capítulo
- Influenciando colegas a manterem a mudança
- Prestando atenção no que realmente importa
- Extraindo o melhor em uma crise

Certamente, você já ouviu a expressão "velhos hábitos nunca morrem". Bem, quem cunhou essa frase certamente passou por problemas ao ver que algo voltou a ser como era depois de todo um processo de transformação. Fazer as pessoas mudarem suas práticas de longa data é uma coisa, mas você também pode passar por problemas ao tentar fazer essas mudanças com uma equipe, caso isso ocorra sustente o seguinte:

- As mudanças feitas em um sistema ou processo no ambiente de trabalho.
- Atitudes positivas, entusiasmo e, até mesmo, a condescendência daqueles que passaram pelo processo de mudança, especialmente se este não estiver funcionando da maneira esperada.

Neste capítulo, você vai descobrir como exercer influência pessoal sobre o entusiasmo e o comprometimento de seus colegas em razão de manterem a mudança feita no ambiente de trabalho. Eu mostro como reforçar atitudes cruciais, comportamentos e valores – isto é, a cultura organizacional – a fim de garantir que o processo continue a ser um sucesso. Você também vai enxergar o que deve prestar atenção para que forneça a ajuda necessária para as pessoas sustentarem as mudanças e para que você as faça entrar e mantenha todos os envolvidos nos trilhos.

Colocando o Discurso em Prática: Liderando Pelo Exemplo

Ao dizer que você deve colocar o discurso em prática, não estou sugerindo que saia por aí e bata papo com todo mundo, mas sim que seu comportamento justifique suas palavras. Ao implantar uma mudança, peço que faça o seguinte:

- Demonstre seu comprometimento para garantir que a mudança seja um sucesso e certifique-se de que suas ações e atitudes reforcem o que diz sobre o processo de transformação.
- Seja da mesma forma que você quer que os outros sejam em face à mudança, pois "ser" é mais do que "agir": "ser" engloba seu comportamento e a maneira como é – isto é, sua presença – e continue ciente do impacto que causa nas pessoas.
- Mantenha-se atento à maneira como as pessoas envolvidas e afetadas pela mudança pensam, sentem e agem diante desta.

Surpreenda as pessoas fazendo o que é certo! Além de procurar por evidências de problemas, também se certifique de que veja as pessoas executando as coisas da forma certa ao adotarem a mudança em seu ambiente de trabalho.

Nas próximas três seções, você vai descobrir como colocar o discurso em prática em razão de reforçar e embutir valores e comportamentos necessários para que a mudança tenha sucesso.

Sendo um líder visível

O contato face a face talvez seja a maneira mais efetiva de influenciar alguém (ou um pequeno grupo) na manutenção da mudança no ambiente de trabalho. Dessa forma você pode:

- Transmitir diretamente entusiasmo e convicção para fazer da mudança um sucesso.
- Observar o efeito que causa às pessoas.
- Avaliar a determinação que as pessoas têm em manter a mudança.
- Ouvir e contornar quaisquer novas preocupações ou objeções que as pessoas tenham acerca da mudança.

Invista tempo e dê atenção direta às pessoas envolvidas na execução da mudança no ambiente de trabalho.

Capítulo 14: Reforçando a Nova Cultura: Mantendo as Mudanças... 225

Dedicando tempo às pessoas

Sue é a médica diretora-gerente de um grande centro médico. Ela percebeu a necessidade de mudança na estrutura organizacional e de reorganização das competências e responsabilidades da equipe em razão de melhorar os benefícios de um novo sistema de informação computadorizado de arquivo e consulta dos prontuários dos pacientes. Sue percebeu que a introdução do novo sistema poderia afetar adversamente o moral e a motivação do grupo porque seriam necessárias transformações na já estabelecida forma de trabalhar.

Sue explicou o propósito do novo sistema a toda equipe em reuniões e definiu como o trabalho teria de ser feito. Ela investiu tempo em conversas com cada membro do grupo para descobrir suas opiniões, interesses, habilidades, preferências, expectativas e preocupações acerca do novo sistema. A informação que teve como resposta mostrou-se útil durante o detalhado planejamento da reorganização, ajudando a utilizar os talentos das pessoas e satisfazer muitas das preferências que os indivíduos haviam expressado — embora satisfazer as vontades de todos tenha se mostrado impossível.

Sue explicou detalhadamente a todo o grupo durante reuniões posteriores a forma como o novo sistema deveria funcionar e, então, conversou com todos os funcionários para explicar como seriam as mudanças nas suas atribuições e responsabilidades. Dessa forma, ela também tentava entender as reações deles às transformações. Sue se mostrou responsiva ao fazer algumas alterações nas competências em casos em que foi possível fazê-las sem estragar a estruturação ou perder quaisquer benefícios do novo sistema.

Sue marcava reuniões individuais regulares durante as primeiras semanas de implantação do novo sistema e dedicou tempo àqueles que expressaram preocupações. Embora o diretor-geral tenha achado que ela estivesse gastando tempo com as pessoas, Sue sabia que dar atenção a cada membro do grupo era um bom investimento. O novo sistema foi adotado sem que fosse relatado nenhum problema significativo.

Para ser honesto, você na verdade não tem opção: ou investe tempo garantindo que a mudança será adotada e mantida, ou gasta tempo tentando descobrir por que não funcionou, corrigir erros e resolver problemas que o processo de mudança causou. Leia a história real no quadro "Dedicando tempo às pessoas" e descubra como uma profissional introduziu e manteve de forma bem-sucedida grandes mudanças nas atribuições e responsabilidades dentro do ambiente de trabalho.

Esteja alerta para o perigo de estar "longe dos olhos, longe do pensamento": transmita seu comprometimento em fazer da mudança um sucesso ao ficar sempre "visível".

Usando o poder de contar histórias

As pessoas adoram contar casos e histórias em todos os círculos sociais, e no ambiente de trabalho não é exceção. Na verdade, as histórias são uma das partes mais importantes e naturais da vida das pessoas do que você possa imaginar:

- Pais contam a seus filhos cantigas de roda e histórias de dormir, algumas delas com importantes mensagens e significados sobre a vida.
- Amigos e família recontam suas experiências na forma de histórias durante conversas.
- Amigos e colegas de trabalho contam piadas uns para os outros, muitas das quais têm um enredo.
- Uma geração passa histórias para outra a fim de transmitir sabedoria e manter sua cultura.

Você pode usar o poder das histórias para que seu grupo mantenha as mudanças no ambiente de trabalho.

Reserve alguns minutos para fazer o exercício a seguir e reflita sobre suas experiências acerca do impacto que o relato de uma história pode ter na cultura de uma organização.

1. **Divida a página de seu caderno em 3 colunas, como mostra a Tabela 14-1.**

2. **Na primeira coluna, escreva uma sinopse breve de uma história ou caso ouvido de um colega sobre determinado acontecimento ou situação na empresa na qual vocês trabalham ou trabalhavam.**

3. **Na segunda coluna, escreva algumas palavras que descrevam o significado ou mensagem principal que a pessoa desejava transmitir por meio da história.**

4. **Na terceira coluna, tente capturar o efeito que você acha que esse relato teve no reforço ou na mudança de suas atitudes, valores ou comportamento (ou nos de seu colega) em relação a quem ou o que falava a história.** Pode ser sobre a própria empresa, um grupo, departamento, o chefe etc.

5. **Repita os passos 3, 4 e 5 para outras histórias que tiveram impacto sobre você.** Eu ofereço um exemplo na primeira linha para ajudá-lo a começar.

6. **Avalie o conteúdo da terceira coluna para ver quais novas percepções teve em relação ao poder ou impacto do relato de uma história como meio de reforço e/ou mudança cultural nos grupos de trabalho.**

Capítulo 14: Reforçando a Nova Cultura: Mantendo as Mudanças... 227

Tabela 14-1	Exemplos de relatos de histórias que reforçaram ou modificaram atitudes, valores ou comportamento das pessoas	
Breve Sinopse da História	**Significado Principal ou Mensagem Transmitida**	**Efeito do Relato da História nas Pessoas**
Uma indústria estava fechando parte de seus setores em razão da mudança para outro local. Novos e modernos equipamentos e outras facilidades seriam oferecidos na nova localidade. Os novos equipamentos não foram providenciados: os executivos seniores tinham feito um monte de promessas, incluindo o novo maquinário, mas nada foi feito.	Não se pode confiar nos funcionários seniores.	Não confie em nenhum executivo sênior — mesmo que o indivíduo que fizera a promessa tenha saído da empresa.

Você pode se surpreender com o poder que certas histórias tiveram no reforço ou mudança da cultura dentro das organizações onde trabalhou, especialmente aquelas que são contadas regularmente por funcionários com muitos anos de casa. Tais histórias normalmente fazem alusão a circunstâncias e pessoas importantes e carregam um significado particularmente forte para tais funcionários e, pela minha experiência, são sempre sobre um dos aspectos a seguir (embora você possa achar outros aspectos ao completar a lista do exercício anterior):

- ✔ Quão boa a vida era na empresa – do ponto de vista do narrador da história.
- ✔ Os líderes excepcionalmente bons ou ruins que passaram por lá – e como eles tratavam os empregados.
- ✔ Uma situação que acarretou melhorias ou rupturas nas relações entre superiores e subordinados.
- ✔ Uma conquista ou ocasião na qual o narrador se orgulha de estar associado, tal como a assinatura de um grande contrato ou o serviço excepcional prestado a um cliente.

Use as histórias para fazer o seguinte:

- ✔ Ilustrar o quadro de como as coisas ficarão quando o processo de mudança estiver brilhantemente funcionando: descreva como as pessoas se sentirão pela realização de seu trabalho e também o que elas serão ou conquistarão (veja o Capítulo 7 para descobrir sobre o valor de ser um líder visionário).
- ✔ Reforçar o progresso feito e manter a mudança no ambiente de trabalho. Fale sobre:
  - Exemplos de problemas e como as pessoas os superaram.
  - Melhorias no desempenho que as pessoas estão alcançando por causa da mudança.
  - A resposta de outros departamentos ou de clientes a quem sua equipe presta serviço, especialmente os elogios vindos dos clientes sobre melhorias visíveis na atitude e no comportamento dos membros da equipe.
- ✔ Compartilhar e reforçar as boas e excelentes práticas ou desempenho de um integrante da equipe na adoção do novo processo ou sistema.
- ✔ Encorajar membros do time a contar suas próprias histórias sobre dificuldades e sucessos pelos quais passaram na adoção da mudança no ambiente de trabalho.

Lidando com pessoas que saem dos trilhos

Você pode se deparar com indivíduos que saem dos trilhos – da nova forma de trabalho – principalmente porque:

- ✔ Eles não conseguem ver onde os trilhos vão levar.
- ✔ Eles não têm certeza do que devem fazer.
- ✔ Eles não têm habilidade ou ferramentas para manter o ritmo.
- ✔ Eles não querem mudar e/ou não querem que o novo processo ou sistema funcione.

Capítulo 14: Reforçando a Nova Cultura: Mantendo as Mudanças... 229

Os Capítulos 8 e 9 abordam a importância de engajar pessoas e a forma de fazê-lo para conquistar seu comprometimento na elaboração das tarefas. Você pode usar o mesmo tipo de abordagem e habilidade para garantir que os colaboradores abracem e mantenham as mudanças no ambiente de trabalho. Engajar efetivamente pessoas para o funcionamento da mudança faz com que você elimine as três primeiras situações da lista, mas a última – descobrir pessoas que não querem mudar – pode ser mais difícil de detectar, especialmente quando estas não quiserem lhe dizer o que realmente pensam sobre a questão.

Uma pessoa que sabota ativamente a mudança em andamento, mas que apresenta uma imagem de obediência e mesmo de que está adotando a modificação, pode ser particularmente difícil de administrar.

As pessoas que sabotam ativamente a mudança podem apresentar um ou mais dos tipos de comportamento descritos abaixo:

- Discutem com seus colegas dizendo que a mudança era desnecessária.
- Dizem aos colegas que a modificação não vai funcionar e que está fadada ao fracasso.
- Falam que essa mudança é apenas "a ponta do *iceberg*" e que as condições de trabalho ficarão cada vez mais difíceis para eles.
- Enfatizam os problemas da mudança para os colegas de trabalho.

Algumas pessoas de sua equipe podem passar por dificuldades extremas ao desafiar um colega que está sabotando ativamente a mudança, especialmente se esse indivíduo tiver personalidade forte.

Quase todas as pessoas se comportam de forma razoável quando são bem tratadas, mas você precisa estar à espreita de qualquer evidência de que o colaborador não esteja colaborando ou mesmo prejudicando a mudança. Busque quaisquer inconsistências no que a pessoa diz (especialmente durante conversas em particular ou em reuniões de grupo) e faz com relação à modificação.

Use suas habilidades para sentir o comprometimento, em particular a bem desenvolvida habilidade de "sentir o que os outros não percebem", e ouvir atentamente a fim de perceber quando alguém não quer mudar (leia o Capítulo 9 para saber mais sobre "sentir o comprometimento").

Localizar o indivíduo que está prejudicando a mudança, quando este já não estiver bem na sua frente, é o primeiro passo para trabalhar seu comportamento. O Capítulo 11 mostra as abordagens que podem ajudá-lo em um problema como esse, descreve a regra de ouro da ação ("aja agora") e também mostra em detalhes o perigo de adiar a conversa com o indivíduo cujo trabalho ou comportamento seja inaceitável.

Prestando Atenção nos Fatores Certos

Liderar e gerenciar pessoas é difícil porque diversos assuntos competem por sua atenção, tais como:

- Garantir que os objetivos e os resultados esperados sejam alcançados por você mesmo ou por sua equipe.
- Organizar pessoas e tarefas.
- Cumprir prazos.
- Avaliar as necessidades e expectativas de cada integrante da equipe.
- Resolver problemas, discórdias ou qualquer outra questão de relacionamento entre os integrantes da equipe.
- E mais...

Você também precisa se certificar de que esteja prestando atenção o suficiente às mudanças introduzidas na empresa para que elas sejam mantidas e bem-sucedidas. A seção anterior, "Colocando o discurso em prática: liderando pelo exemplo", exemplifica como você influencia pessoalmente o entusiasmo e o comprometimento das pessoas para que sustentem a transformação feita. Essa seção mostra a você os pontos dos quais sempre deve se ocupar em razão de completar seu nível de influência.

Lembre-se: O que é avaliado, é feito

Os indicadores-chave de desempenho (KPIs/ ICDs) são vitais para avaliar efetivamente se o objetivo está sendo alcançado (leia o Capítulo 7 para mais informações sobre os KPIs/ ICDs). Bem, você também pode usar essas medidas de desempenho para avaliar se as mudanças feitas no ambiente de trabalho estão funcionando.

Por exemplo, se estiver implantando uma mudança no processo de produção para melhorar a qualidade dos produtos que saem da linha de montagem, os seguintes KPIs/ ICDs podem ser bem interessantes:

- Porcentagem dos produtos que estão dentro das especificações.
- Número de produtos que precisaram ser remontados em razão de falha humana em determinado estágio do processo.
- Porcentagem, ou valor, de produtos perdidos.
- Quantidade de defeitos, por tipo e causa (assim você pode trabalhar para erradicar sua origem).

Capítulo 14: Reforçando a Nova Cultura: Mantendo as Mudanças... 231

Os KPIs/ICDs têm três utilidades principais:

- Informar um indivíduo ou grupo sobre a meta que precisa ser cumprida ou do padrão de rendimento que deve ser alcançado.
- Monitorar o avanço feito na conquista da meta ou do padrão.
- Influenciar o modo de pensar ou agir das pessoas em relação à meta ou ao padrão de desempenho.

Ao implantar ou tentar manter a mudança no ambiente de trabalho, você pode usar os KPIs/ICDs para reforçar importantes padrões, atitudes e comportamento, como segue:

- Exibir informações do bom progresso do processo em quadros, usando gráficos para mostrar o desempenho da equipe.
- Discutir os números dos KPIs/ICDs com seu time, enfatizando as conquistas e enfocando aspectos do rendimento que estejam abaixo do esperado.
- Falar sobre exemplos bons e ruins de abordagens/atitudes em relação à prevenção ou solução de problemas, e fazer com que a transformação continue a ser um sucesso.

Mantendo todos atualizados

Do ponto de vista dos colaboradores potencialmente afetados ou envolvidos no processo de transformação planejado dentro do ambiente de trabalho, "ficar sem notícia é ruim". Pela minha experiência, a maioria prefere (e, na verdade, espera) ser informada sobre o que está acontecendo nas mudanças em seu ambiente de trabalho.

O problema é que as pessoas tendem a preencher a lacuna da falta de informação, se você não lhes fornecer detalhes atualizados da mudança em seus primeiros estágios. Os funcionários podem começar a especular o que você ou os executivos seniores pretendem fazer e como isso vai afetá-los – e, normalmente, temem o pior! Não fique surpreso se descobrir que a "rádio corredor" – o processo informal pelo qual os funcionários transmitem informações, dão opiniões ou fazem conjecturas – trabalha contra você e contra as mudanças propostas.

Falando de forma geral, você não pode dar muita informação da ainda precoce mudança, com uma exceção: compartilhar as informações ou decisões parcialmente tomadas que possam gerar preocupação desnecessária ou inquietação entre os funcionários.

Marque reuniões de esclarecimento com grupos de até 20 funcionários, dependendo do número de empregados afetados pela mudança para:

- ✔ Informá-los acerca das mudanças planejadas.
- ✔ Explicar e explorar quão efetivamente a mudança que começou a ser introduzida está funcionando.
- ✔ Incentivar as pessoas a fazerem perguntas para que você as responda.

Se for o caso, conte com a ajuda dos gerentes diretos das equipes para reforçar a mensagem principal e dar respostas às perguntas dos grupos de funcionários que respondem diretamente a eles. Para isso, informe-os do processo de mudança, mas use a estrutura hierárquica para transmitir e reforçar a mensagem principal sobre a transformação aos funcionários.

Os gerentes diretos representam, para os funcionários que respondem a eles, a organização: são eles que potencialmente exercem a maior influência sobre tais colaboradores.

Reagindo à crise de forma positiva

Como eu revelo no Capítulo 12, algumas vezes você vai se encontrar em situações nas quais não escolheu estar, mas são circunstâncias que você precisa administrar. Tentar tirar proveito de algo ruim é melhor do que reagir negativamente e reclamar da situação. Quando uma mudança implantada não vai bem, você se sentirá em meio a uma crise:

- ✔ Erros e falhas são cometidos.
- ✔ O processo para, especialmente se este envolve, por exemplo, uma tecnologia de informação ou processo de produção.
- ✔ Você fica sob os holofotes: os olhos dos executivos seniores e de todos estão em você!
- ✔ Você se sente sob pressão para resolver o problema.

Ouvir problemas sobre uma mudança que você implantou pode ser difícil. É possível que você seja o tipo de pessoa que mantém a calma durante uma crise, mas se não for, tente não reagir de forma exagerada, fazer ou falar algo de que possa se arrepender mais tarde. Aqui estão algumas sugestões:

- ✔ Use o lema dos mergulhadores – "parar, pensar, respirar!" – para ajudá-lo a manter a calma (você pode ler mais sobre isso no Capítulo 12).
- ✔ Evite culpar as pessoas – elas podem até ser responsáveis, mas saiba que ninguém comete erros porque quer; reconhecer suas boas intenções ajuda a lidar com problemas sem danificar sua relação com elas.
- ✔ Discuta o modo de agir – o que foi feito errado e o que foi feito certo – em vez de fazer críticas à personalidade de alguém. As pessoas podem mudar o comportamento, mas não a personalidade.

- Enfoque o futuro – as ações a serem tomadas, por quem e quando, para que o problema seja resolvido.
- Ajude as pessoas a aprenderem com seus erros – faça perguntas averiguadoras para que elas pensem no que deveriam ter feito e, no futuro, executarem o processo de forma diferente. (Consulte o Capítulo 9 para saber mais sobre perguntas averiguadoras.)

Promovendo a boa prática

Promover a boa prática não é promover alguém que faz um bom trabalho a um cargo melhor (embora, claro, sempre seja possível promover um funcionário que demonstre altos níveis de desempenho e capacidade). Promover a boa prática com relação à situação de mudança é reconhecer e elogiar as pessoas que fazem o seguinte:

- Demonstram atitudes bastante positivas em relação à transformação pela qual passam.
- Colocam o mesmo nível elevado de importância que você nos objetivos, metas e padrões associados ao sistema, processo ou estrutura que esteja sendo mudada.
- Veem os problemas pelos quais passam como oportunidades de melhoria e de aquisição de conhecimento e experiência na implantação da mudança no ambiente de trabalho.

Ao reconhecer e elogiar a boa prática, é possível:

- Reforçar as atitudes, valores e comportamentos que você acha importantes para:
    - Garantir que a mudança implementada seja mantida.
    - Sustentar o sucesso de sua equipe.
- Fazer com que as pessoas saibam o que é esperado delas se elas quiserem ser reconhecidas.

Parte V
Liderando Diferentes Tipos de Equipes

"Se você quiser fazer parte de nossa equipe de líderes, precisa saber fazer isso."

Nesta parte...

Quer saber como liderar diferentes tipos de equipes? Como tornar sua equipe um grande exemplo para o resto da empresa? Então, mergulhe fundo nesta parte!

Descubra as características que separam as equipes excelentes das boas, como liderar equipes de projeto, virtuais, permanentes e temporárias.

Capítulo 15

Liderando Sua Equipe

Neste Capítulo
- Conduzindo sua equipe à excelência
- Envolvendo os membros da equipe nas avaliações
- Criando a cultura do aperfeiçoamento contínuo

Faça-se a seguinte pergunta: você pode ser bem-sucedido no trabalho sem contar com nenhuma outra pessoa? Eu tenho quase certeza de que não, pois a quantidade de funcionários cujo trabalho é tão específico e independente do que acontece ao redor deles é minúscula. Empresas são, por definição, grupos ou equipes que trabalham juntas para alcançar um propósito, normalmente definido como metas, objetos ou finalidade da organização.

As pessoas não trabalham necessariamente como uma equipe apenas porque aconteceu de trabalharem juntas! Trabalho em equipe é exatamente isso: trabalho. Você precisa fazer a construção de um time e liderar seus membros para que se empenhem na manutenção e aperfeiçoamento do trabalho em equipe, o que é justamente o tema desse capítulo. É possível usar os métodos de construção de equipes descritos aqui para qualquer tipo delas, independentemente do contexto no qual o grupo trabalhe (para mais informações sobre como liderar equipes específicas, tal como de projetos, virtuais ou de gerenciamento sênior, leia os Capítulos 16, 17 e 18, respectivamente).

Criando uma Equipe de Alto Desempenho

É claro que equipes de alto desempenho são bem-sucedidas. Mas o que é ser bem-sucedido? Em situações nas quais grupos competem diretamente uns com os outros – no futebol, por exemplo, cuja medida única do sucesso é ser o vencedor da partida – a equipe de maior desempenho se faz evidente: ela está no topo do campeonato. Entretanto, saber se o trabalho de equipe de seu grupo apresenta alto desempenho é difícil, pois não há outros times com os quais o rendimento seja diretamente comparado. Sua equipe pode ser bem-sucedida na conquista dos resultados esperados, mas como saber se o desempenho atinge a capacidade máxima? Esta seção oferece diversos métodos para que possa identificar e adotar as características das equipes de alto desempenho.

Há um aspecto das equipes bem-sucedidas que fica bastante aparente: grupos de alto desempenho normalmente têm *sinergia*; isto é, seus integrantes trabalham em conjunto de forma que conseguem:

> ✔ Atingir e manter níveis excepcionais de bom rendimento ou resultados.
>
> ✔ Melhorar continuamente a produtividade e a maneira como executam seu trabalho.

Lidando com o pensamento "nosso trabalho já está bom; deixe-nos em paz"

Nesta seção, eu mostro como ultrapassar um obstáculo ao alto desempenho: a complacência ou acomodação. Talvez, você já tenha feito parte de uma equipe na qual as pessoas pensavam que seu rendimento já era bom o bastante; isto é, seus integrantes se davam bem uns com os outros, o grupo fazia um trabalho razoável, dentre outras coisas. Muitas equipes que encontrei no decorrer do meu trabalho de construção de excelentes grupos nas empresas achavam que já faziam o que era necessário. Eu sentia que algumas dessas pessoas complacentemente pensavam: "Nosso trabalho já está bom; deixe-nos em paz!".

Você certamente não quer romper ou estragar um trabalho de equipe questionando ou discutindo com seus integrantes a qualidade do trabalho que realizam. Entretanto, é possível fazer com que os indivíduos sejam mais autocríticos ao orientá-los na(o):

> ✔ Identificação dos pontos fortes do grupo e na utilização desses pontos fortes em seu mais alto potencial.
>
> ✔ Análise de quaisquer fraquezas e esforço para superá-las.
>
> ✔ Estabelecimento de um pensamento coletivo ou cultura de aperfeiçoamento contínuo dentro do grupo (o Capítulo 12 mostra como "navegar com sua tripulação" e envolver os integrantes da equipe na busca de novas formas de melhoria).

Incentive os membros de sua equipe a perguntarem a si mesmos se enfocam a melhoria do funcionamento do conjunto, e até que nível isso acontece, ao examinar com eles a pauta das reuniões feitas e questionar:

> ✔ A pauta da nossa reunião enfoca somente o progresso das tarefas e dos trabalhos realizados e a resolução de problemas por quais passamos ao executá-los?
>
> ✔ Os itens da pauta enfatizam a atenção que damos ao trabalho e a interação do grupo?
>
> ✔ Quando dedicamos tempo, no final de nossas reuniões, para revisar a efetividade do trabalho que fizemos em conjunto?

Separando o excelente do bom

Algumas equipes exibem grande parte das características do alto desempenho; poucas ótimas equipes exibem todas. Você se lembra de ter feito parte de um grupo tão excelente (no trabalho ou socialmente) que se sentia mais do que especial? Se sim, faça o seguinte exercício para que possa visualizar melhor as características necessárias aos grupos excelentes, não apenas aos bons. Se não, leia a lista de características de uma grande equipe que eu forneço depois do exercício.

1. **Divida a página do caderno em três colunas, como mostra a Tabela 15-1.**

2. **Escreva uma breve descrição da equipe excelente da qual fez parte.**

3. **Liste, na segunda coluna, as características que separavam essa equipe – o que a fazia excelente ou ultraespecial – das outras nas quais foi integrante.**

4. **Na terceira coluna, descreva, se você conseguir, a contribuição de certas característica na construção ou sustento do trabalho em equipe**. É possível que tenha dificuldade em saber claramente a contribuição de cada característica, pois o bom trabalho em equipe normalmente é um produto ou amálgama delas.

5. **Repita os passos 2, 3 e 4 para descrever o excelente trabalho de outros grupos dos quais fez parte.**

Eu forneço o exemplo de um resultado fantástico de trabalho em equipe e de duas características do grupo na primeira linha da Tabela 15-1 para ajudá-lo a começar.

Tabela 15-1	Avaliando grandes equipes	
Breve Descrição da Equipe	*Características da Equipe*	*Contribuição de Cada Característica ao Trabalho de Equipe*
Equipe de técnicos em uma indústria química.	Havia iniciativa para ajudar colegas a completarem seus trabalhos.	Reforço das relações e criação de laços entre os membros do time.
	Havia discussões construtivas sobre quaisquer comportamentos que não se enquadrassem na ética do grupo.	Levantar e resolver as questões que podiam arruinar o trabalho em equipe rapidamente se tornaram a regra.

Se você ainda integra um excelente grupo (ou mesmo lidera um), o aspecto crucial nesse caso é que os membros da equipe estejam efetivamente engajados uns com os outros (leia os Capítulos 8 e 9 para entender a importância do engajamento e como se tornar um líder engajador). Os excelentes grupos de trabalho apresentam as seguintes características:

- **Senso de propósito comum.** O propósito é tão importante e valioso que os membros da equipe colocam mais ênfase em alcançá-lo, ou pelo menos tanta ênfase quanto podem, do que em suas próprias necessidades (você descobre mais sobre o propósito de uma equipe na seção adiante "Enfatizando o poder do propósito da equipe").

- **Comprometimento mútuo.** Os membros do time cuidam uns dos outros. Eles se preocupam em como os outros estão lidando, por exemplo, com a demanda de trabalho e apoiam-se quando necessário.

- **Abertura e honestidade.** Todos os membros do time expressam suas opiniões e pontos de vista de forma aberta e honesta, e dizem o que se passa em suas mentes. Eles podem fazer isso por causa da confiança e do respeito mútuo.

- **Disposição para desafiar os outros na posição de amigos críticos.** Os membros do time questionam e desafiam as opiniões, ideias, pontos de vista e propostas uns dos outros no que diz respeito às decisões do grupo e, quando necessário, atitudes e comportamentos que não se encaixam no padrão da equipe. Os desafiados aceitam essa discussão porque a veem como sua forma natural de trabalhar em conjunto.

- **Forte senso de identidade como equipe.** Os membros do time possuem um forte senso de conexão que os identifica com o grupo e seus integrantes. Eles sentem que são parte da ala especial.

- **Responsabilidade mútua.** A responsabilidade pelo time não reside apenas em seu líder. Cada membro do grupo tem responsabilidade e usa o direito de responsabilizar os outros pela manutenção dos padrões da equipe.

- **Alto desempenho e conquista.** O time está focado nos objetivos, resultados e metas necessárias, tem histórico de conquista de excelentes desempenhos e usa as outras características desta lista para se questionar e desafiar em razão da melhoria da produtividade.

Promova essas características em sua equipe ao demonstrar você mesmo atitudes e comportamentos que reflitam tais propriedades. Ser um modelo do modo adequado de agir ao se relacionar com os integrantes do seu grupo é uma grande maneira de liderá-los e encorajá-los a pensar, sentir e agir da mesma forma.

Enfatizando o poder do propósito da equipe

Por que os integrantes de sua equipe têm de sair da cama em um dia frio de inverno e enfrentar a chuvinha fina para ir trabalhar? Se sua reposta é um simples "porque eles estão sendo pagos para fazer isso", você provavelmente não dá valor ao claro e atrativo propósito de equipe (você pode descobrir o valor de líder que possui claros propósitos no Capítulo 7).

As pessoas desejam contribuir por meio do trabalho que realizam:

- Os colaboradores querem que seu trabalho seja significativo, e não inexpressivo ou inútil (o Capítulo 8 descreve como evitar o "buraco negro" do trabalho insignificativo).
- Os colaboradores querem fazer uma diferença positiva para:
  - O sucesso da empresa.
  - As vidas de outras pessoas.

Quando a equipe tem um propósito claro e atrativo, os membros do grupo dão mais de si porque:

- Possuem um foco nítido.
- Sabem aproveitar sua energia.
- Cada indivíduo consegue se expressar.
- Cada indivíduo consegue usar seus talentos, sabedoria e experiência.
- Sentem-se completos ao contribuírem.

Faça com que os integrantes de sua equipe avaliem questões como as seguintes e examinem suas respostas em razão de gerar uma frase simples, clara e concisa do propósito da equipe:

- Qual a nossa *raison d'être* (razão de ser)? Por que essa equipe existe?
- A quem servimos – quem são nossos clientes e as partes interessadas – e o que eles esperam de nós?
- Qual a contribuição diferenciada da equipe para fazer o sucesso e/ou atingir os objetivos (estratégicos) da empresa?
- Em que ponto estamos e onde queremos chegar?
- O que podemos extrair do propósito da equipe sobre documentos, tais como os planos estratégicos ou de negócios, objetivos/planos dos departamentos etc?

Compartilhe o propósito da equipe com clientes e partes interessadas – aqueles que têm interesse e/ou são afetados pelo trabalho que sua equipe desempenha – para testar como o propósito lhes soa.

O propósito de sua equipe precisa contribuir com a missão da organização, se esta tiver uma. Mesmo sem a missão, use o propósito da equipe para verificar e garantir que os objetivos almejados sejam importantes e válidos e que trabalhar para conquistá-los seja o mesmo que contribuir para a conquista do propósito do grupo na organização e, por meio disso, contribuir para o sucesso da organização.

Talvez seja preciso fazer esse processo várias vezes a fim de refinar o propósito da equipe e torná-lo uma frase simples, clara e concisa. Faça o teste do "elevador": a descrição do propósito de sua equipe é tão clara e concisa que você consegue explicá-la a alguém enquanto sobe cinco andares de elevador sem paradas?

Dedique tempo para visualizar e gerar o propósito da equipe, e os valores e as atitudes desta, que dê a você a identidade do grupo e produza um efeito unificador em todos os seus membros. Você deve alcançar o seguinte:

- Um propósito que una a todos. Um propósito que seja tão irresistível que atraia e prenda a atenção dos integrantes e também faça com que eles se sintam compelidos a contribuir com tudo o que podem para colocar em prática ou alcançar o propósito.
- Valores e comportamentos que sejam princípios e pontos de referência. Eles também devem orientar a forma como os integrantes da equipe trabalham em conjunto para alcançar o propósito (você descobre mais como elucidar e usar os valores da equipe na próxima seção).

(Você descobre mais sobre como elucidar o propósito de seu papel e os objetivos que precisa alcançar no Capítulo 7. É possível usar a abordagem descrita lá para envolver seu grupo na elucidação dos objetivos e do propósito da equipe).

Destacando os valores da equipe

Muitas equipes ficam impedidas de se tornar times de alto desempenho porque seus integrantes não sabem nem estabeleceram os valores importantes para eles. Assim, é impossível esperar qualquer tipo de comportamento condizente com tais valores (no Capítulo 5, você descobre por que os valores precisam sustentar sua liderança e como elucidar seus próprios valores).

Fazer uma reunião com sua equipe para elucidar os valores que são importantes para todos faz com que:

Capítulo 15: Liderando Sua Equipe   **243**

- ✔ Vocês se conheçam melhor, pois cada membro vai expressar o que é importante para si.
- ✔ Vocês sejam abertos e honestos uns com outros ao revelarem seus valores pessoais.
- ✔ Vocês acabem com as diferenças em razão da conversa franca.
- ✔ Vocês estabeleçam padrões de comportamento para o modo como os membros da equipe devem se tratar e como trabalhar em conjunto.
- ✔ Vocês usem os valores e tipos de comportamento acordados para melhorar o trabalho em conjunto, pois sabem qual o modo de agir e podem reforçá-lo. Além disso, torna-se possível contestar qualquer um que esteja arruinando o desempenho da equipe (você encontra no Capítulo 11 como evitar o efeito "maçã podre": quando uma pessoa de comportamento ou desempenho inaceitável começa a afetar seus colegas de trabalho).

Parar e reexaminar

Eu trabalhei com a equipe de executivos seniores de uma empresa para fazer com que eles gerassem uma cultura de alto desempenho. Realizamos o trabalho com a intenção de que o grupo executivo inicialmente servisse de modelo para seus gerentes subordinados e estes últimos, para seus colaboradores. Fiz uma reunião de três horas com o grupo executivo para elucidar, explorar e acordar os valores que eram importantes para eles no que diz respeito ao trabalho em conjunto e como eles desejavam que os outros funcionários agissem a fim de reforçar os valores acordados.

Cito abaixo dois dos valores, seguidos de exemplos de comportamentos relevantes, acordados na reunião:

- ✔ **Valorizamos a criatividade do indivíduo e a independência de pensamento.** Consideraremos plenamente novas ideias e conceitos, e não demitiremos nem ridicularizaremos os funcionários por contestarem padrões existentes.

- ✔ **Valorizamos a alta confiança entre os integrantes da equipe.** Mostraremos integridade e consistência em nossas discussões e ações. Não faremos críticas de membros da equipe para outros funcionários.

Ao final das reuniões de grupos, as equipes usariam esses valores e comportamentos como pontos de referência para examinar e discutir a forma como trabalham em conjunto. A equipe sênior, durante nossa reunião, também acordou que deveria "parar e reexaminar" certas reuniões que envolveram profissionais juniores e outros funcionários em razão de discutir como eles próprios tinham reforçado ou arruinado os valores acordados no trabalho com aqueles profissionais e funcionários.

Faça o seguinte exercício com sua equipe:

1. **Organize uma reunião com o grupo de forma que vocês não sejam perturbados, pelo menos, por duas horas.**

2. **Explique de que forma os valores e comportamentos são importantes para o trabalho em conjunto.**

3. **Peça a cada integrante da equipe para escrever, sem conferir depois, uma lista de valores que o grupo deveria ter para que seus membros trabalhassem em conjunto mais efetivamente.** Nessa hora, é possível que precise dar um exemplo do que quer dizer com "valor". Um bom exemplo é: "ser aberto e honesto". Se tiver um grupo grande, forme subgrupos de duas ou três pessoas para gerar a lista inicial.

4. **Compartilhe e discuta as listas, identificando valores iguais e explorando os diferentes com o objetivo de acordar aqueles que o grupo irá adotar.**

5. **Separe cada valor e, em turnos, identifique e atrele a cada um deles dois ou três tipos de comportamento que demonstrem o modo de agir condizente.** Exemplos de comportamentos ligados ao valor de "ser aberto e honesto" podem ser:

    - Os integrantes da equipe devem dizer o que "se passa em suas mentes".

    - Os integrantes da equipe devem expressar seus pontos de vista.

6. **Discuta e acorde como os integrantes da equipe usarão os valores da lista e revise o desempenho deles no que diz respeito ao modo de agir e se comportar de acordo com tais valores.**

A seguir estão as formas de usar os valores e comportamentos acordados:

- Exiba as listas de valores e comportamentos na área de trabalho da equipe.

- Discuta o desempenho da equipe na adoção dos valores e no comportamento condizente com estes no final de cada reunião de grupo.

- Examine, durante as avaliações individuais de desempenho e capacidade, como cada um está colocando os valores em prática no trabalho em conjunto com os colegas.

Avaliando a Efetividade de Sua Equipe

Avaliar quão efetivamente sua equipe está se desenvolvendo faz com que você entenda os pontos fortes e as prioridades a serem trabalhadas na melhoria do rendimento. É possível que já tenha ouvido a frase "o que é avaliado, é feito" e talvez até tenha usado essa abordagem para dar foco aos membros do grupo no que diz respeito às metas esperadas e para saber qual é o desempenho dele. Se não, veja como melhor adotar essa abordagem nas próximas duas seções em razão de avaliar e melhorar o rendimento da equipe.

Avaliando sua equipe

Não há dúvidas de que você tenha ideia do desempenho de sua equipe. Essa ideia é baseada e colorida por uma mistura de experiências do trabalho com a equipe e seus integrantes, de todos os problemas enfrentados, do resultado observado e mais.

Não há problemas em ter uma visão subjetiva e instintiva, mas adotar uma abordagem mais estruturada na avaliação de desempenho permite que seja mais objetivo e, assim, gere uma avaliação mais apurada do andamento da equipe.

Você pode avaliar quão efetivo é o rendimento de sua equipe segundo diversos critérios, o que inclui:

- ✔ Examinar o grau de alcance dos objetivos, metas e/ou resultados; isso, algumas vezes, é traduzido pelos indicadores-chave de desempenho (KPIs/ICDs).
- ✔ Avaliar até que ponto os integrantes da equipe trabalham de acordo com os valores e comportamentos definidos (você pode descobrir como elucidar e acordar valores e comportamentos com seu grupo na seção anterior "Destacando os valores da equipe").
- ✔ Observar se a equipe tem as características que considera importantes para ela. Veja a seção anterior, "Separando o excelente do bom", na qual eu listo as principais características de um grande time. Nessa seção, você mesmo também pode identificá-las ao fazer o exercício.

Para avaliar sua equipe, reserve tempo para responder a perguntas como as que seguem:

- ✔ Como minha equipe vem desempenhando em face dos KPIs/ICDs – os objetivos/metas/resultados – que temos de alcançar? Quais são os números ou outras evidências que posso fazer uso a fim de justificar minha percepção?
- ✔ O desempenho de minha equipe com relação aos KPIs/ICDs é constante, vem melhorado ou caindo com relação aos anteriores? Quais são os motivos dessas mudanças de rendimento?
- ✔ A equipe está trabalhando bem em conjunto? Até que ponto? O que noto com relação ao comportamento e forma como os integrantes da equipe se tratam que dê base a minha percepção?
- ✔ Até que ponto os integrantes da equipe se apoiam? Quais são as evidências de que meus colaboradores estão "ligados" para ajudarem os outros no trabalho? Eles tomam a iniciativa de apoiar um ao outro quando percebem alguém em dificuldade?
- ✔ Os integrantes da equipe cobram uns aos outros aquilo que deve ser feito? Até que ponto os membros do grupo prontamente contestam a seus colegas quando estes não fazem o que devem fazer?

- Quais são as evidências de que os integrantes da equipe, individual e coletivamente, estejam interagindo e comportando-se de maneira a reforçar os valores do grupo? O que eu fiz, desde a última revisão, para reconhecer e reforçar a boa prática? Até que ponto eu intervim pronta e efetivamente ao notar comportamentos e padrões de trabalho inaceitáveis?

- Numa escala de 1 a 10, qual a minha nota para o clima da equipe como um lugar feliz e produtivo para se estar? Quais evidências ou em que me baseei para atribuir tal nota? Como a minha nota se compara às anteriores? Quais medidas providenciarei para que haja melhorias no clima da equipe?

Você pode examinar quaisquer características que quiser por meio de um simples questionário de avaliação da equipe.

Regendo a autoavaliação da equipe

Não, eu não estou sugerindo que você compre uma batuta e balance loucamente seus braços no ar como um maestro! Tenho algo mais colaborativo em mente. Realizar autoavaliações regulares do desempenho da equipe faz com que tenha uma visão geral do rendimento de seus colaboradores, especialmente se você faz revisões regulares e procura pelas tendências no desempenho. Tais autoavaliações trazem os seguintes benefícios:

- Você pode reforçar os KPIs/ICDs, valores, comportamentos e características importantes de grupo, usando-os como critério para conduzir a avaliação.

- Os integrantes da equipe ficam mais inclinados a assumir os resultados da avaliação, pois estão envolvidos nela.

- Todos os integrantes da equipe contribuem para o estabelecimento de uma melhoria contínua, pois precisam criticar regularmente o desempenho da equipe (você encontra mais sobre esse assunto na seção adiante "Empenhando-se para a melhoria contínua").

Faça uma reunião de equipe – para falar por que quer que o grupo realize as autoavaliações e do método que será usado – antes de pedir aos colaboradores que se avaliem ou comentem o desempenho do time. Depois, envolva os integrantes do grupo na avaliação de seu próprio rendimento ao:

- Examinar a produtividade da equipe fazendo uso de dados numéricos de desempenho, gráficos de rendimento, nível de avanço na execução de projetos etc.

- Fazer perguntas como as descritas na seção anterior "Avaliando sua equipe" (leia o Capítulo 12 para descobrir mais perguntas a serem feitas aos seus colaboradores a fim de que identifiquem os pontos fortes do grupo e suas prioridades).

Capítulo 15: Liderando Sua Equipe

Verifique se todos os membros do grupo são capazes de avaliar de forma honesta, objetiva e imparcial o desempenho da equipe durante a reunião. Se você achar que as opiniões dos colegas podem influenciar a avaliação de alguns deles durante uma discussão aberta, faça primeiro uma avaliação anônima por meio de questionário e, depois, discuta os resultados.

Elabore um questionário básico que contenha a descrição das características ou questões a serem consideradas pelos integrantes da equipe com um esquema simples de classificação. A Tabela 15-2 mostra exemplos de afirmativas que você pode usar em um questionário.

Tabela 15-2 Exemplos de tópicos a serem usados na autoavaliação da equipe

	Discordo Totalmente	*Discordo Parcialmente*	*Concordo Parcialmente*	*concordo Totalmente*
Todos são incentivados a expressarem seus pontos de vista e opiniões de forma aberta e honesta.				
Os integrantes da equipe cobram aos outros integrantes para que façam o que deveriam fazer.				
Todos se esforçam para manter os valores da equipe por meio de ações e pelo modo de se comportar.				
Os integrantes da equipe persuadem colegas cujo trabalho, atitudes ou modo de agir estejam abaixo dos padrões do grupo.				
Nós examinamos regularmente todos os aspectos de nosso trabalho para identificar pontos fortes e enfocamos a melhoria contínua do desempenho da equipe.				
Tenho orgulho de fazer parte dessa equipe.				

Empenhando-se para a Melhoria Contínua

Se a sua equipe já apresenta bom desempenho, por que empenhar-se para melhorar continuamente o rendimento? Simples. Pelas seguintes razões:

- A melhora contínua deve fazer parte do "espírito de equipe" ou cultura de grupo – uma forma de trabalhar - e ser mais do que um conjunto de técnicas ou métodos.
- As equipes não são estacionárias: ou seu desempenho vai melhorando ou deteriorando por causa da complacência ao longo do tempo.

Construir uma equipe de alto desempenho e mantê-la é difícil: quase todos os integrantes de seu grupo, senão todos, devem estar comprometidos com o propósito da equipe, preservando os valores e as convicções, mantendo altos padrões em todos os aspectos do trabalho e do trabalho em conjunto. A tarefa não é fácil, mas é válida (veja as características de uma equipe de alto desempenho na seção anterior "Separando o excelente do bom" para ver de uma nova forma os benefícios das equipes de alto desempenho).

O maior inimigo da melhoria contínua é pensar que você já está ocupado demais fazendo seu trabalho para gastar tempo no aperfeiçoamento do trabalho em conjunto de seus colaboradores!

Desenvolvendo uma atmosfera de alto desempenho

Você provavelmente já visitou algumas empresas e sentiu um "quê diferente" no ar: uma energia forte, funcionários realmente engajados e gostando de realizar o trabalho, um "ar" de profissionalismo e alta produtividade, entre outras sensações. É possível também que tenha entrado em determinadas lojas, hotéis, restaurantes e outros, e percebido o oposto: um clima de estagnação e letargia!

O tom ou ânimo – a atmosfera – em um local de trabalho é parcialmente criado pelo ambiente físico, mas primordialmente pelas pessoas que lá trabalham. Eu mesmo já entrei em lugares que eram catedrais da arquitetura e do *design* moderno, mas que apresentavam um vazio de propósito e "alma".

Tente fornecer as melhores condições, ferramentas e equipamentos para sua equipe ser produtiva *e* direcione seus maiores esforços para os aspectos humanos do trabalho tendo em vista a criação de uma atmosfera de alto desempenho.

Trabalhe para a criação de um ambiente de alto desempenho como segue:

- Transmita a ideia de como vê sua equipe desenvolvendo um trabalho de alto desempenho (leia o Capítulo 7 para descobrir como criar esse panorama).

- Reforce regularmente o propósito da equipe e sua *raison d'être*, bem como a contribuição que o grupo faz para o sucesso da organização, durante reuniões de grupo ou conversas individuais (descubra como elucidar o propósito da equipe na seção "Enfatizando o poder do propósito da equipe").

- Exiba as conquistas da equipe no ambiente de trabalho. Use gráficos ou outros meios para mostrar dados estatísticos do desempenho, da resposta dos clientes e dos colegas de trabalho etc.

- Surpreenda as pessoas fazendo um bom trabalho: saia de sua sala e ande pelo departamento procurando exemplos de pessoas executando suas grandes obras.

- Certifique-se de que a prioridade e o tempo adequados serão destinados às atividades que focam a avaliação crítica da equipe. Isto é, examinar o desempenho do grupo e o desenvolvimento do trabalho em conjunto a fim de identificar os pontos fortes e acordar ações para melhorar o rendimento do grupo.

- Incentivar colaboradores a buscarem oportunidades de se conhecerem melhor. Isso significa falar mais sobre quem eles são, suas expectativas, aspirações, desafios que enfrentam etc.

- Comemorar a conquista de objetivos e metas importantes, da superação dos obstáculos na melhoria da produtividade, entre outros, organizando um evento para que as pessoas se divirtam, desfrutem da companhia umas das outras e contem histórias (informalmente) sobre suas conquistas.

Dizendo o que está oculto

Você já se viu em situações nas quais seus colegas disseram o que pensavam e expressaram suas opiniões só depois da reunião na qual eles, no seu ponto de vista, deveriam ter falado? Pela minha experiência, as pessoas não se abrem, nem expressam abertamente suas opiniões em reuniões pelas seguintes razões:

- Elas não querem parecer ignorantes ou bobas por expressarem seus pontos de vista e opiniões.

- Elas não querem se sentir constrangidas por dizer algo inapropriado.

- Elas não querem constranger ou magoar um colega de trabalho por discordar ou criticar o que essa pessoa diz.

- ✔ Elas não se sentem confiantes em fazer uma declaração que não podem provar nem validar.
- ✔ Elas se preocupam com a reação de seu colega – ou mesmo a reação exagerada – caso essa pessoa discorde daquilo que estejam falando e critique-as de forma pessoal, além, é claro, da crítica a sua opinião.

Ser aberto e honesto em reuniões e "falar o que vem a sua mente" pode ser arriscado para muitas pessoas; elas precisam pisar fora de suas zonas de conforto para assumir tal risco (veja o Capítulo 9 para descobrir mais acerca da boa prática de manter conversas produtivas com sua equipe; para saber mais sobre zona de conforto, vá para o Capítulo 6).

Aqui estão algumas abordagens para tornar o oculto conhecido em reuniões de equipe:

- ✔ Incentive os integrantes da sua equipe a questionarem e contestarem seus pontos de vista e ouça atentamente os deles (vá para o Capítulo 9 para descobrir como chamar o desafio e lidar com o constrangimento e a ameaça). Adotar tal estratégia faz com que estabeleça um grande exemplo para os outros copiarem.
- ✔ Antes da reunião, converse rapidamente com o colaborador que tem receio de falar durante os encontros. Discuta os itens que são importantes para essa pessoa e incentive-a a expressar o que pensa na reunião: diga que apoia seu ponto de vista, caso concorde com este, especialmente se já esperar que os outros colaboradores falem coisas diferentes.
- ✔ Convide os indivíduos mais introvertidos para falar, chamando-os pelo nome, e certifique-se de que ninguém vá interromper.
- ✔ Conteste (construtivamente) quaisquer palavreados ou atitudes que possam causar constrangimento, ameaça ou que destrua a confiança do colaborador.
- ✔ Reconheça e elogie os colaboradores que fazem perguntas averiguadoras, aquelas que levam seus colegas, e até mesmo toda a equipe, a questionarem seus pontos de vista, pois isso gera novas percepções, melhor compreensão de problemas e tomadas de decisão (descubra como ser mais habilidoso ao fazer perguntas averiguadoras no Capítulo 9).
- ✔ Agradeça, em particular, o integrante da equipe que contestou construtivamente o colega de comportamento inaceitável, o que pode ser, por exemplo, uma constante interrupção ou desrespeito ao discurso do outro colaborador.

Capítulo 16
Conduzindo uma Equipe de Projetos

Neste Capítulo
▶ Preparando sua equipe de projetos para a ação
▶ Lidando com as outras prioridades dos integrantes da equipe
▶ Incentivando membros da equipe a cobrarem uns dos outros

Algumas equipes de projetos se formam quando pessoas com interesses em comum são reunidas para resolver um problema ou aproveitar determinada oportunidade. Mas em vários desses grupos, os funcionários são designados por causa do conhecimento, da habilidade técnica ou por serem os representantes de um departamento com interesse específico no projeto. Diante de um cenário assim, as pessoas são simplesmente reunidas e espera-se que elas trabalhem em conjunto de forma efetiva, sob o comando de um líder previamente designado – que pode ser você!

Neste capítulo, eu o conduzo pelos desafios que o aguardam na condição de líder de projeto e também na forma de resolvê-los. Você explorará os estágios pelos quais as equipes passam e as maneiras de acelerar o efetivo processo de construção de uma equipe de projeto. Você também entenderá os problemas de liderar pessoas que possuem várias obrigações simultâneas e como incentivar todos os integrantes do grupo a cobrarem uns dos outros o sucesso do projeto.

Levantando e Acelerando Seu Time

Ao serem inicialmente indicados para conduzirem um grupo de pessoas que trabalhará junto em um determinado projeto, muitos líderes tendem a focar primordialmente na tarefa em mãos: isto é, no desenvolvimento do plano do projeto, no qual constarão os passos ou as ações necessárias para executá-lo. Pela minha experiência, entretanto, posso dizer que o avanço na execução é bastante afetado pela forma como os componentes do grupo trabalham juntos, não apenas pela qualidade do planejamento.

Dedique tempo ao planejamento e monitoramento do projeto em si, mas reserve o mesmo tempo para determinar como os integrantes da equipe trabalharão juntos (e como eles manterão esse trabalho).

Evitando a "projetite": O flagelo das organizações

"Projetite" é o termo que eu inventei para descrever os sintomas da implantação de inúmeros projetos para resolver quaisquer problemas na empresa. As características ou sintomas dos muitos projetos ocorrendo ao mesmo tempo são:

- Intensa competição entre responsáveis e líderes dos projetos para angariar recursos.
- Projetos são lançados sem que especificações claras sejam acordadas.
- Atrasos no avanço e na finalização dos projetos.
- Retardamento ou perda dos benefícios potenciais ou esperados pela finalização do projeto.
- Funcionários especialmente talentosos normalmente são designados para compor diversas equipes de projeto. Assim, é possível que se sintam exaustos e estressados, pois têm de seguir muitas orientações de vários líderes diferentes.

Em casos mais severos, uma empresa pode sofrer de *excesso de iniciativa* (ou "iniciativite"), um termo para indicar o grande número de iniciativas e projetos dentro de uma organização (vá para o Capítulo 13 para saber como lidar com esse problema).

Se você passar por qualquer um dos problemas acima, tente estimular os responsáveis (gerentes seniores) a fazerem uma revisão e examinar de forma geral os atuais projetos e iniciativas da seguinte forma:

1. Faça uma lista abrangente dos projetos atuais e dos que estão sendo planejados.

2. Discuta a especificação de cada projeto, especialmente dos benefícios a serem obtidos e da demanda de recursos.

3. Compare e priorize projetos tendo como base a contribuição de cada um para o sucesso da empresa ou o retorno de investimento com relação ao custo e tempo consumidos.

4. Produza e monitore um planejamento geral para todos os projetos.

5. Examine todos os projetos grandes propostos e verifique as implicações do lançamento de outros com relação às prioridades e a demanda de recursos.

Avaliando e usando os estágios do desenvolvimento de equipes

Líderes de projeto e seus grupos tornam-se uma equipe à medida que os componentes passam tempo trabalhando juntos: as pessoas ficam mais confortáveis umas com as outras, relações são estabelecidas, entre outros.

Em 1965, Bruce Tuckman descreveu o desenvolvimento do trabalho em equipe como sendo o grupo de pessoas que, mesmo estranhas, trabalham juntas e tornam-se uma equipe mais efetiva. A famosa expressão de Tuckman que descreve os estágios do desenvolvimento de uma equipe é *forming* (formação), *storming* (agitação), *norming* (normalização), *performing* (execução). Ele acrescentou posteriormente o quinto estágio, *adjourning* (finalização e dispersão). Nesta seção, eu uso o modelo de Tuckman para descrever meu entendimento de como se dá o desenvolvimento do trabalho em equipe e os problemas que este pode trazer. Na seção adiante, "Acelerando os estágios", eu mostro como você pode conduzir mais rapidamente sua equipe por entre essas fases a fim de gerar um grupo de alto desempenho.

Formação

O estágio inicial se dá quando os indivíduos são reunidos. A fase de *formação* é normalmente caracterizada pela educação com que as pessoas se tratam, embora possivelmente haja indivíduos confiantes ou ansiosos, dependendo, por exemplo, do nível de esclarecimento que tenham sobre o que é esperado deles. Os componentes do grupo dependem muito do líder do projeto (no caso, você) para obterem orientação e direção, pois o papel e a responsabilidade de cada um ainda não estão claros.

Agitação

Durante o segundo estágio, sua equipe pode passar por problemas na tomada de decisões. Talvez os componentes do grupo venham a disputar posições à medida que tentam se estabelecer dentro do time. Além disso, você pode ver sua autoridade sendo desafiada como líder do projeto. É possível a formação de subgrupos ou panelinhas, o que leva ao questionamento do propósito ou do objetivo do grupo. Emoções à flor da pele podem destruir o sentimento de trabalho em equipe quando, por exemplo, problemas de relacionamento se acentuam entre os componentes do time.

Normalização

Nesse estágio, os componentes da equipe começam a ficar mais confortáveis uns com os outros. Os indivíduos agora se conhecem melhor e os papéis e responsabilidades já estão claros. Os membros do time respeitam sua posição e autoridade como líder do projeto; eles ficam mais comprometidos e fazem mais avanços em direção à conquista dos objetivos do projeto.

Execução

Quando (ou *se* – algumas equipes não alcançam esse estágio de alto desempenho porque não desenvolvem todas as características dos estágios de normalização e execução) sua equipe chega à fase de execução, seu trabalho como líder de projeto normalmente fica bem mais fácil, pois os indivíduos já descobriram como trabalhar juntos sem precisarem de muita orientação. Os integrantes do grupo, individual e coletivamente, possuem um alto grau de autonomia e tomam a maioria das decisões orientados pelos padrões ou critérios de monitoração de sucesso do projeto previamente acordados com você. Quaisquer divergências dentro do grupo são rapidamente resolvidas, principalmente pelos seus próprios integrantes.

Finalização e dispersão

O estágio final se dá quando o time completa o projeto e dispersa-se. Esse período pode ser difícil para os indivíduos que estabeleceram laços próximos com outros componentes do grupo.

Acelerando os estágios

Os estágios de desenvolvimento do modelo de trabalho em equipe de Tuckman (os quais descrevi na seção anterior) não são distintos e separados, mas você pode compreender como sua equipe de projeto está se desenvolvendo ao notar as características do grupo e/ou os tipos de comportamento mais proeminentes de seus componentes.

Faça sua equipe passar mais rápido em cada um dos cinco estágios de Tuckman ao colocar o seguinte em prática:

- ✔ **Forming** (formação):
    - Reconhecer que sua equipe busca pela sua demonstração de liderança.
    - Elucidar e/ou transmitir entusiasticamente o propósito da equipe (você pode saber mais sobre o propósito da equipe na seção adiante "Dedicando tempo ao propósito da equipe").
    - Moldar um projeto geral identificando os principais passos a serem executados no projeto e quem é o responsável por cada um deles.
    - Encorajar os membros da equipe a se conhecerem melhor falando do que fazem na empresa, de seus empregos anteriores, da vida pessoal, entre outros.
- ✔ **Storming** (agitação):
    - Organizar uma reunião para elucidar e acordar as expectativas de cada componente no trabalho em conjunto para a execução do projeto (veja o Capítulo 15 para descobrir mais sobre como acordar o conjunto dos valores da equipe).

- Estabelecer sistemas e processos para conhecer, reunir e analisar dados, compartilhar informação, entre outros, em razão de garantir que a equipe funcione adequadamente.
- Engajar as pessoas apropriadas para tratar prontamente quaisquer tensões, conflitos ou discórdias entre os indivíduos e os subgrupos (você pode saber como se tornar um líder engajador no Capítulo 9 e como fazer com que as pessoas expressem o que está oculto a fim de criar uma atmosfera de alto desempenho no Capítulo 15).
- Treinar indivíduos ansiosos ou que estejam em conflito com seu papel no time ou ajudar indivíduos dominantes a serem mais inclusivos no trabalho com colegas.

✔ *Norming* (normalização):

- Buscar uma visão geral do projeto e de seu progresso em vez de ficar envolvido com detalhes.
- Sentir o comprometimento dos indivíduos para levar o projeto à frente em seu contato ocasional com eles (eu falo sobre como sentir o comprometimento no Capítulo 9).
- Organizar ou marcar eventos sociais para que os integrantes da equipe desfrutem da companhia uns dos outros e celebrem a superação de um obstáculo na execução da tarefa.

✔ *Performing* (execução):

- Delegar tanto quanto puder, mas estando sempre no controle do projeto – lembre-se de que a responsabilidade é sua!
- Reconhecer e elogiar indivíduos e grupos, especialmente em público, pela execução de grandes tarefas.
- Promover o progresso e as conquistas do grupo – e não apenas as suas – para os chefes responsáveis pelo projeto.

✔ *Adjourning* (finalização e dispersão):

- Celebrar a conquista das metas e objetivos do projeto com todo o grupo e (por que não?) seus cônjuges.
- Revisar o projeto com a equipe para identificar e compartilhar as lições aprendidas durante todo o processo (vá para o Capítulo 15 e descubra como conduzir a autoavaliação da equipe).
- Estabelecer uma rede de relacionamentos profissionais (*network*) e manter contato com os componentes do grupo.

Liderando Componentes do Grupo que Têm Atividades Paralelas

Por definição, projetos têm uma vida limitada: todos têm prazo, até mesmo os mais longos. Embora alguns componentes do grupo possam ter sido designados para trabalhar em tempo integral no projeto, é mais provável que o time consista de integrantes que também precisam executar suas agendas cotidianas além de contribuírem para o projeto. Alguns profissionais, especialmente aqueles que reconhecidamente têm determinados talentos ou são especialistas técnicos – em tecnologia, por exemplo – podem fazer parte de duas ou mais equipes de projetos.

Se os componentes de sua equipe tiverem diversos compromissos, pode ser bastante desafiador ou difícil liderar esse grupo pelas seguintes razões:

- A atenção das pessoas fica dividida entre muitas prioridades.
- Você é mais um entre os outros "gerentes" que competem pelo tempo do colaborador.
- Os chefes diretos desses colaboradores (não você, que é apenas o líder do projeto) têm mais autoridade para gerenciá-los e mais influência sobre eles.
- É possível que você mesmo tenha pouco tempo para se dedicar ao projeto por causa de outras questões de trabalho.

Dedicando tempo ao propósito do projeto

A menos que os componentes de sua equipe tenham sido designados para trabalhar em tempo integral no projeto, eles só podem dedicar uma parte de seu tempo a ele. É possível que você e sua equipe se sintam sob pressão, especialmente durante as reuniões iniciais, em razão do pouco tempo juntos para executar as seguintes tarefas:

- **Acordar as especificações do projeto:**
  - O propósito, o(s) objetivo(s) ou o(s) resultado(s) a serem alcançados pelo projeto.
  - Os critérios que vocês usarão para avaliar o bom avanço do projeto.
- **Elaborar um plano para completar o projeto:** A seção a seguir, "Evitando tirar o corpo fora", descreve como gerar um plano de projeto.
- **Monitoração do projeto:** Em razão de executar e refinar o plano para manter o projeto nos trilhos.

Capítulo 16: Conduzindo Uma Equipe de Projetos **257**

Certifique-se de que você e sua equipe dediquem tempo no início do projeto para elucidar o propósito deste e os papéis de cada um, mesmo que as pessoas sintam que devem seguir com bastante pressa no começo.

Tenha a certeza de que você e sua equipe saibam claramente o seguinte:

- **O propósito do projeto, ou seja, as razões para trabalhar nele.**
  Obtenha respostas para as seguintes perguntas:
  - Quais melhorias e/ou benefícios precisam ser alcançados por meio do projeto? Talvez você precise conduzir uma investigação ou análise, ou falar diretamente com os superiores responsáveis, para entender por completo o problema ou questão que deve ser enfocada em razão de saber exatamente os benefícios esperados ou os objetivos do projeto.
  - Como esperam que esse projeto contribua para o sucesso da empresa?
  - Quais seriam as consequências caso o projeto não fosse empreendido?
  - Até que ponto estão confiantes de que, sabendo o devido propósito, são as causas que serão enfocadas e não os sintomas dos problemas?
- **O propósito dos indivíduos na condição de componentes do projeto.** Obtenha respostas para as seguintes perguntas:
  - Por que você é um integrante dessa equipe?
  - Até que ponto esse projeto é importante para você em comparação aos outros trabalhos que precisa executar?
  - Que contribuição você deseja fazer para esse projeto?
  - O que há nesse projeto para você? O que quer obter com seu envolvimento no projeto?

Os integrantes da equipe ficam mais comprometidos e fazem contribuições mais valorosas para o sucesso do projeto quando sabem que seu propósito é importante e válido (veja o Capítulo 15 para descobrir mais sobre o poder de se ter um propósito de equipe claramente definido e atrativo).

Refutando comportamentos prejudiciais: Desculpe, sala errada, time errado!

Com certeza, você já presenciou um momento embaraçoso como este: você está em uma reunião quando alguém adentra na sala, percebe que entrou na reunião errada, desculpa-se timidamente e dá meia-volta em direção à porta! Tal comportamento normalmente indica que a pessoa:

✔ Está atrasada para sua própria reunião.

✔ Está pouco preparada para fazer uma contribuição valorosa para sua reunião.

✔ É desorganizada.

✔ Todas as opções anteriores!

Pessoas que exibem esse tipo de comportamento podem estar sobrecarregadas de compromissos e tentando lidar com uma grande carga de trabalho. Mesmo que tenha a tendência de ser mais simpático com o indivíduo que está sobrecarregado do que com aquele que é apenas desorganizado, se notar um membro de sua equipe exibindo esse tipo de comportamento, a forma de responder a ele – e a velocidade com a qual deve fazê-lo – é crítica pelas seguintes razões:

✔ Estabelecer e manter o padrão de comportamento da equipe.

✔ Preservar o desempenho da equipe.

✔ Manter sua credibilidade como líder do projeto.

Refute rápida e positivamente quaisquer membros do time de projeto cujo comportamento possa prejudicar o desempenho ou padrão da equipe. Incentive essa pessoa a trabalhar conforme seus padrões. Descubra todos os compromissos atuais do colaborador e seja particularmente empático, caso ele esteja sobrecarregado: como você se sentiria se tivesse abarrotado de compromissos profissionais? Faça uma reunião em particular com esse indivíduo e seu chefe direto para resolver o problema, acordando, se possível, prazos mais realistas a fim de que as tarefas relevantes e o projeto sejam cumpridos (o Capítulo 11 apresenta mais informações sobre liderar pessoas segundo seus padrões e os perigos de adiar a tomada de ação).

Desenvolvendo o Senso de Cobrança Mútua

Como líder, você é o responsável pelo sucesso do projeto. A responsabilidade final é sua! Os integrantes de sua equipe provavelmente esperam que você:

✔ Cobre os membros do time para que façam o que devem fazer.

✔ Conduza efetivamente as reuniões de projeto.

✔ Resolva quaisquer discórdias e tensões entre os membros do grupo.

E isso é só o começo!

Entretanto, nem todo aspecto do desempenho da equipe depende apenas de você. Alguns dos seus colaboradores podem achar que eles não têm qualquer responsabilidade sobre a maneira como seus colegas trabalham em conjunto – isto é, na marcha da equipe – e acreditam que você é o responsável por cobrar cada aspecto relativo ao projeto. Quando pensam dessa forma, os membros do grupo tendem a passar a "batata quente" e é justamente você quem precisa falar com o indivíduo que não faz a tarefa como deveria. Assim, você começa a se ver absorvido pela resolução de problemas que não deveria estar envolvido, pois os componentes do grupo não tomam a iniciativa de resolvê-los.

Evitando que os colaboradores tirem o corpo fora

A expressão "tirar o corpo fora" é o oposto de "assumir responsabilidade". Pessoas que tiram o corpo fora não "ficam" (metaforicamente) para assumir a responsabilidade. Em vez disso, elas "saem fora", o que significa que alguém vai ter de assumir a responsabilidade em seu lugar.

Seu ponto de partida para encorajar membros do time a cobrarem uns dos outros no que diz respeito às tarefas é garantir que todos saibam o que é esperado deles no avanço do trabalho. Em outras palavras, eles precisam saber e assumir sua parte justa da responsabilidade.

Envolva sua equipe na produção e monitoração do planejamento do projeto a fim de que os objetivos deste sejam alcançados. Veja a seguir:

1. **Liste todas as tarefas principais que devem ser feitas para completar o projeto.**

2. **Examine as tarefas para identificar quais podem ser iniciadas a qualquer hora e quais dependem de uma etapa anterior a ser terminada.**

3. **Faça novamente a lista das tarefas de forma que fiquem em ordem cronológica, anotando a relação de dependência – tal como: o início da tarefa "F" depende da finalização da tarefa "A" e "D".**

4. **Decida quem vai se responsabilizar pela execução de cada tarefa.**

5. **Estime quanto tempo cada tarefa vai levar para ser finalizada, ou seja, a sua duração de tempo.**

6. **Use as dependências das tarefas (etapas críticas) e a duração de tempo para estabelecer prazos dentro dos quais as tarefas precisam ser finalizadas a fim de que o projeto seja completado a tempo.** A Tabela 16-1 fornece um exemplo de um planejamento de projeto para a reorganização de um escritório.

7. **Faça revisões regulares do projeto, usando o planejamento como base para as reuniões, a fim de:**

- Discutir o progresso e as conquistas.

- Identificar os atuais e potenciais problemas e atrasos, além de discutir como resolvê-los para manter o projeto nos trilhos.

- Encorajar todos os membros da equipe a falarem sobre o que esperam do trabalho executado por outros componentes (no que diz respeito a completar as tarefas sob sua responsabilidade a tempo) e as implicações e consequências, caso seus colegas não finalizem o que lhes é exigido.

- Refinar e atualizar os detalhes do planejamento do projeto, tendo como foco manter os prazos e finalizá-lo a tempo.

Tabela 16-1   Exemplo de planejamento de projeto

Descrição de Cada Tarefa	Responsável	Data para Finalização	Dependência da Tarefa	Comentários sobre o Progresso (incluindo notas de conclusão de tarefa)
A) Falar com a equipe sobre o propósito da reorganização do escritório.	Eu	23 de março	Nenhuma	
B) Consultar a equipe sobre as carências em suas estações de trabalho.	Peter	7 de abril	"A"	
C) Gerar o primeiro esboço do novo formato do escritório.	Gemma	15 de abril	"A", "B"	

Nós não temos tempo!

Esse exemplo real mostra como fiz com que um grupo dedicasse tempo ao encadeamento da equipe.

O diretor-gerente de uma empresa de varejo me encarregou de trabalhar com seus gerentes seniores para fazer com que estes fossem mais efetivos na execução de seu cargo estratégico na empresa. O diretor-gerente passou por dificuldades ao tentar fazer com que esses profissionais assumissem responsabilidades estratégicas adicionais, além das que precisavam assumir no gerenciamento seus departamentos e na conquista das metas de vendas. Todos os gerentes eram bem experientes e revezavam-se na "chefia" das reuniões estratégicas feitas a cada seis semanas.

Eu conduzi alguns encontros com os gerentes nos quais pude examinar e elucidar o propósito da equipe — a contribuição que eles deveriam fazer para a empresa — e o papel que teriam de assumir. Todos esses profissionais revelaram o mesmo problema: encontrar tempo para assumir suas responsabilidades estratégicas e também fazer o "trabalho do dia a dia".

Eu observei a equipe de gerentes em uma de suas reuniões estratégicas durante uma hora e, então, intervi para explorar a maneira como eles estavam trabalhando juntos; em outras palavras, o encadeamento da equipe. Expliquei que a produtividade do encontro não dependia apenas de como eles trabalhavam juntos na reunião, mas que a forma como cada um deles se preparava para o encontro também afetava o rendimento do grupo. Todos eles tinham de enviar seus relatórios e outros papéis para aquele que presidiria a reunião uma semana antes do encontro.

Perguntei se os gerentes enviavam seus relatórios a tempo e se estes eram gerados sob o padrão esperado. Vários deles disseram que não tinham tempo de fazê-los da forma adequada e que os relatórios iam depois do prazo porque bater as metas de venda era mais importante. Eu argumentei que os gerentes estavam, de certa forma, gastando o tempo uns dos outros por causa da falta de preparação para as reuniões e que a produtividade dos encontros nunca melhoraria, se essa situação continuasse.

Perguntei a todos os gerentes quanto tempo era necessário para que fizessem seus relatórios adequadamente e a resposta deles variava entre uma a quatro horas de preparação. Questionei se era impossível que se planejassem e reservassem esse tempo para fazerem o relatório na quinta semana depois da reunião. Eles concordaram que "dessa forma" não era tão impossível assim.

Eu também perguntei se a primeira hora gasta na reunião tinha sido válida e todos concordaram que decisões importantes haviam sido tomadas: decisões que não seriam tomadas se os gerentes não fizessem as reuniões estratégicas. Eu então disse que eles precisavam decidir se era melhor parar de trabalhar as questões estratégicas e cancelar as reuniões ou melhorar a forma como trabalhavam juntos.

Eles acordaram dedicar tempo à execução do trabalho estratégico a ser feito e, também, cobrar os outros, caso alguém não enviasse os relatórios a tempo ou não os fizesse sob os padrões estabelecidos.

Lembrando-se do encadeamento da equipe

A maioria das equipes de projeto, pela minha experiência, entra direto no "modo tarefa" quando os componentes se reúnem pela primeira vez: o grupo começa imediatamente a focar na elucidação dos objetivos e nas ações a serem tomadas para alcançá-los. O resultado é que os integrantes da equipe passam por subsequentes problemas ao trabalharem juntos simplesmente, porque não dedicaram um tempo no início ao encadeamento da equipe.

Em seu planejamento do projeto (o qual eu descrevo na seção anterior) constam as tarefas e responsabilidades dos integrantes da equipe, as ações a serem executadas e quem são os responsáveis por executá-las. Entretanto, o processo de encadeamento da equipe dá ênfase à forma como as pessoas trabalham juntas (agora e no futuro) em razão de realizarem suas obrigações.

Você pode usar as diversas abordagens citadas ao longo desse livro para trabalhar o encadeamento da equipe:

- ✔ Elucide e use os valores da equipe para acordar a forma como seus componentes preferem trabalhar e trabalham juntos (veja o Capítulo 15 para mais informações).
- ✔ Conduza uma autoavaliação da equipe (também descrita no Capítulo 15).
- ✔ Trabalhe em cima do comprometimento dos integrantes da equipe e de sua capacidade de realização de tarefas (leia o Capítulo 11 para mais informações sobre esse tópico).
- ✔ Identifique o que o grupo está fazendo e o que não está fazendo bem. Identifique também o que pode fazer para melhorar (leia o Capítulo 12).
- ✔ Use as dicas para acelerar o desenvolvimento de sua equipe (como abordado anteriormente na seção "Acelerando os estágios").

Apreciando o poder da liderança compartilhada

Os integrantes de sua equipe de projetos provavelmente esperam que você tome a liderança no encadeamento desta – que é processo de trabalhar bem juntos. Mas, na verdade, você precisa compartilhar essa tarefa.

Encoraje os integrantes da equipe a mostrarem liderança para manterem e melhorarem o encadeamento da equipe fazendo o seguinte:

- ✔ Mostre genuíno interesse a cada um deles como indivíduos em vez de se interessar apenas pelo que podem fazer para completar o projeto (explore o Capítulo 9 para descobrir como melhorar a relação com as pessoas).

Capítulo 16: Conduzindo Uma Equipe de Projetos 263

- ✔ Pise fora de sua área de conforto e conteste qualquer componente da equipe que não esteja se comportando de acordo com os valores acordados. Veja as dicas de como pisar fora de sua área de conforto no Capítulo 6.
- ✔ Tenha coragem de "falar o que está em sua mente" (volte ao Capítulo 9 para obter orientação sobre como ser mais corajoso e conversar proveitosamente com seus colaboradores).
- ✔ Seja capaz de lidar com situações constrangedoras e ameaçadoras (o Capítulo 9 oferece dicas para tal).
- ✔ Reúna diretamente os colaboradores para que perguntem por que a tarefa da qual dependiam não foi feita e encoraje o componente em falta a executá-la.

Os benefícios de encorajar componentes da equipe a mostrarem liderança incluem:

- ✔ Os membros da equipe conseguem resolver prontamente seus próprios problemas e preocupações no trabalho em conjunto.
- ✔ Você não fica preso às minúcias do funcionamento do grupo, o que lhe dá mais tempo para trabalhar em outras prioridades.
- ✔ Sua equipe de projeto desenvolve alto rendimento ao fazer uso dos talentos e habilidades de todos os componentes e torna-se capaz de engajar uns aos outros efetivamente.

Capítulo 17

Conduzindo uma Equipe Virtual

Neste Capítulo

▶ Avaliando os desafios de liderar uma equipe virtual
▶ Fazendo com que a equipe virtual melhore seu desempenho
▶ Comemorando a finalização de uma equipe virtual

Com a crescente internacionalização da empresas e a tecnologia cada vez maior dos meios de comunicação, as equipes virtuais estão aumentando em número e importância. Como líder de equipe, é possível que você se veja convidado para liderar um grupo de pessoas que esteja espalhado pelo país ou pelos continentes e que quase nunca, ou nunca, se encontram pessoalmente. É óbvio que liderar tal time apresenta problemas específicos.

Neste capítulo, você explora as características das equipes virtuais a fim de entender como tal grupo difere dos outros e as implicações de exercer o papel de líder de uma equipe como essa. Você também descobre como estabelecer maneiras efetivas de trabalhar com componentes distantes uns dos outros e como convergir o grupo para o sucesso.

Entendendo as Equipes Virtuais

No que você pensa quando ouve "equipe virtual"? Você pode achar que o termo implica em um time que não é real, mas sim uma ilusão, porque o termo "realidade virtual" normalmente é usado para descrever uma realidade aparente com imagens geradas por computador. Ou acha que a equipe virtual é quase uma equipe real, mas algo está faltando!

Tais concepções são perigosas para a efetividade de uma equipe virtual. Na verdade, o grupo fisicamente distante precisa ser exatamente igual a um no qual os componentes se veem cara a cara.

Nomeando a equipe

O nome de uma equipe, mesmo um nome genérico como "equipe sênior de gerenciamento", faz efeito sobre seus componentes. O nome de uma equipe:

- Dá a seus componentes uma identidade; o nome descreve um grupo específico de pessoas com o qual seus integrantes estão relacionados.
- Dá significado, e até mesmo descreve o propósito da equipe, para seus membros. Por exemplo, funcionários de uma empresa normalmente esperam que "sua" equipe sênior de gerenciamento lidere a organização.
- Sugere que a equipe possui determinadas características.

Há diversos tipos de equipes – de projeto, sênior de gerenciamento, permanentes, temporárias, virtuais – e, embora todas elas tenham características em comum, também apresentam traços bem particulares. Entender claramente a composição de um grupo pelo seu nome é crucial para o efetivo funcionamento do time. Você vai descobrir as características das equipes virtuais nas próximas três seções e alguns dos desafios a serem enfrentados na condição de líder virtual.

Definindo equipes virtuais

Aqui estão algumas características significativas das equipes virtuais que as separam das outras:

- Os componentes da equipe raramente ou nunca se veem pessoalmente, pois estão espalhados por diversos lugares distantes.
- Os componentes da equipe mantêm contatos regulares por telefone, videoconferência ou *e-mail*. Esse tipo restrito de contato normalmente gera consequências na efetividade do trabalho em conjunto.
- É bastante provável que os componentes da equipe possuam bagagens culturais, valores, línguas e formas de trabalho diferentes, especialmente em times internacionais.

Uma equipe virtual pode ser permanente ou temporária. A permanente é aquela com uma vida útil relativamente longa, podendo existir por anos, embora seus componentes quase nunca se encontrem pessoalmente. A equipe virtual temporária é formada para executar uma tarefa ou projeto específico e é desmontada quando o trabalho acaba.

As características citadas das equipes virtuais produzem efeitos importantes na forma como seus membros trabalham juntos.

Capítulo 17: Conduzindo uma Equipe Virtual

Reserve alguns minutos para completar o seguinte exercício. Se você já fez parte de uma equipe virtual, reflita sobre suas experiências visando identificar as consequências do contato limitado (e/ou das formas restritas de comunicação) entre seus componentes e como essas consequências afetaram o bom andamento do trabalho em conjunto. Se nunca trabalhou dessa forma, faça o exercício imaginando o desempenho do trabalho remoto em conjunto.

1. **Divida a página do caderno em três colunas, como na Tabela 17-1.**
2. **Anote uma das consequências do contato limitado entre os componentes da equipe virtual na primeira coluna.**
3. **Na segunda coluna, escreva como essa consequência produz um efeito na forma como as pessoas trabalham juntas e/ou na produtividade da equipe.**
4. **Na terceira coluna, descreva o desafio que o efeito repercute em você na condição de líder da equipe.**
5. **Repita os passos 2, 3 e 4 para outras consequências.**

Eu forneço dois exemplos na Tabela 17-1 para que comece.

Tabela 17-1   Consequências e efeitos do contato limitado e das formas de comunicação para os componentes de uma equipe virtual

Consequências do Contato Limitado e das Formas de Comunicação	*Efeitos no Trabalho em Conjunto e na Produtividade da Equipe*	*Desafios Enfrentados pelo Líder da Equipe*
Os componentes da equipe não conseguem se conhecer bem.	As pessoas não se ajudam por falta de companheirismo.	Como construir uma boa relação de trabalho e sentido de espírito de equipe.
Mal-entendidos quase sempre ocorrem.	Os mal-entendidos contribuem para a desorganização, incluindo múltiplos esforços ou falta de tomada de ação.	Como garantir que cada um entenda claramente as ações acordadas e suas responsabilidades.

Entendendo os desafios de ser um líder de equipe virtual

Observe a Tabela 17-2. Ela descreve algumas das consequências geradas pelo distanciamento físico dos componentes do grupo e os desafios que o aguardam como líder dessa equipe.

Tabela 17-2 Desafios que aguardam o líder de uma equipe virtual

Consequências e Efeitos do Contato Limitado e/ou das Formas de Comunicação	Desafios Enfrentados pelo Líder da Equipe
Um senso de propósito claro, comum e compartilhado pode não existir.	Como fazer com que aquelas conversas produtivas ocorram, os encontros nos quais os componentes do grupo são capazes de explorar, considerar e acordar a importância do trabalho em equipe para si mesmos, individual e coletivamente, e para a empresa.
O distanciamento físico dos componentes da equipe restringe a formação de relações e de um sentido forte de identidade de equipe.	Como gerar interesse genuíno um no outro e um sentido forte de conexão e mútua interdependência na conquista do sucesso.
Os componentes do grupo abstêm-se de expressar suas opiniões e de dizer o que realmente pensam.	Como estabelecer a confiança mútua e o respeito que fazem com que os membros do grupo sejam abertos e honestos uns com os outros.
Mal-entendidos ocorrem por causa da conversação não verbal inadequada.	Como compensar a lacuna de não notar, perceber e compreender o significado das pistas não verbais.
Mal-entendidos ocorrem por causa das diferentes interpretações do significado das palavras e expressões, especialmente entre pessoas de países diferentes.	Como evitar a suposição de que todos os membros da equipe entenderão da mesma forma a língua usada e como explorar os potenciais mal-entendidos.
Existência de diferenças fundamentais nas formas de se trabalhar.	Como administrar (e minimizar os efeitos das) as diferenças nas formas de trabalhar de pessoas com bagagens culturais variadas.
Inconvenientes na estipulação de horários das reuniões para pessoas que trabalham em zonas de diferentes fusos.	Como ser justo e coerente para lidar com o efeito de fusos horários diferentes na configuração do trabalho dos indivíduos.

Capítulo 17: Conduzindo uma Equipe Virtual

Lidando com o pensamento: "Não somos uma equipe porque nunca nos encontramos"

É possível que passe por situações nas quais um ou mais componentes achem que o grupo não é realmente uma equipe porque os membros nunca se viram pessoalmente! Algumas vezes, você só vai perceber esse modo de pensar por meio do "disse me disse", a não ser que:

- As pessoas que sustentam tal ponto de vista tenham personalidades suficientemente autoconfiantes para se expressarem de forma aberta e honesta.
- Você tenha criado um ambiente no qual os componentes da equipe se sintam seguros de expressar pontos de vista potencialmente contenciosos; isto é, sintam que não vão ser criticados ou censurados por expressar o que pensam.

Conquistando o comprometimento dos colaboradores

Essa história real ilustra como uma gerente encorajou os membros de sua equipe virtual a expressarem seus pontos de vista e conquistou o comprometimento do grupo na melhoria dos resultados dos negócios.

Uma gerente sênior que eu estava treinando, Joyce, desejava melhorar o comprometimento dos agentes que trabalhavam em diversos países na promoção dos produtos da empresa. Esses agentes também eram representantes de produtos similares de outras empresas. Joyce sabia que ela não poderia melhorar e manter o comprometimento dos representantes na divulgação de seus produtos apenas aumentando suas comissões. E, de qualquer forma, ela não tinha esse poder! Joyce raramente se encontrava com eles e era difícil e custoso reunir todos os agentes.

Joyce dedicou tempo para descobrir mais sobre as expectativas dos representantes em relação à empresa e saber como satisfazê--las. Ela explorou as experiências que essas pessoas tinham no trabalho com sua organização — seus desejos, aspirações, preocupações, frustrações, entre outros — por meio de conversas telefônicas. A gerente usou as informações obtidas para moldar um questionário posteriormente usado na elucidação da importância dada pelos representantes, individual e coletivamente, a cada uma das questões que afetavam seu comprometimento na promoção da empresa.

Joyce analisou os resultados para identificar as prioridades a serem enfocadas e rapidamente iniciou as melhorias, que incluíam: oferecimento de informações mais compreensíveis sobre a empresa e seus produtos, correção de sistemas de informação e aperfeiçoamento do suporte técnico no escritório do Reino Unido. Joyce discutiu os resultados de sua pesquisa e explicou as mudanças feitas em uma videoconferência com os representantes. Ela modificou o conteúdo das futuras teleconferências e dos telefonemas individuais a fim de enfatizar as questões que os representantes desejavam abordar, como o desempenho dos negócios, prioridades e mais.

> Depois disso, Joyce me informou que os agentes disseram que estavam se sentindo parte da empresa e que se identificaram mais com esta: eles sentiram que a empresa estava interessada neles como pessoas e não apenas como representantes. A partir desse ponto, os agentes começaram a enfatizar mais a promoção dos produtos da companhia.

Estabeleça a importância do trabalho em equipe e conteste quaisquer membros do grupo que fizerem tal afirmação. Caso contrário, poderá haver a sensação de que você concorda tacitamente com o que eles expuseram.

Evite reagir de forma exagerada e rejeitar tão energicamente o que fora exposto a ponto de as pessoas acharem que você está criticando o colaborador. Reagir dessa maneira pode fazer com que os componentes do grupo guardem suas opiniões para si e evitem que você saiba suas opiniões – e lide com elas – e, em especial, suas preocupações (o Capítulo 15 descreve como encorajar todos os membros a falarem de forma aberta e honesta e como fazer o que está oculto vir à tona).

Estabelecendo Maneiras Inteligentes de se Trabalhar

Nesta seção, você descobre como estabelecer maneiras inteligentes de se trabalhar, o que o ajuda a lidar com os desafios de liderar uma equipe virtual e garantir que esta seja produtiva.

Empenhe-se para estabelecer maneiras inteligentes de fazer os componentes do grupo trabalharem em conjunto ao formar a equipe virtual. Para realizar isso, dedique tempo para análise e exploração da forma como o time vai trabalhar junto, além de acordar com os integrantes os objetivos, o planejamento e a organização do trabalho em equipe.

Fazendo a engrenagem funcionar

Se sua equipe virtual é do tipo permanente, você provavelmente é o único gerente direto de seus componentes: eles prestam contas a você e, assim, manter as prioridades é algo relativamente simples. Mas se sua equipe é temporária, tal como uma equipe de projetos, é possível que os integrantes prestem contas a você no que diz respeito ao projeto, mas também a outro gerente direto, que também espera que eles façam seu trabalho. Nesse último caso, você pode ter a sensação de que todos os superiores competem pelo tempo e atenção dos integrantes da equipe para a execução de diversas prioridades profissionais. Os componentes do grupo podem se sentir sendo puxados em diferentes direções por terem que responder a diversos chefes!

Capítulo 17: Conduzindo uma Equipe Virtual   271

Trabalhe para fazer a engrenagem funcionar; isto é, fazer com que todos caminhem na mesma direção. Conquiste o comprometimento dos componentes da equipe – e, para as temporárias, ajuste com todos os chefes diretos – para que dediquem tempo bastante ao progresso e finalização do projeto. Veja como:

- Fixe a importância do projeto para a organização ou negócio elucidando os benefícios de sua realização e as consequências de não executá-lo no prazo. Verifique e acorde esses aspectos com os idealizadores do projeto e os profissionais seniores.

- Explique para membros de sua equipe a importância e os benefícios da execução do projeto para a empresa e enfatize a contribuição singular que você espera que cada membro dê para seu sucesso.

- Explique para os gerentes mais relevantes a importância e os benefícios do projeto para a empresa.

- Fale com todos os componentes da equipe sobre o comprometimento exigido deles, tendo como base o papel que desempenham no projeto: o tempo que precisam se dedicar, além dos dias da semana, datas e horários críticos, como por exemplo, os das videoconferências em etapas cruciais do projeto. Dê suporte a todos os integrantes da equipe, se necessário, para que discutam seu envolvimento com o projeto com seus outros chefes diretos em razão de acordarem condições, resolverem quaisquer conflitos de prioridades, entre outros.

- Discuta e revise regularmente quaisquer problemas por quais os componentes da equipe estejam passando para honrarem o compromisso com o projeto e ajude-os a resolver as tensões ou conflitos gerados por prioridades profissionais conflitantes junto a seus outros chefes diretos.

Só envolva os idealizadores do projeto ou os profissionais seniores responsáveis na resolução de quaisquer discórdias (em relação às prioridades) com os outros chefes diretos dos componentes do grupo, se você já tiver esgotado todas as formas de resolver pessoalmente o problema.

Lidando com a sensação de "o que não é visto, é esquecido"

Os componentes de seu grupo que estão "fora das vistas" porque ficam dispersos entre dezenas, centenas ou mesmo milhares podem algumas vezes sentir que também estão esquecidos. É bem possível que pensem que você não lhes dá nenhuma atenção!

A qualidade da atenção que você dispensa a sua equipe virtual é crucial para a construção e o sustento das relações efetivas de trabalho. Dê atenção aos componentes do grupo para mostrar que você tem um interesse genuíno por eles, exatamente como você faz quando quer que o trabalho deles seja feito.

Estabeleça, desde o início, uma cultura de interesse pelas pessoas como indivíduos (entre todos do grupo, inclusive você) ao:

- Convidar cada um para falar de si mesmo: de seu trabalho, das experiências pessoais, do que é importante para eles, de suas expectativas e preocupações acerca do trabalho em equipe, entre outros. Conduza essa atividade por meio de videoconferência, se o grupo não puder se reunir pessoalmente. Dê o exemplo falando de suas aspirações para a equipe e de si mesmo primeiro.

- Encorajar os indivíduos a se contatarem diretamente em vez de fazer com que todo contato passe por você. Facilite a boa comunicação em vez de fazer o papel de "filtro"!

- Tomar a iniciativa de manter contato regular com cada componente do grupo. Anote as datas e horários na sua agenda e mantenha-se fiel a eles, o que demonstra confiabilidade e dá um bom exemplo.

- Incentivar os componentes do grupo a falarem sobre as expectativas que têm em relação aos outros e como estas podem ser satisfeitas. Fale também da ajuda que os colaboradores podem dar uns aos outros e explique as consequências das expectativas não serem satisfeitas (leia a seção adiante, "Trabalhando com diversas culturas", pois as diferenças culturais podem afetar quão abertos e honestos os componentes do grupo são uns com os outros).

- Surpreender seus colaboradores contatando-os espontaneamente para perguntar como estão, em vez de entrar em contato apenas para cobrar seu trabalho.

Avaliando as diferenças na linguagem

Se você acha que todas as pessoas dão os mesmos significados às mesmas palavras porque estão usando a mesma língua, você o faz por sua conta e risco! Pessoas de diferentes países podem interpretar palavras de forma diferentes – mesmo aquelas com significados aparentemente claros.

Nunca, jamais?

Um consultor estava conduzindo um grupo de gerenciamento no qual havia profissionais da Inglaterra e do Brasil. Para demonstrar que precisavam ser cuidadosos para evitar mal-entendidos involuntários entre eles, o consultor perguntou o seguinte: "*How many times would a employee be late if he was never late?*" (Quantas vezes um funcionário poderia chegar atrasado, se ele nunca estivesse atrasado antes?) Todos os ingleses no grupo responderam "nenhuma", mas os brasileiros disseram "três ou quatro vezes". Aparentemente, "*never*" (nunca), nem sempre quer dizer "jamais"!

Capítulo 17: Conduzindo uma Equipe Virtual

Ao trabalhar usando uma segunda língua:

- Tome cuidado e fale de forma mais clara, concisa e devagar que a normal, usando linguagem simples quando necessário.
- Verifique se todos no grupo estão entendendo a língua usada, especialmente ao tomar decisões importantes e acordar ações a serem tomadas.
- Encoraje os membros da equipe a expressarem seus pontos de vista, opiniões e interpretações do que foi discutido. Ouça atentamente para entender o significado do que está sendo dito.
- Dê mais tempo aos membros dos grupos que também estejam usando a segunda língua, evite interrompê-los e finalizar suas frases, mesmo que sua intenção seja ajudá-los a articularem seus pensamentos.
- Não aceite o uso de palavras ou expressões vagas. Em inglês, por exemplo, podemos citar: "*possibly*", "*maybe*", "*hopefully*", "*I´ll try*", entre outras, especialmente quando você:
  - Precisa que os colaboradores se comprometam com a tomada de ação.
  - Não possa verificar o comprometimento individual enxergando e lendo as dicas não verbais.

Trabalhando com diversas culturas

Pela minha experiência, indivíduos de culturas diferentes têm formas bem distintas de trabalhar. Essas variações podem gerar expectativas diferentes entre os componentes das equipes virtuais quanto ao trabalho em conjunto. Alguns dos contrastes observados na maneira de trabalhar e, consequentemente, nas expectativas de profissionais de países diferentes incluem:

- Ser direto e franco ao expressar pontos de vista e opiniões.
- Evitar divergências "em público" e ser reticente ao dar "más notícias" sobre o padrão ou avanço do trabalho.
- Pressionar para que o trabalho seja feito com urgência.
- Ter a intenção apenas de cumprir o prazo, sem estar realmente comprometido com o trabalho.
- Valorizar bastante as relações humanas.
- Valorizar bastante a efetividade e eficiência.

Aqui estão algumas maneiras de conhecer e trabalhar para minimizar os efeitos das diferenças culturais:

- Dedique tempo para conhecer a cultura dos membros da equipe (pode ser pela internet) e use as informações relevantes para conversar com cada componente, elucidando ou confirmando a forma de trabalho preferida deles.

- Compare e contraste as semelhanças e diferenças das formas de trabalho. Se as diferenças forem muito grandes, marque "expectativas e métodos de trabalho" em sua agenda como um item a ser abordado na vídeo ou teleconferência inicial em razão de fazer com que os componentes do grupo avaliem as diferenças e saibam como isso pode afetar o trabalho em conjunto. (No Capítulo 15, você pode ler mais sobre compartilhar um conjunto de valores e comportamentos associados, a fim de estabelecer e manter a eficácia no trabalho em equipe).

- Faça uma avaliação de custo-benefício e, se possível, marque um encontro para que os componentes do grupo se conheçam pessoalmente e acelerem o processo de construção de relações, caso você ache que os benefícios superarão os custos. Se essa ideia for aprovada, envolva os membros da equipe no estabelecimento dos objetivos, da estrutura e do conteúdo do encontro para garantir o melhor uso do tempo que vocês passarem juntos.

Acomodando as corujas e as cotovias

Se os componentes da equipe virtual vivem em países com fusos horários diferentes, você pode ter problemas para fazer vídeo e/ou teleconferências. Alguns deles podem estar indo dormir enquanto os outros estão levantando!

Mesmo quando as diferenças de fusos não são tão grandes, você também deve levar em consideração o fato de alguns dos colaboradores estarem cansados porque o dia de trabalho está se aproximando do fim enquanto outros estão renovados porque o dia acabou de começar.

Tente ser equilibrado ao organizar as vídeo e teleconferências com componentes do grupo espalhados por diversos fusos, organizando-as em horários menos difíceis para as pessoas envolvidas. Se evitar as dificuldades do horário for impossível para alguns deles, varie os horários das conferências de forma que os mesmos integrantes não tenham de fazer maiores esforços seguidamente.

Encerrando a Equipe Virtual

Ao finalizar o trabalho de uma equipe remota, temporária e virtual, certifique-se de que não deixe simplesmente o grupo se dissolver. Agradeça o trabalho deles, oficializando a dissolução. Isso faz com que seus membros, especialmente aqueles que se identificaram grandemente com o time e com seu trabalho, lidem melhor com a dissociação do grupo.

Faça uma videoconferência para celebrar a finalização do trabalho de sua equipe virtual:

- ✔ Agradeça a todos como grupo e também aos indivíduos pelas contribuições e conquistas. Surpreenda os membros fazendo com que petiscos sejam providenciados no local onde estão para que compartilhem uma "refeição" comemorativa simbólica.

- ✔ Encoraje os membros da equipe a falarem sobre como foram beneficiados por fazerem parte do projeto em termos de conhecimento, habilidades etc.

- ✔ Faça um balanço do aprendizado visando o desenvolvimento de um trabalho em conjunto efetivo com futuros membros de equipes virtuais.

- ✔ Reforce os contatos e as relações que estavam sendo formadas e incentive os membros da equipe a manterem essa rede de relacionamento profissional (*network*).

Capítulo 18

Liderando uma Equipe Sênior de Gerenciamento

Neste capítulo
- Construindo a responsabilidade coletiva
- Lidando com o aumento da pressão e da complexidade
- Desenvolvendo uma equipe sênior da qual se orgulhar
- Dedicando tempo para suas prioridades estratégicas

Talvez você pense que, após ter subido todos os degraus até o nível mais alto e estar no comando da equipe sênior de gerenciamento, muitos dos problemas vivenciados na liderança de equipes ficaram para trás. É claro que você pode esperar que o time dos profissionais experientes seja altamente comprometido e competente. Afinal, eles já têm grande prática de trabalho em equipe e também são líderes de seus próprios grupos: certamente aprenderam com as experiências.

Na verdade, liderar times de alto nível pode ser mais exigente e desafiador do que liderar outros tipos de equipes, como descobrirá neste capítulo. Aqui são explorados diversos tipos de desafios que você pode encontrar pelo caminho. Além disso, você também verá como construir uma equipe de profissionais seniores de alto desempenho fazendo uso do aprimoramento de seus talentos.

Desenvolvendo um Senso Coletivo de Responsabilidade

Esta seção aborda dois problemas comuns que podem surgir na liderança de uma equipe sênior de gerenciamento:

  ✓ Os profissionais seniores ficam bastante dependentes quando você mostra muito controle.

> ✔ Os profissionais seniores desenvolvem um ponto de vista muito limitado, o que gera um custo à empresa como um todo.

Quebrando o ciclo da dependência

Muitos diretores-gerentes e diretores-executivos estão apenas, pela minha experiência, focados nos resultados. Eles esperam que seus gerentes seniores alcancem os mais altos resultados e ajam com senso de urgência. Tais expectativas – e o típico comportamento posterior dos diretores – podem criar um *ciclo de dependência*, como descrito a seguir:

1. O diretor fica impaciente para ver resultados e acha que as coisas estão andando muito devagar.
2. Ele, por essa razão, intervém e diz o que gerentes seniores devem fazer.
3. Os gerentes deduzem que o diretor quer ter controle total e começam a esperar pela intervenção em todas as situações.
4. A frustração do diretor aumenta à medida que percebe falta de atitude gerencial; ele então intervém ainda mais cedo e os gerentes recuam ainda mais.
5. O ciclo da dependência continua.

Evitando o ciclo da dependência

John era um diretor-gerente de uma grande indústria manufatureira. Quando eu comecei a trabalhar com ele e sua equipe sênior de gerenciamento, percebi imediatamente que a cabeça de John estava totalmente voltada para os altos resultados. Por exemplo, ele esperava que as reuniões gerenciais fossem produtivas: os gerentes precisavam chegar logo à origem do problema, tomar decisões, acordar ações e prazos e, depois, ainda se cobrarem pela tomada das ações.

John começou a ficar frustrado por perceber o lento avanço dos gerentes nas reuniões. Assim, ele interveio, tomou as decisões por si só e disse aos gerentes o que gostaria que fizessem. Os gerentes entenderam que o diretor queria tomar as principais decisões e, dessa forma, deixaram que John assumisse todas as reuniões.

O aumento da frustração do diretor diante da inércia de seus gerentes fez com que ele começasse a interferir mais cedo, o que acabou gerando mais espera por ordens por parte de seus subordinados. A partir daí, um ciclo de dependência foi estabelecido: os gerentes estavam dependentes das decisões do diretor.

Eu prestei consultoria a John para que ele conseguisse lidar com suas frustrações e engajar ativamente seus funcionários nas tomadas de decisão coletivas. Simultaneamente, treinava os gerentes para lhes dar incentivo e desenvolver confiança em razão de fazerem maiores contribuições nas reuniões e quebrarem o ciclo.

Assumir constantemente o controle das situações e sempre dizer às pessoas o que fazer faz com que elas parem de pensar por si próprias e aguardem ou perguntem qual é a direção, até mesmo quando se trata de instruções! Exatamente como John, no quadro "Evitando o ciclo da dependência", você também precisa estar ciente de que seu comportamento pode gerar consequências inesperadas, fazendo com que as pessoas demonstrem uma postura que você mesmo considera inaceitável.

A efetiva mudança do comportamento de seus gerentes pode começar com a alteração de seu próprio modo de agir. Antes de modificar qualquer aspecto de seu comportamento no que diz respeito, por exemplo, à forma como interage com seus funcionários, você precisa:

- ✔ Estar ciente da maneira como age.
- ✔ Reconhecer os efeitos e as consequências desse comportamento nos outros.
- ✔ Aceitar que seu comportamento não está gerando o efeito desejado em seus colegas.
- ✔ Querer mudar sua forma de agir.

Trabalhe continuamente para o desenvolvimento dos integrantes de sua equipe de gerenciamento, fazendo com que contribuam plenamente para as tomadas de decisões, ao:

- ✔ Estar ciente de seu modo de agir e dos possíveis efeitos gerados em seus gerentes (veja o Capítulo 4 para descobrir mais sobre como entender mais seu comportamento e o efeito deste nos outros).
- ✔ Encorajar cada um dos gerentes para que lhe deem uma resposta sobre como seu comportamento os afeta.
- ✔ Apresentar e ser o exemplo do comportamento que espera dos outros (você pode saber mais sobre como ser um grande exemplo no Capítulo 11).
- ✔ Criar espaço e encorajar seus gerentes a se expressarem. Para isso, você não pode oprimi-los, nem reprimi-los em reuniões.

Ajudando os gerentes a saírem de seus esconderijos

Obviamente, você sabe para que serve um esconderijo – o lugar que mantém alguém ou algo fora de alcance. Mas o que são os *esconderijos gerenciais*? Bem, quando os gerentes só permanecem e olham para seu próprio departamento, e para os objetivos e metas que este precisa alcançar, eles ficam em uma espécie de esconderijo e desenvolvem uma visão limitada – por isso a noção dos esconderijos: não há uma perspectiva ampla e plena do negócio.

Eu falo no Capítulo 14 que "o que é avaliado é feito"! Estar sob avaliação normalmente é um fator significativo para a criação de esconderijos gerenciais, especialmente porque muitas empresas e organizações têm investido tempo e esforços na aplicação dos *indicadores-chave de desempenho* (KPIs/ICDs) em razão de medir o progresso dos departamentos e do negócio como um todo.

Pressionar fortemente os gerentes para que atinjam o nível adequado nos KPIs/ICDs pode gerar consequências inesperadas: os profissionais encurralam-se em seus esconderijos gerenciais para atingir suas metas e começam a trabalhar de forma independente, e não interdependente. Assim, sobra para você a responsabilidade de resolver as questões e problemas entre os departamentos.

As seguintes ações podem ajudar os gerentes a saírem de seus esconderijos:

- Garantir que os KPIs/ICDs usados sejam algo complementar e reforçativo do sucesso da empresa/organização como um todo. Identificar qualquer KPI/ICDs que possa estar causando tensões entre departamentos/gerentes. Podemos citar como exemplo a relação entre a conquista das metas de vendas e a efetiva produção em uma indústria manufatureira: o departamento de vendas pode ter trabalhado para conseguir um volume maior de pedidos, que precisam ser atendidos em um curto prazo, a fim de alcançar seu KPI/ICDs de vendas. Entretanto, isso causa problemas no departamento de produção porque seu planejamento não foi adequadamente mudado, o que diminuiu a eficiência na produção.

- Facilitar o diálogo entre os gerentes em razão de analisar até que ponto seus departamentos estão atingindo os KPIs/ICDs e explorar os efeitos negativos que o trabalho, para a conquista dos números dos KPIs/ICDS, possa gerar sobre outros gerentes.

- Encorajar os gerentes a assumirem responsabilidade coletiva para o sucesso da organização como um todo, bem como para o sucesso de seus próprios departamentos.

Incentivando Conversas Corajosas

O trabalho das equipes seniores de gerenciamento está se tornando, pela minha experiência, cada vez mais exigente, complexo e difícil, especialmente no que diz respeito à antecipação de possíveis obstáculos, compreensão e resolução de problemas e tomadas corretas de decisões. Muitas equipes de gerenciamento precisam enfrentar pelo menos um dos seguintes desafios:

- Os clientes estão ficando cada vez mais exigentes, normalmente querendo "mais por menos" mas, sem esquecer a noção de valor!
- A competição está aumentando à medida que os negócios saem do âmbito local e transferem-se para o global.
- Avanços na tecnologia criam nas pessoas a expectativa de acesso imediato, de respostas rápidas, entre outros.

- As empresas estão ficando mais difíceis de serem gerenciadas em razão do aumento da departamentalização matricial, das equipes de projetos e virtuais e do avanço da globalização.

O efeito cumulativo dessas mudanças pode ser o aumento, sentido por você e seus gerentes, da pressão por resultados e da melhoria do desempenho. Tal pressão pode fazer com que os indivíduos desenvolvam uma visão muito limitada e também com que o espírito de equipe seja fragmentado, caso os gerentes comecem a criticar outros departamentos ou colegas por gerarem efeitos adversos na operação e rendimento de seus próprios departamentos.

Uma parte importante de seu papel como líder é encorajar e ajudar os outros gerentes a se engajarem efetivamente e desenvolverem um trabalho de equipe, especialmente quando seu grupo contém indivíduos de personalidade bastante forte e que defendem opiniões e pontos de vista bem diferentes.

Mantendo a cabeça de seus gerentes erguida

Encorajar seus gerentes a terem conversas corajosas não quer dizer que eles podem começar a argumentar e lutar uns com os outros! Ter uma conversa difícil significa ter coragem para dizer o que precisa ser dito a fim de abordar os desafios, chegar à origem deles e resolvê-los. Um dos principais fatores que impedem os profissionais de explorarem suas reais opiniões é o medo de terem as cabeças cortadas!

Você – e qualquer outro em sua equipe de gerenciamento – corta cabeças quando:

- Rejeita o ponto de vista ou opinião sem qualquer explicação.
- Ridiculariza o que está sendo dito.
- Constrange os outros em público ao dizer algo como: "Você devia saber isso".

Incentive seus gerentes a terem conversas corajosas nas quais eles:

- Falem o que pensam.
- Ouçam atentamente uns aos outros.
- Perguntem e desafiem o pensamento dos outros com a intenção de melhorar o entendimento de todos e tomar melhores decisões.
- Não interrompam o que o outro estiver falando.
- Parem de ridicularizar ou constranger propositalmente seus colegas.

A próxima seção, "Discutindo as ideias e pensamentos uns dos outros", fala mais sobre o desafio ao pensamento do outro (além disso, vá para o Capítulo 8 para ver formas de engajar efetivamente seus colegas por meio de conversas proveitosas).

Criticando positivamente as ideias e pensamentos uns dos outros

Você já notou como às vezes fica preso aos seus próprios pensamentos? Se já, você provavelmente sentiu que alguém estava criticando-o quando essa pessoa questionou ou contestou sua ideia, ponto de vista, opinião ou proposta.

À medida que os problemas na hierarquia organizacional ficam mais complexos, as soluções também ficam. Eu até posso dizer que a possibilidade de um só gerente saber a melhor solução para determinado problema complexo é bem remota. É mais provável que a solução venha de um diálogo entre os gerentes, uma conversa na qual eles vão melhorando o entendimento uns dos outros sobre a questão e cheguem a uma compreensão compartilhada do problema; e, ao fazerem isso, estabeleçam o comprometimento mútuo da tomada de ação.

Criticar positivamente os pensamentos de seus colegas é um importante aspecto da melhoria do entendimento porque:

- A validade do pensamento ou ponto de vista individual é testada.
- Quaisquer suposições nas quais o pensamento ou ponto de vista se baseiam podem ser reveladas e sua validade testada.
- Os gerentes podem expandir ou elucidar seus próprios pensamentos e também contribuir para os pensamentos de outras pessoas.

Ajude seus gerentes a perceberem e aceitarem que eles não são seus pensamentos! Ao aceitar tal noção, eles ficam mais propensos a:

- Manter uma mente aberta para chegar à melhor solução.
- Discutir o pensamento dos outros.
- Receber as críticas e questionamentos dos colegas acerca de suas ideias, pontos de vista e opiniões.

Sendo firme na vulnerabilidade

Muitos gerentes que conheço pensam que ser forte significa articular vigorosamente seus pontos de vista e projetar-se de forma a causar grande impacto e influência sobre seus colegas. Tal comportamento em uma empresa pode ser visto como dominador pelos profissionais, talvez os mais introvertidos, que encontram dificuldade de questionar ou contestar os pontos de vista dos mais desembaraçados.

Um gerente pode exercer uma influência insalubre na tomada de decisão de sua equipe gerencial, se seus colegas têm dificuldade de questionar e contestar as opiniões dessa pessoa.

Capítulo 18: Liderando uma Equipe Sênior de Gerenciamento

Deixa que eu faço!

Neville, diretor-gerente de uma grande empresa de engenharia, é uma pessoa de personalidade forte. Ele exerce enorme influência sobre sua equipe de gerenciamento. Quando comecei a trabalhar com Neville e seu grupo, logo descobri que o diretor dominava os gerentes.

Como parte do trabalho de melhorar o desempenho da equipe sênior de gerenciamento e da empresa, Neville e seu time fizeram o exercício de descobrir os valores importantes para o funcionamento do grupo e os comportamentos atrelados a esses valores. O diretor e sua equipe concordaram em usar tais valores e comportamentos como critérios para uma avaliação informal da contribuição feita nas reuniões. Além disso, acordaram em dar uns aos outros pareceres, ao final de determinados encontros, sobre como os gerentes individualmente reforçaram ou minaram os valores que baseavam o modo de agir nas reuniões.

Neville percebeu que os gerentes davam valiosas opiniões sobre o comportamento uns dos outros, mas alguns pareciam relutantes em dizer o que os incomodava em seu comportamento. Ele então encorajou todos a criticarem seu modo de agir dando exemplos dos gerentes que lhe disseram o que pensavam sobre o assunto, mesmo que tivesse sido em particular, e como ele valorizava a honestidade desses colaboradores. Neville explicou que estava tendo dificuldades em mudar seu modo de agir, pois este era o hábito de uma vida toda, e incentivou todos os seus gerentes a continuarem dando opiniões sobre como seu comportamento reforçava ou destruía os valores da equipe.

Neville ainda exerce grande influência sobre seu time, mas agora consegue engajar e permitir que os gerentes façam melhores contribuições para o grupo.

Assuma a liderança e encoraje todos na equipe a questionarem e desafiarem os pensamentos uns dos outros e/ou o comportamento inaceitável:

- ✔ Dê o exemplo e faça perguntas averiguadoras aos gerentes para que elucidem o que pensam e expressem seus pontos de vista de forma clara e concisa (leia o Capítulo 9 para descobrir como desenvolver sua habilidade de fazer perguntas averiguadoras).
- ✔ Convide e incentive os gerentes a apontarem qualquer aspecto de seu comportamento que os desestimula a expressarem o que pensam e questionar seus pensamentos (leia o Capítulo 9 para descobrir como fazer esse tipo de convite e como lidar com o constrangimento). Leia o quadro "Deixa que eu faço!" para descobrir como um diretor encorajou seus gerentes a desafiarem seu comportamento inaceitável).
- ✔ Desafie construtivamente qualquer gerente cujo comportamento afete adversamente a contribuição dos colegas na tomada de decisão.

Compartilhando a Responsabilidade para o Sucesso

Na condição de alto líder dentro da empresa, você pode sentir que a atitude de seus gerentes reflete o pensamento de que tudo deve estar concentrado em você, pois você é o responsável máximo por tudo. O problema desse modo de pensar é que eles certamente o procuram para que resolva quase tudo, senão tudo, o que diz respeito ao desempenho da equipe de gerenciamento em vez de também assumirem a responsabilidade pelo bom desempenho do grupo.

Uma forma de verificar se seus colaboradores mantêm esse tipo de postura indesejável é testar se eles próprios tomam atitudes para que as reuniões sejam efetivas.

Avalie como os gerentes normalmente agem em reuniões e marque a opção adequada para cada item na Tabela 18-1.

Tabela 18-1   Testando o senso de responsabilidade de seus gerentes nas reuniões

		Nunca	*Raramente*	*Normalmente*	*Sempre*
1.	Os gerentes rapidamente falam quando percebem que o assunto está sendo desviado, quando estão entrando em detalhes desnecessários etc.				
2.	Os gerentes contestam, de forma rápida e construtiva, qualquer colega que não estiver agindo de forma condizente.				
3.	Os gerentes deixam nas minhas mãos a responsabilidade pela produtividade da reunião.				
4.	Os gerentes deixam nas minhas mãos a responsabilidade do bom funcionamento da equipe.				

Se você tiver marcado uma das primeiras duas colunas das linhas 1 e 2, e as últimas duas colunas das linhas 3 e 4, seus gerentes provavelmente não se sentem responsáveis pelo sucesso da equipe de gerenciamento da qual fazem parte. Pense nas implicações de tal cenário: se os profissionais com os quais trabalha não dividem a responsabilidade pela efetividade de suas próprias reuniões, eles fazem o quê então?

As próximas três seções mostram como incentivar e estabelecer o senso de responsabilidade mútua entre os gerentes.

Parando de culpar os outros

Uma das coisas mais danosas que você e seus gerentes podem fazer é exterminar o senso de responsabilidade mútua culpando um colega, independentemente de a pessoa ter causado o problema ou não. Pela minha experiência, alguns gerentes criticam os colegas de forma extremamente negativa, chegando a ser algo depreciador, como se estivessem tentando deliberadamente constrangê-los ou fazer com que sejam mal vistos. As intenções por trás desse tipo de comportamento não são positivas nem construtivas porque os depreciadores provavelmente querem:

- ✔ Colocar a culpa em outro colega em razão de se manterem fora da mira quando a causa do problema é desconhecida.
- ✔ Promover-se à custa de um colega.
- ✔ Destruir a autoconfiança e a autoestima do colega.

É muito melhor promover as atitudes e comportamentos positivos na equipe. Veja abaixo:

- ✔ Promova o melhor comportamento acordando os valores da equipe e o modo de agir associado a cada um deles (você descobre como fazer o exercício que define os valores e comportamentos da equipe no Capítulo 15).
- ✔ Incentive os gerentes a darem pareceres uns aos outros sobre até que ponto eles estão mantendo os valores e comportamentos acordados.
- ✔ Explique as consequências do comportamento inaceitável no desempenho da equipe.
- ✔ Fale com o gerente que age de forma inaceitável como você se sente em relação ao seu comportamento e também descreva as mudanças que você espera que ele faça.

Criando um ambiente saudável

Você pode estar se perguntando como é um ambiente saudável de equipe (de gerenciamento sênior)! Tal ambiente apresenta as seguintes características:

- ✔ Todos os gerentes têm o senso de responsabilidade mútua e assumem sua parte para o sucesso e desempenho da equipe.
- ✔ Há um certo "quê" no ar: a percepção de uma alta energia positiva (leia o Capítulo 15 para descobrir como criar uma atmosfera de alto desempenho).
- ✔ Todos estão totalmente engajados, e engajando-se, na tentativa de melhorar e conquistar um grande desempenho.
- ✔ Um senso enorme de companheirismo é notado, baseado na confiança e no respeito mútuo. Os gerentes têm um interesse genuíno um pelo outro (veja o Capítulo 9 para saber mais sobre o interesse genuinamente por alguém).
- ✔ As tensões ocasionais entre os membros da equipe são vistas como naturais porque eles compartilham diferentes perspectivas, pontos de vista e preferências. Todos expressam e contestam as diferenças construtivamente em razão de melhorar o entendimento dos problemas e questões, além de tomar melhores decisões.
- ✔ Gerentes estão aprendendo uns com os outros, desenvolvendo suas competências e habilidades em conjunto.

Empenhe-se para estabelecer e manter um ambiente saudável no qual todos são coletivamente responsáveis, e assumem tal responsabilidade, pela melhoria do desempenho da equipe, fazendo o que segue:

- ✔ Mantenha-se entusiasmado e tenha uma atitude positiva em relação a/ ao(s):
  - Propósito de sua equipe; sua *raison d'être*.
  - Objetivos e metas que você deseja que sua equipe alcance.
  - Sua visão para a organização (veja o Capítulo 7 para descobrir como desenvolver um senso de propósito e criar sua própria visão).
- ✔ Estabeleça altos padrões de comportamento e desempenho. Encoraje seus gerentes a alcançá-los.
- ✔ Ensine seus gerentes a serem mais habilidosos no engajamento mútuo (descubra como se tornar um líder engajador no Capítulo 9; veja mais sobre treinamento no Capítulo 11).
- ✔ Faça com que a equipe avalie a si mesma em razão de identificar e trabalhar em cima dos pontos fortes do grupo. Além disso, envolva seu time na melhora contínua de seu desempenho (veja o Capítulo 15 para descobrir como conduzir avaliações).
- ✔ Considere sempre como uma boa opção usar os serviços de um bom consultor independente ou facilitador para ajudá-lo a acelerar a criação do senso de responsabilidade em sua equipe. Se você não sabe como escolher um consultor/facilitador, eu sugiro que a pessoa:
  - Possua integridade, autoconfiança e humildade.

- Seja habilidosa na rápida construção da confiança e respeito entre os funcionários/gerentes.
- Engaje plenamente todos na equipe para que trabalhem visando a melhoria do funcionamento do grupo.
- Desafie construtivamente e auxilie indivíduos (e o grupo) a fazerem o melhor que podem.
- Demonstre altos padrões pessoais e éticos.

✔ Peça que o consultor ou facilitador :

- Exemplifique como trabalhou com equipes seniores de gerenciamento.
- Fale sobre os desafios que enfrentou com as equipes seniores de gerenciamento e como os superou.
- Dê referências para que você ligue e saiba como foi seu trabalho com outras equipes e os resultados obtidos.

Fixando comportamentos que você admira

Sua equipe sênior deve ser um microcosmo da empresa que você deseja criar porque:

✔ Ela (sua equipe sênior de liderança) é um exemplo para o resto da empresa (o Capítulo 11 descreve como ser um grande exemplo).

✔ Conduzir mudança de atitudes e comportamentos – a mudança na cultura – dentro da empresa começa de cima.

Os velhos hábitos não morrem fácil! Os gerentes podem facilmente escorregar e voltar às velhas atitudes e formas de trabalho, se você não promover e reforçar continuamente o comportamento adequado até que este se torne a regra.

Observe aqui como fixar as atitudes e comportamentos desejados:

✔ Seja a pessoa que você quer que os outros se tornem. Promova através de suas próprias ações as atitudes e comportamentos que espera dos outros.

✔ Surpreenda seus gerentes demonstrando as atitudes e comportamentos certos. Procure, reconheça e elogie "em público" os indivíduos que demonstram o modo correto de agir. Achar e falar daqueles que estão fazendo errado é muito fácil.

✔ Fale de grandes exemplos de gerentes que assumiram a postura que você admira e de como eles contribuíram para o sucesso da empresa (descubra mais sobre o poder das histórias no Capítulo 14).

✔ Promova gerentes que demonstraram as atitudes e comportamentos corretos em razão de reforçar a todos que pessoas que agem dessa forma têm mais chances de serem promovidas.

Preparando Outros para a Liderança

Você precisa de líderes em todas as partes da empresa porque gerentes diretos exercem uma enorme influência sobre seus funcionários: eles são as pessoas capazes de engajar os colaboradores no trabalho e fazer com que se comprometam com uma tarefa usando toda a habilidade que possuem. Algumas organizações adotam uma abordagem estruturada para o desenvolvimento de líderes, o que inclui:

✔ Avaliação de habilidades individuais em relação a competências de liderança previamente definidas por meio de pesquisa ou revisões de desempenho e desenvolvimento, além do planejamento do desenvolvimento das competências dos líderes.

✔ Planejamento para a sucessão de posições de liderança-chave dentro da empresa e uso dos planos de carreira para desenvolver funcionários para que assumam tais posições.

✔ Treinamento de líderes em razão de aperfeiçoarem o desempenho de sua posição atual e/ou para que conduzam projetos de melhorias dos negócios.

✔ Transferências de profissionais para diversas posições de liderança dentro da organização a fim de fazer com que:

- Desenvolvam suas habilidades de liderança ao serem expostos a diferentes desafios e problemas.
- Adquiram conhecimento e entendimento pleno da organização/ dos negócios e de seu funcionamento.

Coloque o tópico "liderança" em sua agenda para garantir que você aborde esse tema com sua equipe sênior nas reuniões, e que vocês discutam a qualidade da liderança em sua empresa e como desenvolver grandes líderes.

Enxergando possíveis talentos

Você pode adotar uma abordagem estruturada para localizar e desenvolver potenciais talentos usando alguns ou todos os métodos descritos na seção anterior. Outra maneira é ter o hábito de andar pela organização e notar os possíveis talentos fazendo seu trabalho. Você pode descobrir muita coisa sobre a sua própria organização, e sobre as pessoas que nela trabalham, ao sair de trás da mesa e conversar informalmente com os funcionários por onde caminha. Fale com as pessoas sobre:

Capítulo 18: Liderando uma Equipe Sênior de Gerenciamento

- Suas expectativas e aspirações com relação a si mesmos e à organização.
- As frustrações e preocupações com o que está ou não acontecendo no ambiente de trabalho.
- As ideias e sugestões de melhoria de aspectos da operação ou funcionamento da empresa.

Identifique possíveis talentos ao:

- Andar pela empresa e conversar com as pessoas para conhecê-las melhor. Isso também faz com que conheça melhor a própria empresa.
- Saber claramente quais atributos e/ou habilidades que procura em um líder para que possa localizá-lo. Você possivelmente busca indivíduos que:
  - Sejam "porta-bandeiras": aqueles que promovem e alcançam altos padrões na área em que trabalham.
  - Tenham um histórico de conquista de altos níveis de desempenho.
  - Façam críticas construtivas todas as vezes que percebem colegas apresentando desempenho inferior no trabalho e que tomem a iniciativa de tentar exercer influência para que eles melhorem o desempenho.
- Perguntar a funcionários se eles querem participar da execução das melhorias que eles próprios gostariam que acontecesse na empresa. Você conseguiria ver potencial para a liderança em alguém que só critica, mas não se envolve na realização das melhorias? Eu não!

Abstendo-se de uma tarefa

Você faz trabalhos – como muitos diretores e gerentes seniores – que não deveria estar fazendo? Você toma decisões que outros profissionais deveriam estar tomando? Se, ao ouvir essas perguntas, você escuta lá no fundo "culpado das acusações", saiba que muitos dos seus funcionários podem estar atuando em níveis muito abaixo do que são pagos para atuar na empresa. Esse tipo de comportamento tende a descer como cascata e atingir todos os níveis de gerenciamento.

Você pode até pensar que eu sou louco por dizer isso, mas eu sugiro que você se abstenha de executar certas tarefas em vez de fazer o trabalho dos gerentes que reportam a você.

Se você estiver pensando em quase tudo e instruindo seus gerentes ao que fazer, você está condicionando-os a seguir instruções: tal comportamento contribui para a criação da dependência que descrevi na seção "Quebrando o ciclo da dependência". Engajar seus gerentes para que tenham plena capacidade de tomar decisões leva-os a pensar e aprender, de forma individual e coletiva, como resolver problemas complexos e difíceis. Assim, eles podem, no devido tempo, tomar decisões sem envolvê-lo. É até possível que alguns indivíduos demonstrem ser capazes de substituí-lo em certas ocasiões.

Abstenha-se das tarefas que não competem a você ao:

- Conter sua vontade de intervir e tomar decisões pelos seus gerentes (veja a seção "Quebrando o ciclo da dependência" para dicas sobre como evitar assumir o comando).
- Falar e mostrar seu comprometimento no desenvolvimento da equipe de gerenciamento – e de sua organização – para conquistar resultados agora e construir aptidões que sustentem o sucesso no futuro.
- Incentivar seus gerentes a se sentirem responsáveis e cobrarem-se no que diz respeito ao desempenho da equipe e resultados esperados deles (você pode descobrir como encorajar seus gerentes a dividirem a responsabilidade na seção "Compartilhando a responsabilidade para o sucesso").
- Delegar tarefas aos gerentes à medida que eles vão ficando mais competentes. Assim, você fica livre para se concentrar nas prioridades estratégicas.

Parte VI
A Parte dos Dez

"É uma reunião atrás da outra."

Nesta parte...

Estes breves capítulos estão recheados com dicas sobre a boa prática da liderança. Aqui, você encontra inspiração para assumir a liderança e conduzir sua equipe.

Capítulo 19

Dez Dicas para Assumir a Liderança

Neste Capítulo
▶ Levando a bordo algumas "verdades inconvenientes"
▶ Sendo um líder positivo
▶ Tornando-se mais influente

Há infinitas oportunidades para assumir a liderança em todos os tipos de situações, se você quiser dar um passo à frente, exercer influência positiva e causar impacto naqueles que trabalham com e para você. Este capítulo oferece dez dicas para ajudá-lo a se levantar e liderar de forma tal que as pessoas aceitem sua iniciativa.

Tornando o Senso Comum de Liderança a Sua Prática Diária

A liderança pode ser desafiadora porque você precisa considerar diversos aspectos relativos ao comando de pessoas no ambiente de trabalho, tais como:

✔ As necessidades da empresa.

✔ As necessidades e expectativas de pessoas diferentes.

✔ As exigências por resultados.

✔ As prioridades de seu chefe, as de seus colegas e as suas próprias.

É possível que encontre dificuldades para conciliar as diferentes expectativas que as pessoas têm em relação a você, incluindo as suas próprias.

Eu o incentivo a usar o bom senso e fazer o que você acha certo em todas as situações, especialmente quando estiver em um dilema. Sim, você precisa ser capaz de justificar suas decisões para os outros, mas também deve justificá-las para si mesmo: é você quem vai conviver com elas. Não é possível agradar todas as pessoas o tempo todo e, felizmente, liderá-las não é um concurso de popularidade!

O que todos querem em uma situação é que aja com integridade e tome a melhor decisão que puder com as informações que tem nas mãos, usando seu bom senso.

Acreditando que Todos Querem Fazer a Diferença

Algumas vezes, você pode questionar e até duvidar das intenções, ações e atitudes de certas pessoas com quem trabalha, mas ninguém age para ser um tolo. Eu me arrisco a dizer que todos querem contribuir e fazer a diferença dentro da empresa para qual trabalham, pois apenas por meio de uma valorosa contribuição, conseguem sentir satisfação profissional e contentamento.

Incentive e ajude as pessoas para que colaborem valiosamente em razão de alcançarem metas e objetivos dentro da empresa. Para isso, explique por que o trabalho que fazem é importante e o que você espera delas. Comece a conhecer bem seus colaboradores, descubra o que os "faz funcionar" – por exemplo, expectativas, necessidades, aspirações –, ajude-os a satisfazer essas necessidades e usar seus talentos para fazerem uma grande contribuição... e lembre-se de agradecê-los por isso!

Assumindo a Liderança em Todas as Situações

Consiga seu primeiro cargo formal de liderança – sua primeira função gerencial – e todas as promoções que vierem posteriormente agindo conforme altos padrões, colocando grandes expectativas sobre seu trabalho e o de seus colegas, desafiando e ajudando todas as pessoas a alcançarem seus níveis de exigência. Afinal, quem quer ser mais ou menos?

Além disso, você tem muitas outras oportunidades para conduzir situações que exigem liderança do que apenas estar em um cargo que a exige: tudo o que você deve fazer é notar essas ocasiões e permitir-se dar o passo à frente e assumir a liderança. Por exemplo, perceba situações nas quais seus colegas estejam comentando sobre a falta de comando, quando o padrão de trabalho ou comportamento de alguém estiver abaixo do esperado ou quando tempo útil estiver sendo desperdiçado.

Capítulo 19: Dez Dicas para Assumir a Liderança   295

Toda oportunidade que você aproveita permite que pratique e aperfeiçoe suas habilidades de liderança. Deixe bem claro para as pessoas que sua intenção é agir em interesse de todos para que elas não achem que você está querendo se promover. O Capítulo 1 dá mais detalhes sobre como aproveitar as situações que exigem liderança.

Construindo, e Não Destruindo

Você já notou que as pessoas – incluindo os gerentes – normalmente tendem a falar mais dos problemas do que dos sucessos? Eu acho que enfocar problemas e criticar demais seja uma espécie de passatempo nacional! Você pode pôr essa informação à prova contando quantas vezes seu chefe e outros colegas começam a conversar falando sobre o que está dando errado e quantas vezes eles falam do que está dando certo.

Se você só conversa com seus colaboradores para falar de problemas no trabalho, não pode se surpreender se descobrir que eles o veem como um indivíduo depreciador. Só fazer críticas ao trabalho de alguém abaixa sua autoestima e prejudica sua confiança.

Observe e fale com as pessoas que estejam fazendo seu trabalho corretamente. Assim, você as põe para cima e elogia seu trabalho. Entretanto, critique construtivamente o trabalho de nível inferior.

Ouvindo Antes de Agir

É óbvio que você já ouviu a expressão "a pressa é inimiga da perfeição". Tome cuidado para não agir precipitadamente quando estiver sob pressão para resolver um problema que pensa ter sido causado por um colega que fez algo errado, especialmente se tiver que cumprir um prazo apertado.

Se não tiver cuidado, pode acabar gerando um problema pior do que o anterior, pois agiu sem ter todas as informações relevantes ou total compreensão do que se passava. Lembre também que você corre o risco de criticar exagerada ou erroneamente aquele que supostamente fez o trabalho errado, caso você o aborde dessa forma.

Embora os ouvidos sejam feitos para escutar, a mente é feita para ouvir e refletir. Para que possa realmente escutar o que seu colaborador diz, você precisa dar plena atenção à pessoa. Converse e ouça atentamente o que ela tem a dizer com relação ao trabalho mal conduzido, especialmente quando se sente sob pressão para entrar em ação (leia o Capítulo 8 para descobrir como ligar seus sentidos).

"Trabalhar com" em Vez de "Fazer para" as Pessoas

Muitos líderes destituem seus colaboradores de suas responsabilidades por um dos seguintes motivos: ou são controladores ou muito prestativos. Eu descrevo esse tipo de comportamento como "fazer para em vez de trabalhar com" as pessoas. Veja:

- Os controladores ficam sempre de olho no que seus colaboradores estão fazendo e não conseguem delegar trabalho porque gostam de garantir que tudo esteja perfeito: eles só confiam neles mesmos.
- Os prestativos têm a tendência de dar muitos detalhes sobre a execução de uma tarefa, assumem problemas para si e resolvem os dilemas para seus colaboradores.

Ambos os tipos de líderes não enxergam as consequências indesejáveis de suas atitudes: ser muito controlador ou prestativo normalmente causa problemas. Os colaboradores não conseguem desenvolver habilidades, nem confiança quando não assumem responsabilidades. Além disso, também não conseguem confiar em si mesmos nem pensar por si próprios.

Ao trabalhar com seus colaboradores, incentive e faça com que eles pensem por si próprios. Seu trabalho fica mais fácil quando todos que trabalham para você são confiantes e competentes na realização de suas tarefas (você vê como engajar plenamente as pessoas no Capítulo 9).

Estando Desconfortavelmente Confortável

Tomar a liderança normalmente exige que você saia de sua zona de conforto porque é necessário lidar com situações, problemas e dilemas nunca antes vistos. É normal que fique inseguro ao enfrentar esse tipo de circunstância e sair da zona de conforto, isso é arriscado porque você se expõe a possíveis falhas e constrangimentos, se as coisas não acontecerem como desejado.

Desenvolva a mentalidade de ficar "desconfortavelmente confortável" e melhore sua autoconfiança para que se sinta em condições de sair da zona de conforto e atacar prontamente problemas e dilemas. Veja as adversidades como oportunidades para testar suas habilidades de líder e aprenda com os sucessos e os fracassos. O Capítulo 4 oferece informações sobre o desenvolvimento de sua autoconfiança e o Capítulo 6 mostra como expandir sua zona de conforto.

Manifestando-se Abertamente!

Um antigo dito inglês fala que "as crianças tímidas nada conseguem!" (*shy bairns get nowt!*). É usado para enfatizar que as pessoas precisam se manifestar e falar por si próprias. Eu acho que esse pensamento se aplica aos líderes.

Os chefes de quase todas as equipes com as quais trabalhei me disseram, de uma forma ou outra, que desejavam que seus colegas se manifestassem aberta e honestamente nas reuniões: eles esperavam que as pessoas falassem e expressassem seus pontos de vista e opiniões. Pela minha experiência, apresentar-se dessa maneira, entretanto, é bem mais fácil na teoria do que na prática!

Não estou sugerindo que os profissionais que não dizem o que pensam sejam insinceros; eles podem apenas estar se resguardando de expressar opiniões que possam ser embaraçosas, tal como dizer que um de seus colegas está sendo desrespeitoso por interromper ou não ouvir os outros. Uma equipe gerencial não consegue melhorar seu desempenho, se os gerentes são incapazes de levantar questões que afetam o trabalho em conjunto.

Assuma a liderança e manifeste suas opiniões de forma aberta e honesta durante as reuniões gerenciais (veja o Capítulo 8 para mais informações sobre "falar o que pensa").

Expandindo Sua Esfera de Influência

Seu trabalho não seria mais fácil, se tivesse controle total de cada aspecto deste? Certamente. Entretanto, eu duvido que consiga tornar esse desejo realidade. O que você pode fazer é aumentar sua influência sobre os colegas de trabalho que estejam ligados à plena execução de seu serviço. Contudo, você precisa começar influenciando seu próprio pensamento antes de aumentar sua influência sobre os outros.

Comece a influenciar seu pensamento contestando seu modo de ver o controle que exerce sobre as pessoas e outros fatores que afetam sua capacidade de realizar um bom trabalho: você provavelmente já exerce mais influência do que pensa.

Identifique as pessoas que exercem grande impacto sobre seu desempenho e dedique tempo para trabalhar junto a elas a fim de encorajá-las e persuadi-las a fazer o que precisa que façam quando precisar ser feito (o Capítulo 7 oferece mais orientações sobre como aumentar sua esfera de influência).

Mantendo Sua Cabeça no Lugar Quando Todos Estão Perdendo as Suas

As pessoas tendem a reagir a uma crise de uma das três infrutíferas formas: mergulhando com tudo para tentar resolver o problema, correndo dele ou ficando paralisadas.

Mergulhar com tudo é arriscado porque você pode não pensar o suficiente sobre a tomada de ação. Correr do problema raramente resolve alguma coisa e ficar paralisado não permite que pense na solução.

Fique calmo ao enfrentar uma crise e siga o conselho do Capítulo 12, incluindo o lema dos mergulhadores: pare, pense e respire.

Capítulo 20

Dez Dicas para Liderar a Si Mesmo

Neste Capítulo

▶ Conhecendo o verdadeiro você
▶ Promovendo seus padrões
▶ Extraindo o melhor dos melhores líderes

Às vezes, você pode se pegar pensando: "Como eu faço para essa pessoa mudar?". Perceba que o foco está no outro e não em você. Muitos líderes comentem o erro de não enxergar que também contribuem para causar os problemas pelos quais passam na liderança de pessoas. Você encontrará dez dicas neste capítulo para ajudá-lo na sua própria liderança a fim de que você possa liderar seus colaboradores de forma mais eficiente.

Liderando-se em Primeiro Lugar

Você pode se perguntar: "Por que eu preciso me liderar se a liderança é algo que você exerce sobre outras pessoas?". O motivo é porque você causa um grande impacto naqueles que trabalham com e para você.

Compreender seus motivos e valores, entender como se sente em qualquer situação – seu estado emocional – e saber exatamente como tudo isso afeta seu modo de pensar e agir permite que você tenha consciência de como seu emocional e seu comportamento impactam outros colegas (o Capítulo 4 oferece informações úteis sobre aumentar sua autoconsciência pelo questionamento a si mesmo e pelas impressões dos colaboradores em relação ao seu comportamento).

O bom autoconhecimento e as percepções que ganha sobre si mesmo permitem que você escolha as melhores abordagens no trabalho com as pessoas, abordagens essas que causam o efeito desejado nos seus colaboradores e fazem com que você alcance seus objetivos.

Sendo Autêntico

Eu acredito que líderes precisam aprender a conviver consigo mesmos antes de conviver com qualquer outra pessoa. Os líderes devem agir verdadeiramente conforme seus principais valores e convicções.

É possível que você já tenha passado por pelo menos uma situação na qual esteve num dilema ou em dúvida do que fazer: você tomou uma decisão, mas mesmo assim não sabia se era a certa ou não. Ou talvez tenha precisado lidar com a sensação de incerteza corroendo sua consciência. Eu me arrisco a dizer que essas sensações indicam que a decisão tomada não estava de acordo com seus valores.

Seja autêntico e aja conforme seus valores mais importantes. Os colaboradores apreciam quando você procede dessa forma e quando age com integridade, mesmo que eles não concordem com sua decisão (o Capítulo 4 contém mais informações sobre como ser um líder autêntico).

Atenção! Você Está Sempre Sendo Observado

Muita pesquisa tem sido feita nos últimos anos sobre engajamento de funcionários numa tentativa de melhorar o desempenho das empresas por meio do crescente comprometimento das pessoas com o trabalho. Duas conclusões são particularmente valiosas para os líderes:

- Os gerentes diretos exercem a maior influência sobre o comprometimento de seu grupo de funcionários na execução do trabalho.
- As pessoas extraem mais informações da visão do que da audição: elas tendem a acreditar mais no que percebem visualmente do que no que ouvem.

Seus colaboradores são grandemente influenciados pelo seu comportamento físico. Fique atento, pois eles estão observando-o e percebem quaisquer traços de incoerência. Se você declara verbalmente que certo padrão é importante, mas então age de forma totalmente oposta, os funcionários provavelmente considerarão suas atitudes e não suas palavras!

Evitando Ser um Tolo Ocupado

Quase todos os profissionais com quem trabalhei me disseram que eram muitíssimo ocupados; provavelmente, a maioria também tenha declarado que estava sobrecarregada! Ser alguém ocupado e altamente produtivo é admirável, mas estar ocupado por desperdício de tempo (quando você não dedica o tempo certo às prioridades certas) não é nada impressionante.

Dedicar o tempo certo às prioridades corretas exige que você conheça o que é mais importante. E sua equipe espera que saiba suas prioridades e transmita-as a eles. Eles também provavelmente aguardam que lhes dê um senso de propósito e um direcionamento claro.

Invista uma parcela de seu tempo para entender e elucidar seu propósito, o propósito de sua equipe e os objetivos a serem alcançados para o sucesso da empresa. Divida tal propósito com o grupo e com qualquer outro que venha a se beneficiar do claro entendimento do papel da equipe (o Capítulo 7 oferece mais informações sobre a elucidação e conquista de suas prioridades).

Percebendo Onde Traçar a Linha

Um dos problemas que pode vir a passar é ter de garantir que sua equipe ou outros colegas de trabalho sempre satisfaçam e mantenham os padrões. É possível que nesse processo chegue à conclusão de algumas pessoas deliberadamente queiram testar seus limites para ver até onde deixa as coisas irem, antes de intervir e "chamá-las de volta" para a execução de um bom trabalho. E você estará certo ao fazer isso!

Lembre-se, entretanto, de que em certas ocasiões, um colega pode ter uma boa razão para não executar o serviço dentro do padrão esperado ou no tempo estipulado.

Resolva cada situação levando em conta suas particularidades e esteja disposto a fazer concessões quando perceber que há razões concretas para a ação fora do padrão. Contudo, sempre promova e reforce para as pessoas envolvidas que manter os padrões estipulados é vital.

Faça com que padrões exigidos de desempenho, qualidade, tempo e comportamento sempre estejam bastante claros para os colegas com quem trabalha. Quando todos estiverem absolutamente cientes do estipulado é possível decidir onde e como delinear a linha entre o aceitável e o inaceitável e tomar as devidas providências.

Levantando Bem Alto a Mão

Você já participou de uma reunião de projeto ou de rotina em que o chefe perguntou quem causou determinado problema e todos se entreolharam? Ninguém se acusa de ter causado o problema! Muito tempo pode ser gasto nas empresas para tentar achar a causa de um problema que alguém sabe qual é, mas não levanta sua mão, talvez porque se preocupe ou tenha medo de ser punido.

Responsabilize-se e "levante bem alto sua mão" para assumir a responsabilidade por qualquer problema que tenha causado. Dessa forma, você demonstra integridade e ganha credibilidade com seus colegas, além de poupar tempo (o Capítulo 18 oferece uma seção sobre responsabilidade dentro da equipe).

Sendo um (Auto) Crítico Saudável

Uma das formas mais poderosas de se tornar um líder melhor é aprender pelas suas experiências. Recorde-se sempre de quando fizer algo muito bom como líder e guarde essa lição para usos futuros. De forma similar, lembre-se de quando cometer um erro para que não o repita. Desenvolver suas habilidades de liderança por tentativa e erro é um processo longo, demorado e potencialmente doloroso.

Você pode acelerar o aperfeiçoamento de sua liderança ao melhorar a maneira como aprende com suas experiências. Veja o Capítulo 3 para saber como adotar uma forma saudável de autocrítica e o Capítulo 4 para entender como tirar lições de suas experiências.

Uma forma simples de se tornar mais rápido o líder que quer ser é dedicar um pouquinho de tempo por dia para refletir sobre o que fez bem no trabalho e o que poderia ter sido feito melhor.

Elevando-se

Algumas vezes, você pode questionar sua habilidade de liderar pessoas, o que normalmente acontece durante um período crítico. Há fases em que determinados colegas apresentam comportamentos difíceis ou certas tarefas saem erradas. Quando isso acontece, é possível que comece a duvidar de si mesmo, especialmente se seu chefe não se mostrar encorajador nem lhe der assistência.

Durantes esses períodos, incentive a si próprio e "eleve-se": afirme positivamente que você pode e vai ter sucesso como líder. Nessas situações, é possível que tenha a necessidade de achar um lugar privado para que diga tais afirmações em voz alta, mas, caso não seja possível, você pode dizê-las "em sua mente" (o Capítulo 4 dá mais informações sobre a maneira de lidar com as dúvidas).

Lembre-se também de épocas em que fez um grande trabalho e influenciou positivamente seus colegas de trabalho.

Moldando-se

Há duas formas de se moldar quando você estiver tentando melhorar como líder:

- **Busque um grande exemplo.** Identifique os líderes que admira, avalie o que eles fazem que o atrai tanto e trabalhe para colocar o método usado por eles, o estilo, as habilidades e atributos em seu "guarda-roupas". Você precisa, é claro, praticar o desenvolvimento dessas habilidades em vez de simplesmente as copiar (o Capítulo 2 oferece um exercício para ajudá-lo a identificar os líderes que admira).
- **Torne-se um exemplo.** Quando você já tiver montado seu próprio "guarda-roupas" estará em condição de "vestir sua indumentária e andar com peito erguido". Não digo "andar com o peito erguido" como um pavão, cheio da importância que dá a si mesmo ou orgulho de sua aparência. Lembre-se, o orgulho vem antes da queda! Quero dizer que você mesmo deve promover os padrões que espera dos outros e servir de modelo por demonstrar o comportamento correto (veja mais sobre ser um grande modelo no Capítulo 11).

Evitando o "Clube dos Corações Solitários"

É bem possível que veja alguns de seus amigos se afastarem quando assumir seu primeiro cargo de liderança. Você, segundo a ótica das pessoas que agem assim, "passou para outro lado" e agora faz parte de um clube ao qual eles não pertencem (o Capítulo 6 apresenta mais informações sobre ser um líder de sucesso e manter seus velhos amigos).

É provável que também se sinta solitário por não achar ninguém com quem possa discutir seus problemas e dilemas de igual para igual. Procure alguém que respeite e confie (dentro ou fora da empresa) e aja como se estivesse num "confessionário". Dessa forma, você pode pôr seus pensamentos e decisões à prova, recebendo de volta aconselhamento (o Capítulo 4 contém mais detalhes sobre como achar um mentor).

Capítulo 21

Dez Dicas para Engajar Pessoas

Neste Capítulo

▶ Liderando pessoas em meio a mudanças
▶ Avaliando efetivamente o desempenho
▶ Elevando o nível de exigência... e deixando-o bem claro

*L*íderes lideram: seguidores escolhem segui-los (ou não)! Na condição de líder, você precisa conquistar o comprometimento de sua equipe. Este capítulo lhe fornece dicas de como engajar pessoas para que queiram trabalhar com e para você, além de executar as devidas tarefas usando toda a habilidade de que dispõem.

Conquistando o Respeito das Pessoas

Quando determinados profissionais são promovidos, o poder lhes sobe à cabeça: parece que se colocam em uma posição tão superior que diminuem o valor de seus colegas de trabalho e começam a lhes dizer o que fazer. Esse tipo de comportamento normalmente contraria as pessoas, o que faz com que percam o respeito por seu chefe.

As pessoas escolhem seguir grandes líderes porque querem e não porque são mandadas. Você percebe que está se tornando um grande líder quando seus colaboradores fazem entusiasmadamente o que você quer que eles façam, sem que precise usar a autoridade para tal.

Você pode entusiasmar e incentivar seus funcionários para seguirem-no de diferentes formas. Uma boa maneira de começar é tratar as pessoas com respeito (o Capítulo 3 oferece mais informações úteis sobre como tratar corretamente as pessoas e conquistar o direito de liderá-las).

Exigindo o Melhor

Estabelecer metas relativamente fáceis pode lhe dar confiança e conforto porque sabe que sua equipe tem condições de alcançá-las, mas, dessa forma, você não traz à tona o melhor de seus colaboradores. As pessoas colocam todas as suas habilidades e talentos em funcionamento quando precisam se esforçar para conquistar objetivos e quando precisam sair de suas zonas de conforto (leia o Capítulo 6 para saber mais sobre zonas de conforto).

Exigir o melhor ao acordar os objetivos e metas faz com que sua equipe se esforce para conseguir dar a melhor contribuição que puder para o sucesso da organização (o Capítulo 7 contém mais informações sobre o assunto).

Exigir o melhor envolve alguns riscos e é possível que você se sinta desconfortável por não ter certeza que os altos objetivos e metas estabelecidos possam ser alcançados por você e por sua equipe. Mas se deixar de correr esses riscos é bastante improvável que vocês trabalhem usando o pleno potencial.

Fazendo com que as Coisas Sejam Significativas

Não há dúvidas de que você, na condição de funcionário ou de líder, tenha questionado, às vezes só em pensamento, o objetivo ou propósito de realizar determinadas tarefas que lhe foram ordenadas. Você sabe que, por experiência própria, quando acha que certa tarefa é inútil, não a desempenha bem: você protela porque tem outras prioridades ou faz tudo correndo para terminar logo ou não dá a devida atenção e realiza um trabalho pobre. De forma similar, é improvável que apoie a mudança introduzida no trabalho (tal como em posições e responsabilidades profissionais, sistemas e procedimentos) quando tal mudança parece fora de propósito.

Você precisa evitar que sua equipe se sinta dessa forma. Converse com seus colegas de trabalho para que eles entendam o porquê de fazer certas tarefas e dê fundamento às mudanças que deseja implantar. Melhor ainda, engaje-os em conversas produtivas para que possam contribuir com ideias e pontos de vista e também para que possam questionar e até mesmo contestar suas propostas a fim de melhorar a compreensão mútua das questões e problemas.

Eu digo que a melhor compreensão do problema leva a uma melhor decisão e à conquista de um melhor resultado (você pode achar mais sobre engajamento de pessoas em conversas produtivas no Capítulo 8).

Em certas ocasiões, como quando um prazo crítico se aproxima, pode não ser possível, nem mesmo conveniente, envolver todos os colaboradores nesse tipo de conversa. Nesses casos, você pode ser decisivo e instruir as pessoas na tomada de ação. Mas explique as razões de agir dessa maneira.

Empenhando-se para Conquistar Comprometimento

Colaboradores "concordam" em fazer um bom trabalho para que as exigências ou expectativas de seus chefes sejam atendidas ou para que não sejam repreendidos. É claro que a maioria das pessoas faz mais do que o mínimo exigido, mas todas elas escolhem se vão dar tudo de si ou não para realizar um trabalho extraordinário.

Faça com que os membros da sua equipe escolham tomar a tarefa para si e conquiste o comprometimento deles para que usem suas habilidades em potência plena. O Capítulo 9 oferece grandes dicas para você se tornar um líder engajador.

Empenhe-se sempre para conquistar o comprometimento de sua equipe a fim de que esta queira usar seu pleno potencial, mas garanta que, no mínimo, os colaboradores trabalhem dentro de seus padrões.

Obtendo o Máximo das Avaliações

Muitas organizações investem tempo e esforços para aplicar avaliações de desempenho e, mesmo assim, não conseguem um bom retorno em termos de melhoria de rendimento. As razões para o não alcance pleno dos benefícios das avaliações de desempenho podem ser:

- Os meios adequados não foram aplicados.
- Os indicadores-chave de desempenho (KPIs/ICDs) não foram propriamente usados.
- Os KPIs/ICDs entraram em conflito.

Utilize as avaliações de desempenho, tal como os KPIs/ICDs, eficientemente para garantir que a atenção de seus colaboradores se volte para as prioridades certas e crie uma consciência de melhoria de desempenho contínua no grupo. Os Capítulos 7, 14 e 18 enfocam a melhoria do rendimento e o Capítulo 15 oferece uma seção sobre aperfeiçoamento contínuo.

Evitando Ser uma Vítima da Mudança

Você nem sempre pode escolher as situações nas quais se encontra, mas pode escolher como reagir a elas. A implantação de mudanças se faz crescente em todos os tipos de empresa pelas seguintes razões:

- Avanços na tecnologia.
- Crescimento e a globalização de muitos negócios.
- Aumento na competição.
- Maiores expectativas dos consumidores.

Tais mudanças dentro das empresas podem criar um clima de incerteza em você e em sua equipe.

Muitas mudanças nas quais se vê envolvido ou que precisa implantar são decisões tomadas pelos altos funcionários. Algumas vezes, você terá de pôr em prática mudanças com as quais não concorda.

A forma como reage a essas situações é essencial porque esta exerce grande impacto naqueles que trabalham diretamente para você.

Evite ser uma "vítima da mudança" e achar que você não pode fazer nada sobre o assunto. Você pode, no mínimo, escolher como comunicar e introduzir as mudanças na equipe. Exerça uma influência positiva na maneira como as transformações são implantadas no ambiente de trabalho e busque formas de aumentar sua esfera de influência (leia o Capítulo 12 para entender como ser uma agente da mudança e o Capítulo 7 para aumentar sua esfera de influência).

Prestigiando as Contribuições Feitas

É natural que os líderes enfoquem o futuro, especialmente durante as épocas de rápidas mudanças. Eles precisam ter um pensamento proativo para determinar o rumo da empresa ou equipe e conquistar o comprometimento de todos a fim de que a direção estipulada seja seguida. Ao focar o futuro, entretanto, os líderes podem se esquecer de considerar aspectos importantes do passado.

Uma questão que muitos líderes negligenciam é a contribuição que os colaboradores deram para que a empresa ou o grupo chegasse onde está. Os funcionários que sabem que fizeram importantes contribuições para o sucesso passado podem se sentir desvalorizados quando seu trabalho anterior é ignorado. Isso pode acontecer caso tenham estado sob a supervisão de outro líder.

Capítulo 21: Dez Dicas Para Engajar Pessoas

Dê valor às contribuições feitas pelos colaboradores no passado e no presente para o sucesso do grupo e/ou da organização (os Capítulos 12, 13 e 14 oferecem mais informações sobre liderança em meio a mudanças).

Malhando o Ferro Enquanto Ainda Está Quente

Alguns chefes até querem melhorar o desempenho inferior ou comportamento inaceitável de um de seus colaboradores, mas, por algum motivo, nunca conseguem fazê-lo. As razões para o adiamento podem ser:

- O chefe não sabe como abordar o assunto.
- O chefe não é assertivo o bastante.
- O chefe acaba dando atenção a outras prioridades.

Pela minha experiência, a inatividade gerencial contribui para a deterioração do comportamento ou desempenho ao longo do tempo. O capítulo 11 aborda a promoção e o reforço dos padrões e o trabalho de melhoria do comportamento e desempenho dos colaboradores.

Aja prontamente – "malhe o ferro enquanto ainda está quente" – quando surgir qualquer exemplo de comportamento inadequado ou de baixo desempenho por parte dos funcionários em razão de reforçar os padrões por você estabelecidos.

Tornando uma Boa Equipe a Melhor

Já testemunhei muitas equipes que acham que são boas e que têm um ótimo desempenho. A verdade é que a maioria delas faz um trabalho razoável, mas minha preocupação é quando o grupo se acha bom o suficiente e não precisa melhorar. Tais equipes tendem a ficar estacionadas e não seguem rumo à excelência de desempenho, mesmo antes de começar essa jornada.

Conteste e desafie construtivamente sua equipe e qualquer outra da qual faça parte, perguntando até que ponto vocês são realmente bons. Peça aos membros do grupo que expliquem a referência ou o critério que usam para se qualificarem como uma boa equipe e qual é o nível de seu rendimento (o Capítulo 15 descreve as características dos grandes times e como conduzir avaliações de equipes).

Criando uma Equipe para Fazer Treinamentos

Cada vez mais, as empresas reconhecem que o treinamento é uma maneira bastante efetiva de desenvolver conhecimentos, habilidades, atitudes e o bom rendimento dos funcionários. Muitas delas vêm contratando consultores externos a fim treinar seus altos profissionais para que estes melhorem suas habilidades de liderança e desempenho, além de se tornarem mais competentes no treinamento de seus próprios funcionários.

Invista tempo para desenvolver sua própria habilidade de treinamento e, então, dedique tempo para treinar todos os funcionários que respondem diretamente a você a fim de que eles possam aprimorar outras habilidades e o rendimento. O treinamento beneficia tanto você quanto eles porque assim é possível delegar tarefas e responsabilidades de forma que haja mais tempo para enfocar outras prioridades.

Não se limite a treinar apenas os colaboradores que respondem diretamente a você: dedique tempo para treinar informalmente seus pares e até mesmo seu chefe! Você precisa ter tato e usar evidências atuais e relevantes de comportamento inaceitável ou baixo rendimento para treinar aqueles que não respondem diretamente a você, se quiser que eles melhorem o rendimento. O Capítulo 11 traz mais informações sobre treinamento como parte de sua prática cotidiana de liderança.

Índice

Numérico

O Aprendiz (programa de TV), 42
o poder das histórias, 226-228

•A•

abordagem *pole position* (na frente de todos), 160-161
abusando da autoridade, 54
acalmando a sua mente, 76, 158
Adair, John, 36
adversidade e, 71-72
afirmação da missão, 242
agenda das reuniões de equipe, 238
agente da mudança
    sendo um, 200-204
    descrição, 195
    mentalidade de, 124
agente de mudança da forma de pensar, 124
agindo (círculo da aprendizagem), 73
"Agora", a regra de ouro, 181-182
ajudar as pessoas a aprenderem com os erros, 233
Alidina, Shamash (*Mindfulness For Dummies*), 76
ambivalência para mudar, 219
ameaça
    lidando com, 156-157
    falando o que tem em mente e, 66, 137, 153-154
anotações de aprendizagem de liderança, 76-77
anotações de aprendizagem de liderança, 76-77
aprendendo com a experiência
    conseguindo mais por aprender rapidamente, 72-74
    adversidade e, 71-72

aprendendo com a experiência
aprendendo com um mentor, 44
aprendendo por meio da adversidade, 71-72
aprendendo por meio de tentativa e erro, 72, 175, 188
assumindo a liderança. Veja *também* liderança
    ficando confortável em estar desconfortável, 96-98, 296
    percebendo que todo mundo quer fazer a diferença, 294
    construindo e não destruindo pessoas, 155,
    bom senso para, 293-294
    expandindo sua esfera de influência, 16,123-126, 297
    manter a cabeça no lugar enquanto todos estão perdendo as suas, 298
    ouvindo antes de tomar uma atitude, 295
    oportunidades para, 15-16, 29-30, 294-295
    visão geral, 14
    aproveitando cada situação de liderança, 294-295
    falando o que tem em mente, 151, 297
    "trabalhar com" e não "fazer para " as pessoas, 296
assumir
    a necessidade de mudança, 188, 215
    as tarefas, 52, 128, 160, 307
atenção
    estando no momento, 32-33
    dando atenção aos funcionários, 138
atitude positiva. Veja *também* atitude
    cultivando, 124
    promovendo, 285
    frente à adversidade, 71-72
    frente à mudança, 200-201
atitude. Veja *também* atitude positiva
    histórias para reforçar ou mudar as, 227-228

na adversidade, 71-72
em relação a pessoas difíceis, 150
atividades
    ouvindo antes de agir, 295
    priorizando, 118
    urgente e importante, 116-118
aumentando o nível, 52
autoavaliações das equipes, 246-247
autoconfiança
    sendo enfático/exigente, 152
    sendo o seu próprio amigo crítico, 70-71, 302
    benefícios da, 68
    definição, 31
    desenvolvendo, 68-72
    tendo conversas "difíceis", 141
    aprendendo com a adversidade, 71-72
    para falar o que tem em mente, 137
    elevando-se, 101, 302-303
    por meio da clareza, 152
autoconhecimento e, 18, 63
autoconhecimento. Veja também resposta/feedback;
    liderando-se para ser um autêntico líder, 63
    desenvolvendo a autoconfiança, 68-72
    importância do, 15, 17-18, 61
    exercício Janela de Johari, 65-68
    buscando respostas/feedback dos outros, 65
autoconsciência
    desenvolvendo, 75
    aumentando, 150
    estando ciente da insinceridade, 152-154
autoestima
    síndrome do impostor, 101
    elogiando pessoas em público e, 189
    utilizando uma linguagem positiva, 156
autonomia, 185
    encorajando, 185
    dos membros da equipe, 254
    aumento da consciência, 138. Veja também autoconsciência
avaliação
    competências para liderança, 32-33
    equipes, 244, 245-249

• B •

bagagem
    preocupando-se com outras pessoas, 150
    deixando para trás, 82-84
baixo moral, 212
Blake, Robert (*Leadership Dilemmas - Grid Solutions*), 170
Blanchard, Kenneth (*Management of Organizational Behaviour, Utilising Human Resources*), 167
Blanchard), 167
buscando e trabalhar com um treinador/mentor, 78

• C •

Campeão ícone, 5
campo de visão, 159
capacidade de decisão, 97
capacidade de fazer uma tarefa, ajudando pessoas de desempenho inferior, 183-185
característica dos, 63-64, 300
cargos
    significado de, 129
    o termo "líder" na descrição dos, 28
categoria "A" de tarefa, 117
categoria "B" de tarefa, 117-118
categoria "C" de tarefas, 118
categoria "D" de tarefas, 118
ciclo de aprendizagem, 72-74
ciclo de aprendizagem, 72-74
clareza de propósitos. Veja também finalidade
    evitando ser um idiota ocupado, 110-111,
    elucidando como acrescentar valor, 112
    elucidando o propósito da sua equipe, 52
    focando resultados-chave, 116-118
    importância da, 109-110
    liderando com convicção e, 111-112
    dedicando o tempo certo à tarefa certa, 119
classificando sua equipe, 245-246
clima de equipe, 246, 248-249
colegas de trabalho expressando-se, 141
colegas de trabalho. Veja também funcionários

apreço pelos, 150
construindo fortes conexões com, 148-
conhecendo, 147
conversando aberta e honestamente com, 141
como fonte de informação sobre funcionários de baixo desempenho, 186-187
assumindo as tarefas, 160
colegas. Veja *também* funcionários
reconhecimento, 150
construção de fortes conexões com, 148
conhecendo, 147
conversas abertas e honestas com, 141
como fonte de informação sobre funcionários de baixo desempenho, 186-187
assumindo as tarefas, 160
começando a partir de uma posição no *grid*, 162
comemorando
conquista dos objetivos e resultados, 249
contribuições dos funcionários, 213
reconhecendo realizações, 164
contribuições da equipe virtual, 275
compartilhando o propósito de sua equipe com as partes interessadas, 242
compartilhando o propósito de sua equipe com os clientes, 242
competências da liderança, 31, 32-33
complacência, superando, 238
comportamento
quebrando o ciclo da dependência, 278
perigos de ignorar o comportamento inaceitável, 180-181
incorporando os comportamentos que você estima, 287-288
questões comportamentais ou de desempenho do empregado, 103-104
lidando com desempenho ou comportamento inaceitável, 102-105
inconsistente, 173-174
pessoas que boicotam ativamente uma mudança, 229
promovendo o comportamento positivo, 285
contando histórias para reforçar ou mudar uma situação, 227-228
objetivo da equipe ajudado pelo, 242

compromisso. Veja *também* significado
começando na posição deles do grid, 162
construindo / desbloqueando, 19, 52
obediência versus, 52, 160
demonstrando seu, 224
envolvendo pessoas pelo, 131-132, 307
ajudando funcionários de baixo rendimento com, 183-185
das equipes de alto rendimento, 240
mantendo, 164
fazendo um trabalho significativo, 129
sentindo o, 229
começando da *pole position*, 160-161
de membros da equipe com múltiplos compromissos, 256-258
ganhando juntos, 162-163
para sua visão, 120
comunicação face a face, 87, 88, 224
comunicação; conversa
fazendo perguntas averiguadoras, 154-155, 233, 250
evitando morder a mão que o alimenta, 44
treinadores/mentores e, 191
preocupações, 249-250
lidando com o constrangimento e ameaça, 66, 137, 156-157
coragem para, 136-137, 151-152
ambiente criado para, 150-151
importância da, 83, 136-137, 297, 301-302
horas inadequados para, 154
chamando o, 156
exercício de anotações de aprendizagem de liderança, 77
profissionais encorajados para, 280-283
estando consciente de ser insincero, 152
comunicação. Veja *também* conversa; falar o que tem em mente
face a face, 87, 88, 224
atualizando todos das mudanças no local de trabalho, 231-232
valores, 87-89
quando se fala uma segunda língua, 273
confiança
sendo enfático/exigente, 152
sendo o seu próprio amigo crítico, 70-71
benefícios, 68
definição, 31

desenvolvimento, 68-72
lidar com conversas "difíceis" , 141
aprender com a adversidade, 71-72
dúvida e, 69-70
para falar o que tem em sua mente, 137
falando consigo mesmo sobre, 101, 302
por meio da elucidação, 152
confiança
liderança baseada na, 197
nos outros, 17-18
valorizando, 243
conseguir mais ao aprender rapidamente, 72-74
consequências da liderança inautêntica, ,62-63
consideração pelos colegas, 150
construindo compreensão mútua através do,*131*
    construindo fortes conexões com colegas, 148-149
    descrição, 37-38, 63
    desenvolvimento, 147-148
    resposta (*feedback*) sobre, 147
    importância do, 16, 146-147
    interesse superficial versus, 63
    desbloqueando o comprometimento através do, 131-132
    necessidade das equipes virtuais pelo, 271-272
construindo o entendimento mútuo, 130-131
construir, e não destruir, 155,
construtivas (críticas)
    não ser partidário/tendencioso, 149-150
    sendo o seu melhor crítico, 70-71, 302
    crítica ao comportamento, não a pessoa, 233
    sadias e insalubres, 69-70
    em particular, 181, 182
    em público, 182
    de padrão inferior de trabalho, 289
    interrupções da continuidade, 196
    melhoria contínua, 238, 248-250
contato visual, 158
controle
    mudança e, 196
    monitoramento e controle do trabalho, 53
    questionando se algo realmente está fora de seu controle, 124-125
conversa. Veja *também* comunicação;
    falando o que tem em mente
    aterrorizante, 185-187
    "difícil", 141
    engajadora, 144
    interrompendo 146, 159, 250
    escutando o sentido, 159-160
    mantendo, 155
    aberta e honesta, 141
    elevando-se, 101, 302-303
    quando há uma segunda língua, 273
convidando, 156
    levantando para o seu maior desafio, 155
    estilo de liderança desafiador / voltado para as metas, 169, 170, 173
coragem, 141, 150-157
crescimento da competição, 195
"Crianças devem ser vistas e não ouvidas", 83
criando significados compartilhados (interpretação em conjunto), 139-140
    descrevendo o propósito de seu trabalho,113-115
    de liderança, 23-24, 39
    ouvindo os, 159-160
    fazendo um trabalho significativo, 129-131, 306
    evitando a linguagem inexpressiva, 164
    evitando o trabalho sem significado, 129
    de contar histórias, 227-228
crise econômica, 12
crítica (construtiva)
    não sendo partidário/tendencioso, 149
    sendo o seu melhor crítico, 70-71, 302
    critique o comportamento, não a pessoa, 233
    sadios e insalubres, 69-70
    em particular, 181, 182
    em público, 182
    de padrão inferior de trabalho, 289
    trabalhando com diferenças culturais, 273
cultura do local de trabalho. Veja *também* mudanças no local de trabalho
    aspectos da (metáfora do *iceberg*), 205
    descrição, 166, 204-205
    mergulho profundo para descobrir, 206
    iniciativite (sobrecarga de iniciativa) e, 212
    pare, pense, respire! (lema do mergulhador), 208,

Índice **315**

cultura no local de trabalho. Veja também mudanças no local de trabalho
  mudanças
    aspectos (metáfora do *iceberg*), 205-206
    descrição, 166, 204-205
    mergulhando profundamente para descobrir, 206-207
    iniciativite (sobrecarga de iniciativa) e,212-213
    trabalhando em casa, 196-197

• D •

danificando a credibilidade, 181
declaração "esforce-se mais", 83
dedicando o tempo certo à tarefa certa, 119
dedicando tempo ao encadeamento da equipe, 261, 262
dedicando tempo às pessoas, 148, 225
desafios
descrição do trabalho de um editor, 115
descrição do trabalho, 113-115
desempenho máximo. Veja desempenho; padrões
  agir antes das avalanches, 180-182
  sendo um grande exemplo para, 177-180
  treinando o bom para que se torne excelente, 188-191
  liderando funcionários de baixo desempenho ao, 182-188
  avaliando o progresso rumo ao, 187-188
desempenho, 187-188
desempenho; trabalho ou comportamento inaceitáveis
  agindo prontamente quando as pessoas não atingem o, 180-182
  aplicação da regra de ouro: "Agora", 181-182
  esclarecendo, 102-105
  perigos de ignorar os padrões inaceitáveis, 180-181
  evitando padrões duplos, 179-180
  traçando a linha / reforçando, 102-105, 301
  buscando declínio de padrões, 180
  fazendo concessões, 105
  "aumentando o nível", 52
  estabelecendo e mantendo, 178-179
desempenho. Veja *também* indicadores--chave de desempenho (KPIs/ICDs); desempenho máximo;
  responsabilidade pelo trabalho ou comportamento inaceitáveis, 284-285
  esclarecendo seus padrões, 103-104
  diretrizes da empresa, 102-103
  questões de comportamento ou desempenho do empregado, 103-104
  entusiasmo, 52
  lidando com desempenho ou comportamento inaceitáveis, 102-105
  falta de respostas sobre, 43
  impacto do estilo de liderança no, 171-173
  avaliação, 307
  enfatizar exageradamente, 147
desenvolvendo habilidades para a resolução de problemas, 97
diferença, 294
diferenças de fuso, 274
dilemas
  ficando confortável em estar desconfortável, 96-98, 296
  sendo escolhido pelas certas razões erradas,94-96
  sendo jogado na parte funda da piscina, 93-94
  criando dilemas que não existem, 92
  ficando em cima do muro, 99-100
  implementando as decisões que não são suas,202-203
  síndrome do impostor, 101
  liderando amigos, 101-105
  a solidão da liderança, 100, 303
  dos líderes novos, 94-96
  como oportunidades, 98
  visão geral, 91
  como parte da liderança, 96
  perguntas para fazer a si mesmo, 97-98
  escrevendo e refletindo, 92
direção da empresa
  engajar e fornecer, 184-185
  abordagem da *pole position*, 160-161
  estabelecendo, 52, 160-161, 184-185
  dividindo, 119-120
direito de liderar, 28, 54-55
direitos dos funcionários, 51
diretor-gerente
  treinamento, 100
  engajando e capacitando equipes de gerenciamento, 283

com foco em resultados, 278-279
implementando as decisões que não são suas,202-203
visão do, 120
processo disciplinar, 102-103
desconforto
   trabalhando sentimentos de, 81
   tornando-se confortável com, 96-98, 296
   quando os valores estão fora de sintonia, 80-81
esforço discricionário, 55
a consciência da insinceridade, 152-154
lema do mergulhador (pare, pense, respire!), 208,232, 298
diversidade, 21, 150
evitando padrões duplos, 179-180
dúvida, sadios e insalubres, 69-70
desenhando a linha, 102-105, 301
Os temidos "Ds", 130
papel de náufrago, 199
diretor-gerente
   treinamento para, 100
   engajando e capacitando equipes de gerenciamento, 283
   focando nos resultados, 278-279
   implementando decisões que não são suas, 202-203
dividindo a responsabilidade, 246, 258-263,
dizendo o que está oculto, 249-250
Dying), 200
e McCanse), 170

● *E* ●

efetividade
   definição, 111
   liderança, 9, 53
   nas reuniões, 16
   na avaliação das equipes, 244-247
   eficiência, 111, 119
   constrangimento
   preocupação, 98
   lidar com, 155, 156-157
   expressando os pontos de vista e, 64
   dividindo respostas e, 66
   falar o que tem em mente e, 137, 153
elevando-se, 101, 302-303
elogiando colegas
   por fazerem perguntas averiguadoras, 250

por desafiarem a sua opinião, 156
   pela boa prática, 223
   em público, 181, 189
   usando o nome do colega, 164
elogiando-se, 71
"em cima do muro", 99-100
emoções, 83, 138
empatia, 146, 150
empregados. Veja *também* colegas de trabalho
   poder de barganha e os direitos dos, 50
   comportamento ou problemas de desempenho, 103-104
   mudança, 168
   dificuldades de liderança, 10
   os temidos "Ds" 130
   avaliação, 82
   impacto do estilo de liderança nos, 171
   mantendo a integridade com, 100
   reações à mudança, 196, 197-199, 208,
   papéis adotados pelos, 199-200
encadeamento da equipe, 261, 262-263
enfocando o ganho em conjunto, 162-163
entendimento mútua
   construindo, 130-131
   criando significados compartilhados, 139-140
   melhorando, 139
   por meio da *proatividade*, 136
entusiasmo
   consciência do, 138
   aproveitando, 219
   liderando com, 184
   para "elevar o nível", 52
   para compartilhar sua visão, 121
   transmitindo, 18-19
   equipe de gerenciamento sênior, 285-287
   para falar o que tem sua mente, 150-151
enxergando que todo mundo quer fazer a
equipes de desempenho elevado. Veja *também* responsabilidades das equipes, 240
   agenda de reuniões da equipe, 238
   atmosfera das, 248-249
   características das, 238, 239-240
   ir além, 131-132
   medindo o sucesso das, 237-238
   obstáculos às, 238
   superando a complacência, 238

o poder do propósito da equipe, 241-242
buscando a melhoria contínua, 238,248-250
sinergia das, 238
valorizando diversidade, 21
valorizando os valores da equipe, 242-244
equipes de projeto. Veja *também* equipes
    acelerando o desenvolvimento das, 254-255
    responsabilidade compartilhada pelas, 258-263
    desafiando comportamentos inadequados, 257-258
    comprometimento nas, 257
    formando, 251-252
    liderança distribuída entre os membros da equipe, 262-263
    liderando membros com múltiplos compromissos, 20, 256-258
    preparando para a ação, 251-255
    plano de projeto, 251, 254, 256, 259-260, 262
    revisões do projeto, 252, 260
equipes seniores de gerenciamento. Veja *também* equipes
    dividindo a responsabilidade, 284-288
    quebrando o ciclo da dependência, 278-279, 289-290
    construindo responsabilidade coletiva, 277-280
    desafios das, 280-281
    treinamento para, 286-287
    criticando pensamentos e ideias uns dos outros, 282
    incorporando comportamentos que você estima, 287-288
    encorajando conversas corajosas, 280
    ambiente saudável para, 285-287
    liderando pelo exemplo, 21
    mudança de nome para, 28
    preparar outros para a liderança, 288-290
    evitando o esconderijo de gerenciamento, 146-147, 279-280
    força através da vulnerabilidade, 282-283
equipes virtuais. Veja *também* equipes
    construindo comprometimento, 269

desafios de liderar, 268
diferenças culturais nas, 273-274
descrição, 20, 266-267
finalizando e comemorando com a equipe, 275
diferenças de linguagem nas, 272-273
conhecendo os membros pessoalmente, 274
equívocos, 265
nomeando a equipe, 266
permanente ou temporária, 266, 270, 275
mostrando interesse genuíno em, 271-
diferenças de fusos horários, 274
"Não somos uma equipe porque nunca nos encontramos", 269-270
trabalhando juntos, 270-274
equipes. Veja *também* equipes de alto desempenho; equipes de projeto, seniores de gerenciamento; equipes virtuais
    agenda para reuniões, 238
    clima das, 246, 248-249
    esclarecendo o propósito das, 52
    desenvolvendo a capacidade das, 53
    avaliação da efetividade das, 244-247
    de alto desempenho, 237-244
    introduzindo mudanças nas, 202-203
    liderança distribuída entre os membros da equipe, 262-263
    liderando, 20-21
    fazendo de uma boa equipe uma grande, 309
    dizendo o que está oculto, 249-250
    nomeando a equipe, 266
    encadeamento das, 261, 262-263
    propósito das, 52, 116, 121, 241-242, 249
    classificando sua equipe, 245-246
    autoavaliações, 246-247
    dividindo a responsabilidade, 246, 258-263, 277-280, 284-288
    estágios de desenvolvimento, 253-255
    buscando a melhoria contínua, 238,248-250
    visão, 121-122
esconderijo gerencial, 146-147, 279-280
esconderijos gerenciais, 146-147, 279-280
escutar
esfera de influência
    descrição da, 123

esfera de influência
 descrição, 123
 expandindo, 16, 123-126, 297
 mais influência do que você pensa, 123
 mentalidade, 123-124
 questionando se algo realmente está fora de seu controle, 124-125
 visando as pessoas que você deseja influenciar, 126
 estágios de desenvolvimento da equipe, 253-255
estágio de execução do desenvolvimento da equipe, 254, 255
estágios formativos do desenvolvimento de uma equipe,253, 254
estando aberto a tudo, 140
estando aberto a tudo, 140
estando no momento, 157-158
estar aberto a, 140
estilo de liderança
 abordagem desafiadora/orientada para as metas, 169, 170, 173
 escolhendo, 167-168, 174
 sabendo resultados que pretende alcançar,174-175
 líderes decisivos, 111-112, 219
 fatores que impactam, 165-166
 abordagem flexível/aprobativa, 170, 173
 questões pedem grande ênfase, 176
 impacto nas pessoas e no desempenho,171-173
 modificando, 167, 169, 170-171, 173-176
 preferência pessoal ou estilo natural de liderança, 174
 pessoas difíceis e, 166-167
  leque de estilos necessários, 165-168
  entendendo estilos diferentes, 169-173
 estilo o seu próprio chefe, o 167-168
estilo de liderança
 abordagem desafiadora/voltada para as metas, 169, 170, 173
 escolhendo o, 167-168, 174
 esclarecendo os resultados que pretende alcançar, 174-175
 líderes decisivos, 111-112, 219
 fatores que impactam, 165-166
 abordagem flexível/aprobativa, 170, 173
 questões que necessitam de grande ênfase, 176

 impacto sobre pessoas e desempenho,171-173
 modificando, 167, 169, 170-171, 173-176
 preferência pessoal ou liderança natural, 174
 pessoas problemáticas e, 166-167
 diversos estilos necessários, 165-168
 entendendo os estilos diferentes, 169-173
 estilo de seu próprio chefe, o 167-168
estilo de liderança flexível/aprobativo, 170, 173
estilo de liderança voltado para os desafios e as metas, 169, 170, 173
estilo flexível e apoiador de liderança,170, 173
ética no trabalho, 95
evitando culpar, 232, 285
evitando ganhar e, depois, perder, 126
evitando morder a mão que o alimenta, 44
evitando o favoritismo, 180
evitando ser um tolo ocupado, 110-111,
evitando tirar o corpo fora, 63, 202, 259-260
exagerando e rejeitando, 270
exemplos
 para o comportamento apropriado, 240
 tornando-se um exemplo, 303
 evitando os duplos padrões, 179-180
 impacto dos, 178
 para chamar um desafio, 156
 identificando líderes que você admira, 177-178, 303
 para o desempenho máximo, 177-180
 para estabelecer e manter os padrões, 178-179
 mostrando liderança e, 151
exemplos de linguagem negativa e positiva, 72
exercícios. Veja *também* reflexão
 agindo de acordo com seus valores, 87
 avaliação de competências de liderança,32-33
 atitude frente à adversidade, 71-72
 sendo um líder visível, 224, 227
 estando no momento, 158
 ser crítico, 149-150
 construção de fortes conexões com colegas, 148-149
 elucidando seus padrões, 104
 criando a sua própria visão, 121-122

anotando dilemas, 92
descobrindo seus valores, 85-86
insinceridade 152-153
avaliando grandes times, 239-240
expectativas dos líderes e gerentes, 48-49
experiências com as mudanças no local de trabalho, 206-207
buscando e usando respostas, 67-68
interesse genuíno nos outros, 38
chefes ótimos e ruins que você teve, 46-47
harmonizando seus valores com os dos outros, 99
alto comprometimento, 128
identificando fatores de impacto na produtividade, 124-125
identificando seus princípios e valores, 45-46
Janela de Johari, 65-68
expectativa dos líderes, 48-49, 50-51
expectativas dos gestores, 48-49

• F •

falando o que tem em mente. Veja *também*
falta de autenticidade versus, 62-63
falta de confiança, 197, 212
fase da agitação no desenvolvimento de equipe, 253, 254-255
fase de normalização do desenvolvimento da equipe, 253, 255
fazendo o melhor de um trabalho ruim, 43
fazendo o que fala, 224. Veja *também* liderando pelo exemplo
fazendo perguntas abertas, 155
fazendo perguntas averiguadoras, 154-155, 233, 250
ficando confortável com o silêncio, 155
finalidade do trabalho, 109-110, 113-115, 152
Finalização e dispersão (estágio do desenvolvimento de uma equipe), 254, 255
força através da vulnerabilidade, 141, 282-283
funcionários de baixo desempenho
abordando, 180-182, 309
perigos de ignorar, 180-181
interrompendo e "atropelando" o que outros

colegas falam, 250
pessoas que boicotam ativamente uma mudança, 229
adiamento na abordagem, 309
equipes de projeto desafiando o, 257-258
membro da equipe desafiando o, 250
funcionários de baixo desempenho
abordando, 309
conversas aterrorizantes com, 185-187
lidando com, 102-103
liderando rumo ao desempenho máximo, 182-188
adiamento na abordagem, 309
trabalhando em prol do comprometimento e capacidade, 183-185

• G •

George, Bill (*Authentic Leadership*), 62
gerenciamento com liderança. Veja *também*
gerenciamento por consenso 131
gerentes diretos. Veja *também* gerentes
gerentes incentivados a se expressarem, 280-283
gerentes seniores. Veja *também* gerentes
discordando com, 99-100
papel como treinador/mentor, 78
gerentes. Veja *também* gerentes diretos
responsabilidade, 284-285
expectativas dos, 48-49, 139
microgerenciamento, 18
entendimento mútua versus consenso, 131
relacionamento com os empregados, 212
gerentes seniores, 78, 99-100
falar o que têm em mente, 280-283
tarefas dos, 53
Greenleaf, Robert, 37
guardando opiniões, 64

• H •

Hersey, Paul (*Management of Organizational Behaviour, Utilising Human Resources*), 167
"I Have a Dream" discurso (King), 20

• I •

ícone Cuidado!, 5
ícone Dica, 5
ícone História Real, 5
ícone Lembre-se, 5
ícone Tente isto, 5
ícones usados neste livro, 5
ideia do hospital-asilo, 122-123
identificando princípios, 45-46. Veja *também* valores
imparcial, 149-150
implantando decisões que não são suas, 202-203
    líderes decisivos, 111-112, 219
    quebrando o ciclo da dependência 278-279,289-290
    programas de desenvolvimento, 110
    pessoas difíceis/problemáticas, 150, 166-167
incentivando colegas a questionar e desafiar, 250
inconsistência
    agindo com, 173-174
    evitando, 218
indicadores-chave de desempenho (KPIs/ICDs)
    evitando os esconderijos, 280
    uso efetivo dos, 307
    ênfase nos, 147
    objetivos das avaliações e resultados, 230-231
    avaliação de desempenho da equipe, 245
    reconhecendo uma oportunidade de mudança, 210
    sucesso medido pelos, 115
indústria de conversão, 112
Ingrams, Harry (desenvolvedor da Janela de Johari), 65
iniciativite, 212-213
insegurança, sadio versus insalubre, 69-70
insumos e produtos, 112-113, 114
integridade agindo com, 16, 294
    demonstrando, 302
    importância de, 300
interesse genuíno pelos outros. Veja *também* liderança engajadora; relacionando-se com pessoas

    líderes autênticos e, 84
    sendo imparcial e, 149-150
    benefícios do, 37, 134
interpretação em conjunto (significado compartilhado), 139-140
interrompendo
    conversas, 146, 250, 273
    ouvir *versus* interromper, 159
investindo tempo no propósito do projeto, ir além, 131-132

• J •

Janela de Johari, 65-68
jargão, 30-32, 160
julgamento
    sendo imparcial, 149-150
    evitando, 67, 159

• K •

King, Martin Luther, Jr. (discurso "I Have a Dream"), 119
Kolb, David (especialista em comportamento), 72
Kubler-Ross, Elisabeth (*On Death and*

• L •

Leadership Dilemmas - Grid Solutions (Blake
lidando com pessoas problemáticas/difíceis, 150, 166-167
liderança
    avaliando suas habilidades, 49
Liderança autêntica (George), 62
liderança centrada na ação, 36
liderança como papel e/ou cargo, 28-29
liderança engajadora; relacionamento com as pessoas
    líderes autênticos e, 84
    sendo imparcial, 149-150
    benefícios da, 37, 134
    construindo compreensão mútua por meio da, 131
    construindo fortes conexões com colegas, 148-149
    descrição, 37-38, 63

desenvolvimento, 147-148
feedback/respostas da, 147
importância da, 16, 146-147
interesse superficial versus, 63
desbloqueando comprometimento por meio da, 131-132
equipes virtuais precisam de, 271-272
liderança servidora, 37-38
liderança situacional, 167
liderança. Veja *também* liderança engajadora; liderando-se; líderes visionários
líderes ativos, 35-37
como uma atividade, 26-28
líderes autênticos, 18, 62-64, 300
desafios da, 9-10
características dos líderes, 31, 238,239-240, 289
competências, 32-33
descrição, 26-28
desenvolvendo a capacidade de sua equipe, 53
necessidades de desenvolvimento, 32-33, 73-74
conquistando o direito de liderar, 28, 54-55
efetiva, 9, 53
conquistando o comprometimento para agir, 52
fazendo com que as pessoas o sigam, 53-54
chefes excelentes e ruins que você teve, 46-47
importância da, 10-13
linguagem da, 30-33
identificando líderes que você admira, 25-26,177-178
liderando e gerenciando em conjunto, 55-57
liderando-se e, 14-15
registros de aprendizagem, 76-77
planos de aprendizagem, 73-74
fazendo com que a mudança aconteça para melhor, 53
gerenciamento versus, 51-57
significado / propósito da, 23-24, 25, 39
oportunidades para, 15-16, 29-30, 294-295
gerenciar demais e liderar de menos, 12-13

visão geral, 17-19
liderando com convicção, 111-112
liderando e mantendo amigos, 101-105
liderando membros da equipe com múltiplos compromissos, 256-258
liderando pelo exemplo
sendo um líder visível, 224-225
demonstrando comprometimento, 224
descrição, 21
importância de, 27-28
liderando-se e, 300
o poder de contar histórias, 226-228
reconhecendo pessoas desviadas do caminho, 228-229
liderando pelo exemplo. Veja *também* liderança
sendo um líder visível, 224-225
demonstrando comprometimento, 224
descrição, 21
a importância de, 27-28
liderando-se e, 300
o poder de contar histórias, 226-228
reconhecendo pessoas que desviam do caminho, 228-229
liderando-se. Veja *também* liderança; autoconhecimento
líderes autênticos, 18, 62-64, 300
evitando ser um tolo ocupado, 110-111, 300-301
tornando-se um líder autêntico, 62-64
líderes ativos, 35-37
líderes autênticos
líderes visionários. Veja *também* liderança
tornando-se um líder visionário, 119-123
criando, 121-123
visão geral, 119-120
uso das histórias, 228
valorizando sua concepção de trabalho, 120-121
ligando seus sentidos, 138-139, 157-160
limitações do processo de "tentativa e erro", 72, 73
linguagem abusiva, 182
linguagem positiva. Veja *também* linguagem
atrás de cada problema está uma oportunidade, 98
não há mal que não venha para o bem, 157

importância da, 124, 156
  para introduzir mudanças em sua equipe, 203
linguagem. Ver *também* linguagem positiva; palavras
  abusiva, 182
  linguagem corporal, 159
  cultivar uma atitude positiva e, 124
  indicando comprometimento, 163
  introduzindo mudanças em sua equipe, 202-203
  de liderança, 30-33
  jargão de liderança, 30-32, 160
  ouvir para entender, 159-160
  exemplos de sentido, 164
  negativa e positiva, 72
  repetindo expressões, 159
  palavras e expressões positivas, 124
  destruindo a liderança eficaz, 83
  diferenças da equipes virtuais, 272-273
Luft, Joseph (desenvolvedor da Janela de Johari), 65

• *M* •

Management of Organizacional Behaviour, Utilising Human Resources (Hersey e mantendo as mudanças no local de trabalho. Veja *também* mudanças no local de trabalho
  importância contato face a face, de, 224
mapeando o progresso rumo ao pico de McCanse, Anne Adams (*Leadership Dilemmas – Grid Solutions*), 170
medo da mudança, 220-221
melhorando sua compreensão, 162
melhorias
melhorias (específicas, mensuráveis, alcançáveis, relevantes, baseadas em prazos), 187
membros da equipe virtual expressando-se, 269
mente
  acalmando, 76, 158
  desenvolvendo uma mente aberta, 140
  ouvindo com a, 159
  aberta a novas perspectivas, 139
mente aberta
  desenvolvimento, 140
  para achar as soluções de um problema, 156
  aberta a novas perspectivas, 139
  em relação a pessoas difíceis, 150
  parte "aberta" (Janela de Johari), 65
metáfora do *iceberg*, 205-206
microgerenciamento, 18
Mindfulness For Dummies (Alidina), 76
momentos "ah!", 144
mostrando interesse genuíno. Veja *também* mudança. Veja *também* mantendo as mudanças no local de trabalho
  plano de ação para, 216
  construindo a ponte entre o velho e o novo, 215-216
  prestigiando as contribuições das pessoas no passado e no presente, 213-214
  preocupações e reações a, 196, 197-199,
  considerações culturais, 210-211
  medo de, 220-221
  fazendo com que todos adiram às, 211,
  acontecendo para melhor, 53,
  evitando a inconsistência, 218,
  iniciativite (sobrecarga de iniciativas) e, 212-213,
  falta de informações sobre, 198,
  liderando mudanças com as quais discorda, 203-204,
  fazer uma tentativa de mudança, 219-220,
  minimizar a resistência às, 217-221,
  oportunidades para, 210-211,
  ritmo / velocidade para, 197, 217-218,
  planejamento para, 212-216,
  papéis adotados pelos funcionários durante as, 199-200,
  ponto de partida e chegada para, 214,
  começando de onde você está, 211-212,
  assumindo as mudanças para si, 188,
  introdução de tecnologia, 196,
  pouco ou nenhum envolvimento com as, 198,
  atualizando os funcionários sobre, 231,
  mentalidade de vítima da mudança, 124,
  quando iniciar as, 211-212
mudanças no local de trabalho. Veja também manutenção das mudanças no local de trabalho,
  construindo a ponte entre o velho e o novo, 215-216,

Índice **323**

prestigiando as contribuições passadas e presentes, 213-214,
preocupações e reações às, 196, 197-199,208, 217-221,
considerações culturais, 210-211,
medo das, 220-221,
ganhando a adoção de todos, 211, 218-219,
acontecendo para melhor, 53,
evitando a inconsistência, 218,
iniciativite (sobrecarga de iniciativa) e,212-213,
falta de informação sobre, 198,
liderando mudanças com as quais não concorda, 203-204,
fazendo a tentativa de mudança, 219-220,
minimizando a resistência à, 217-221,
oportunidades para, 210-211,
ritmo/velocidade para, 197, 217-218,
planejamento a mudança, 212-216,
papéis adotados pelos funcionários, 199-200,
pontos de partida e chegada, 214-215,
começando de onde está, 211-212,
pare, pense, respire! (lema do mergulhador), 208, 232, 298,
assumindo as, 188,
introduzindo tecnologia, 196,
pouco ou nenhum envolvimento com, 198,
atualizando os funcionários sobre, 231-232,
vítima de mudança, 124, 200, 307-308,
quando começar, 211-212
mudanças sociais, 196

• *N* •

natureza / nutrir, 31
níveis de energia, 138,
liderança engajadora. Veja *também* interesse genuíno, mostrando, habilidades específicas da liderança,
agindo rapidamente, 309,
evitando ser uma vítima da mudança, 124
ser enfático/exigente, 111, 219, 306,
estando aberto a tudo, 140,
construindo o compromisso, 160-164,

obtendo força através da vulnerabilidade, 141, 282-283,
apreciando as contribuições das pessoas, 308,
compromisso com o alto desempenho, 50,128-132,
criação de significados compartilhados,139-140,
dedicando tempo para treinar, 309-310,
ganhando o respeito das pessoas, 305,
fundamentos da, 132-140, 143,
importância de, 34-35,
fazendo um bom time um grande, 309,
fazendo um trabalho significativo, 129-131, 306,
visão geral, 18-19, 55, 305-310,
fornecer orientação, 184-185,
reconhecendo suas habilidades existentes para, 143-145,
relacionamento com as pessoas, 133-136, 145-150,
segredos da, 140-141,
habilidades para, 143-145, 169,
falando o que tem em mente (*proatividade*), 136-137,
ligando os seus sentidos, 138-139,
Nível de reposta 360°,66
nomeando uma equipe, 266
normas e procedimentos, 102-103
notando o significado, 76
novos líderes,
evitando situações difíceis, 98

• *O* •

obediência, 52, 160
objetivos,
entendimento, 120,
trabalhando juntos para criar melhores, resultados, 132
objetivos e resultados,
comemorando a realização, 249,
elucidação acerca, 112, 115, 152,
comprometimento para alcançar, 162,
exemplos de, 115,
enfocando os, 116-118, 278-279,
enfatizando o estilo de liderança, 176,
avaliando com KPIs/ICDs, 230-231,
focando excessivamente os, 146-147,

papel na conquista dos objetivos, 120
On Death and Dying (Kubler-Ross), 200
oportunidades para assumir a liderança, 15,
organizando o uso do, 118
orientando pessoas rumo ao aperfeiçoamento, 187,
    melhorias (específicas, mensuráveis, alcançáveis, relevantes, baseadas em prazos), 187,
    buscando a melhoria contínua, 238, 248-250
orientar e desenvolver abordagem, 185
os sinais do gerenciamento ruim, 43

• P •

padrões de excelência, 121
padrões de horário, 180-181
padrões. Veja *também* desempenho máximo;
palavras. Veja *também* linguagem,
    cultivar a atitude positiva e, 124,
    ênfase nas, 157, 159,
    significados ligados às, 162,
    uso repetido das, 159
papéis de um treinador/mentor, 190-191
papéis dos líderes,
    papel de advogado, 20,
    "tia amiga", 20,
    animador de torcida, 20,
    facilitador, 20,
    porta-bandeira, 20, 178-179, 289
papel de "tia amiga", 20
papel de aconselhador, 90
papel de advogado, 20
papel de amigo crítico,
    sendo o seu melhor crítico, 70-71, 302,
    descrição, 190-191,
    dos membros da equipe de alto desempenho, 240
papel de animador de torcida, 20
papel de banhista hesitante, 199-200
papel de catalisador, 90
papel de facilitador, 20
papel de parceiro, 90
papel de porta-bandeira, 20, 178-179, 289
papel de refletor, 90
papel de surfista, 199

para treinamento, 189-190, 309-310
pare, pense, respire! (lema do mergulhador), 208, 232, 298
Pareto, Vilfredo (economista), 116
Parte "cega" (Janela de Johari), 66
parte "desconhecida" (Janela de Johari), 66
Parte "oculta" (Janela de Johari), 65
pensamento,
    criticando o pensamento uns dos outros, 282,
    pensamento de grupo, 151,
    melhorando a qualidade do, 141,
    valorizando a independência de, 243,
    não se prender aos pensamentos, 140, 282,
    pare, pense, respire! (lema do mergulhador), 208, 232, 298,
    entendendo o pensamento uns dos outros, 140
pensamento "a responsabilidade está com você", 284
pensamento "eu vou sobreviver", 156
pensamento de grupo, 151
percebendo as expressões faciais, 158
percebendo mudanças na linguagem corporal, 159
perfeição,
    reconhecendo ninguém é perfeito, 68,
    a busca irreal da, 70
perguntas abertas, 155
perguntas averiguadoras, 154-155, 233, 250
perspectivas dos outros, 139, 162
planejando a mudança. Veja *também* mudanças no local de trabalho,
    construindo a ponte entre o velho e o novo, 215-216,
    celebrando as contribuições do passado e do presente, 213-214,
    extremos a serem evitados, 220,
    conseguindo a adoção de todos, 211, 218-219,
    lidando com a resistência, 220-221,
    iniciativites e, 212-213,
    fazer a tentativa de mudança, 219-220,
    esclarecendo pontos de partida e chegada, 214-215,
    descobrindo as objeções, 218,
    planejamento (ciclo de aprendizagem), 73

Índice

plano de ação para a mudança, 216
planos de aprendizagem de liderança, 73-74
planos de aprendizagem, liderança, 73-74
poder,
    cuidado ao usar o seu, 126,
    funcionários querendo poder e direitos, 50-51
    engajando e capacitando equipes gerenciais, 283,
    de contar histórias, 226-228,
    do propósito da equipe, 241-242
ponto de início e chegada para uma mudança, 214-215
posicionamento mental,
    agente da mudança, 124
    "a responsabilidade é sua", 284,
    agente da mudança, 124,
    de melhoria contínua, 238,
    cultivando uma mentalidade e atitude positivas, 124,
    "Eu vou sobreviver", 156,
    para a esfera de influência, 123-124,
    vítima da mudança, 124, 200, 307-308
prioridades,
    classificando, 118,
    esclarecendo, 112,
    determinando, 117,
    desenvolvendo pessoas e, 36-37,
    proatividade. Ver falando o que tem em mente
processo de conversão, 112-113
processos de avaliação,
    para obter respostas, 147,
    para revisar o desempenho, 36-37, 147,
    para revisão progressos, 53, 188,
    para revisar projetos, 252, 260
produtividade,
    evitando ser um tolo ocupado, 110-111, 300-301,
    esclarecendo como adicionar valor à sua, organização, 114-115,
    fatores que impactam a, 124-125
produtos e insumos, 112-113, 114
programas de desenvolvimento de liderança, 66, 69, 95, 149, 161
progresso,
    mapeamento do desempenho máximo,187-188,
    reconhecendo, 164,

revisões, 53, 188
projetites, evitando, 252
propósito. Veja *também* clareza de propósitos;

questionário para autoavaliação da equipe, 247
questões de invisibilidade, 196-197

• R •

razões para a procrastinação, 309
reagindo positivamente às crises, 232-233
reflexão e, 74-76
reflexão. Veja *também* exercícios,
    desenvolvendo habilidade pela, 75-76,
    importância da, 49,
    anotações de aprendizagem de liderança, 77,
    aprendendo com a experiência, 73,
    poder da, 74-75,
    questionando-se, 76,
    dilemas, 92
Regra 80/20, 116
regra de ouro: "Agora", 181-182
relacionando-se com as pessoas. Veja, *também* mostrando interesse genuíno,
    sendo imparcial/tendencioso, 149-150,
    construindo fortes conexões com colegas, 148-149,
    descrição, 133-134,
    importância de, 134,
    "trabalhar com" e não "fazer para " as pessoas,134-136, 145-146, 296
relaxando o corpo, 158
respeito,
    construindo, 134,
    ganhando, 305,
    mostrando, 146,
    atenção total como, 138
responsabilidade,
    equipes de alto rendimento ,
dividindo a, 240,
    equipes de projeto dividindo a, 258-263,
    equipes seniores de gerenciamento dividindo a, 284-288,
    falando o que pensa e, 301-302,
    membros da equipe dividindo a, 246,

resposta 360 °, 66
respostas (*feedback*),
   falta de, 43
resultados,
   avaliação, 98,
   enxergando os resultados que pretende alcançar, 174-175,
   focando nos, 161,
   transformando a perda em ganho, 43,
   evitando ganhar e depois perder, 126,
   trabalhando juntos para gerar melhores, resultados, 132
resultados e objetivos,
   comemorando a conquista de, 249,
   esclarecimento dos, 112, 115, 152,
   comprometimento para o alcance, 162,
   exemplo de, 115,
   focando nos, 116-118, 278-279,
   enfatizando o estilo de liderança, 176,
   avaliando com KPIs/ICDs, 230-231,
   foco excessivo nos, 146-147, 278-279,
   papel na conquista dos objetivos propostos, 120,
   válidos, 242
reuniões,
   agenda para, 238,
   expressando pontos de vista em, 249-250,
   melhorando a efetividade das, 16,
   reuniões de revisão, 164

• S •

"Seja forte" ou "Homem não chora", 83
sendo aberto e honesto,
sendo escolhido pelas certas razões, erradas, 94-96,
   a posição do "meio" ("em cima do muro"), 99-100,
   escolhendo e trabalhando com, 42-44,
   treinando, 95, 100,
   síndrome do impostor, 101,
   liderando amigos, 101-105
senso comum, 9, 10, 293-294
sentidos. Veja *também* senso comum,
   estando no momento, 138, 157-158,
   ouvindo para entender, 159-160,
   vendo o que os outros perdem, 158-159,
   ligando-se, 138-139, 157-160
ser exigente ,

sendo franco, 220,
confiança para, 152,
desenvolvendo de um estilo de liderança que,
   enfatiza, 176, 306,
   envolver pessoas e, 219, 306,
   visão geral, 111-112,
   como porta-bandeira, 178
significado,
   importância do, 109,
   investindo tempo no, 256-257,
   da liderança, 23, 39,
   poder do, 241-242,
   equipes de projeto, 256-257,
   sentimento comum de, 240,
   para falar o que tem em mente (proatividade), 136-137
significado. Veja *também* comprometimento;
significados compartilhados (interpretação em conjunto),
   criando, 139-140
síndrome do impostor, 101
sinergia das equipes de alto desempenho, 238
sobrancelha levantada, 158
solidão da liderança, 100, 303
sucesso,
   em influenciar pessoas, 123,
   indicadores-chave de desempenho (KPIs/ICDs),
   avaliando, 115, 237,
   reconhecendo seu, 69,
   e conservação dos amigos, 102

• T •

tarefas,
   capacidade de fazer, 183,
   comprometimento para executar, 162-163,
   definição, 116,
   delegar versus fazer você mesmo, 55,
   enfocando as, 36, 116,
   importantes, 116-118,
   liderança, 52-53,
   gerentes, 53,
   priorizando, 36-37, 118,
   assumindo, 52, 128, 160, 307,
   urgentes, 116-118
tarefas urgentes, 116-118

Índice

tecnologia, 195, 196, 280
teleconferências, 274
tempo
teorizando (ciclo de aprendizagem), 73
Teste do "elevador", 242
tom de voz, 159
tom de voz, 159
tomar a iniciativa, 43
trabalhando com uma segunda língua, 273
trabalhando em casa, 196-197
trabalhando em casa, 196-197,
    exemplos de "trabalhar com" versus "fazer para" as pessoas, 145-146,
    exercício, 134-135,
    importância da, 135-136, 296
trabalhando por meio de suas próprias experiências, 44-47
trabalho ou comportamento inaceitáveis.
transformando a perda em ganho, 43
transformando a perda em ganho, 43
trazendo a si mesmo para o momento, 138
treinamento,
    dedicando tempo para, 189-190, 309-310,
    buscando e trabalhando com um mentor/treinador, 78,
    diretores, 100,
    novos líderes, 95, 100,
    oportunidades para, 189-190,
    qualidades e habilidades de um grande treinador, 191,
    papéis de um treinador, 188, 190-191,
    equipe sênior de gerenciamento, 286-287,
    membros da equipe, 255
Tuckman, Bruce, 253

• U •

um passo à frente. Ver assumindo a liderança

• V •

vácuo na liderança, 14, 43
valores,
    agregando valor à sua organização, 112-,
    suposições sobre, 86-87,
    sendo autêntico, 300,
    esclarecendo os, 82, 84-87, 155,
    comunicação dos, 87-89,
    determinando o que é importante para você, 84-86,
    sentindo desconfortável com (fora de sintonia), 80-84,
    harmonizando-se com os outros, 88-89,
    das equipes de alto desempenho, 242-,
    identificando, 45-46,
    deixando a velha bagagem para trás, 82-84,
    vivendo seus valores, 86,
    fazendo a diferença, 294,
    visão geral, 79,
    promovendo seus valores sobre os valores dos outros, 89,
    questionando o que sustenta sua liderança, 81-82,
    reforçando, 227-228, 246,
    objetivo da equipe apoiada pelos, 242,
    valorizando sua concepção de trabalho, 120-121
valorizando a criatividade, 243
valorizando a independência de pensamento, 243
Veja *também* desempenho; padrões;
vendo as coisas sob uma nova luz ou perspectiva, 140
vendo as coisas sob uma nova ou diferente perspectiva, 140
vendo o que os outros não veem, 158-159
videoconferências, 88, 274
visão periférica, 159
visão/concepção,
    criar a sua, 121-123,
    campo de, 159,
    valorizando, 120-121
visões/concepções
vítima da mudança, 124, 200, 307-308
vulnerabilidade,
    treinadores e, 191,
    chamando o desafio e, 156,
    equipes seniores de gerenciamento 282-283,
    força por meio da, 141, 282-283

• W •

zona de conforto, pisando fora da, 96-97, 296